V&R

GERHARD PFISTER

Vergessene Väter der modernen Religionspädagogik

E. Thrändorf, A. Reukauf
R. Staude

VANDENHOECK & RUPRECHT
IN GÖTTINGEN

Arbeiten zur Religionspädagogik

Herausgegeben von
Gottfried Adam und Rainer Lachmann

Band 5

CIP-Titelaufnahme der Deutschen Bibliothek

Pfister, Gerhard:
Vergessene Väter der modernen Religionspädagogik : E.
Thrändorf, A. Reukauf, R. Staude / Gerhard Pfister. –
Göttingen : Vandenhoeck u. Ruprecht, 1989
(Arbeiten zur Religionspädagogik ; Bd. 5)
ISBN 3-525-61454-3
NE: GT

Gesetzt aus Garamond auf Linotron 202 System 4
Satz und Druck: Gulde-Druck GmbH, Tübingen
Bindearbeit: Hubert & Co., Göttingen

Vorwort

Das vorliegende Buch über die von der Herbart-Zillerschen Pädagogik ausgehenden Anfänge der liberalen Religionspädagogik entstand in zwei Phasen, die mehr als ein Jahrzehnt auseinanderliegen.

Eine wesentlich umfangreichere Erstfassung mit dem Titel „Die Religionspädagogik des späten Herbartianismus" wurde 1976 von der Theologischen Fakultät der Friedrich-Alexander-Universität Erlangen-Nürnberg als Dissertation angenommen (Referent: Prof. D. Kurt Frör). Die vielfältigen Herausforderungen des Neubeginns als Gemeindepfarrer in Starnberg und wichtige übergemeindliche Aufgaben ließen mir danach allerdings über Jahre keinen Atem für die Vorbereitung der Buchveröffentlichung, zumal dickleibige historische Arbeiten seinerzeit alles andere als gefragt waren.

Den Umschwung brachte das allgemein und auch in der Religionspädagogik gewachsene Interesse an der Geschichte. Die zweite Phase begann, für die ich vielen zu danken habe: Dem Verlag und den Herausgebern der „Arbeiten zur Religionspädagogik", namentlich Herrn Prof. Dr. Dr. R. Lachmann, daß sie mich zur Kürzung und aktualisierenden Überarbeitung des Manuskripts ermutigten, der Evang.-Luth. Kirche in Bayern für einen sechswöchigen Sonderurlaub und eine Druckkostenbeihilfe, der Zantner-Busch-Stiftung in Erlangen ebenfalls für einen Zuschuß, Frau Dörte Baumgärtel für das engagierte Mitlesen der Korrekturen.

Das Buch widme ich meiner Frau Brigitte, die in beiden Phasen seiner Entstehung die zusätzlichen Belastungen verständnisvoll mittrug, und dem Andenken meines hochverehrten Lehrers Prof. D. Kurt Frör †.

Starnberg, im Frühjahr 1989   Gerhard Pfister

Inhalt

2. August Reukauf, der erfolgreichste Ausgestalter der Herbart-Zillerschen Religionspädagogik

3. Richard Staude, ein pragmatischer „Herbartianer auf eigene Faust"

4. Schlußbetrachtung: Religionspädagogik am Anfang und am Ende des 20. Jahrhunderts

Einleitung

Die Geschichte zeigt uns, wer wir sind und wer andere sind. Sie spricht freilich nicht von selbst, sondern sie muß zur Sprache gebracht werden[1], damit sie äußern kann, was sie zu sagen hat.

Die Religionspädagogik wird sich nur sehr langsam der Tatsache bewußt, daß sie diese identitätsrelevante Aufgabe einer kritischen Vergegenwärtigung der eigenen Geschichte seit nunmehr einem halben Jahrhundert vernachlässigt. An deutlichen Hinweisen auf die Defizite an historischer Selbstvergewisserung fehlt es dabei seit den Siebziger Jahren nicht mehr. Besonders K. Wegenasts programmatischer Vorstoß von 1979[2] hat ähnlich wie die von ihm 1968 erhobene Forderung einer „empirischen Wende in der Religionspädagogik"[3] weithin Beachtung und theoretische Zustimmung gefunden. Doch die praktischen Schritte zur Behebung des Mangels erfolgen nach wie vor spärlich und zögernd. Die Zahl der Arbeiten, die die Geschichte der Disziplin erhellen helfen, ist nach dem von K. Wegenast beobachteten Umschwung[4] nicht im erwarteten Ausmaß angewachsen, vielmehr neben den beiden Dokumentationsbänden K. Wegenasts[5] und D. Stoodts „Arbeitsbuch zur Geschichte der Religionspädagogik"[6] über einige wenige Monographien[7] nicht hinausgekommen.

Dabei bestehen gegenwärtig für historisch orientierte Arbeitsvorhaben weitaus günstigere situative Rahmenbedingungen als noch vor einigen Jahren. In vielen Lebensbereichen und wissenschaftlichen Disziplinen verstärkt sich das geschichtliche Interesse, eine deutliche Historisierung des Denkens ist zu beobachten. Zudem erhalten heute im Rahmen dieser generellen Wendung zur Geschichte geistes- und kulturgeschichtliche Aspekte noch

---

[1] M. Weinrich 1983,224

[2] K. Wegenast 1979. Vgl. G. Ottos Bemerkung am Anfang des Jahrzehnts, daß „die Schwerpunkte der gegenwärtigen religionspädagogischen Diskussion zum erheblichen Teil historisch vermittelt sind, gleichwohl aber in der Diskussion die Geschichte des Verständnisses des Religionsunterrichts nur unzureichend rezipiert wird" (G. Otto 1970,403)

[3] K. Wegenast 1968,111

[4] K. Wegenast 1979a,79

[5] K. Wegenast 1981 für die evang. Religionspädagogik und ders. 1983 für die katholische Religionspädagogik

[6] D. Stoodt 1985

[7] Z. B. M.-L. Kling-de Lazzer 1982, H. Anselm 1982, Ch. Reents 1984 und H. Rupp 1987. Vgl. den religionspädagogischen Lagebericht von F. Rickers: „Das größte Defizit liegt derzeit wohl im Bereich der Historischen Religionspädagogik" (F. Rickers 1986,344)

einmal einen eigenen Stellenwert. So versteht die moderne Sozialgeschichte, in die die Geistesgeschichte inzwischen integriert wurde, kulturelle Phänomene nicht mehr nur aus den ökonomischen oder politischen Herrschaftsbedingungen heraus, sondern sieht in „Herrschaft, Wirtschaft und Kultur" drei gleichberechtigte und gleichrangige Fundamentaldimensionen der Gesellschaft, von denen jede „eine relativ autonome Geltung und Wirkungsmacht"[8] besitzt und nicht aus den anderen abgeleitet werden kann, obwohl sie sich selbstverständlich wechselseitig durchdringen.

Verwundert auf diesem Hintergrund die historische Abstinenz der Religionspädagogik schon ganz allgemein, so ist die dürftige Bilanz im Blick auf das 19. und beginnende 20. Jahrhundert besonders auffällig. Denn die religionspädagogisch wie dogmatisch gleichermaßen relevante theologiegeschichtliche Einsicht, daß die vor dem 1. Weltkrieg anstehenden Probleme von der Dialektischen Theologie keineswegs vollständig gelöst, sondern teilweise nur überdeckt wurden und am Ende des 20. Jahrhunderts mit vermehrter Schärfe neu aufbrechen, müßte eigentlich eine weitaus intensivere Beschäftigung mit jener Periode erwarten lassen als dies tatsächlich der Fall ist.

Gibt es doch bis heute weder eine Gesamtdarstellung der „liberalen" Religionspädagogik noch genauere Untersuchungen über ihre einzelnen Wellen und Strömungen. Für die von der Herbart-Zillerschen Pädagogik beeinflußte Anfangsphase liegt nicht einmal eine Monographie über einen der Hauptvertreter vor. Die Forschung ist noch nicht über eine mehr beiläufige Erwähnung oder die Beleuchtung von Einzelproblemem hinausgekommen, obwohl bereits von den Zeitgenossen neben den üblichen Sympathie- und Antipathiekundgebungen im Rahmen der literarischen Fachdiskussion auch brauchbare Ansätze systematisierender Reflexion geliefert wurden[9]. Doch die geschichtliche Entwicklung, gekennzeichnet durch die weitgehende und alles andere als vorurteilsfreie[10] Ächtung des Herbartianismus in der Pädagogik und des Liberalismus in der Theologie, ließ daraus nur ein spärliches Rinnsal werden und die spätherbartianische Religionspädagogik bis in die allerjüngste Vergangenheit nahezu in Vergessenheit geraten.

Die Geschichte der Forschung zu unserem Thema besteht deshalb unbeschadet der zweifellos beachtlichen anderweitigen Verdienste der aufgezählten Werke zu einem guten Teil aus Fehlanzeigen und läßt sich in groben Strichen wie folgt skizzieren:

---

[8] H. U. Wehler 1987,7

[9] Vgl. z. B. E. Saupe 1927,57 ff.

[10] Z.B. berichtet H. Nohl: „Als Gaudig einmal in Augsburg bei einer großen Tagung des Zentralinstituts seine Theorie der freien geistigen Arbeit entwickelt und dabei tapfer auf Herbart gescholten hatte, gab er uns ein Beispiel seiner Arbeitsweise, und sie hielt sich ebenso tapfer an die Herbartschen Stufen" (H. Nohl 1958,58).

– Hatte die 2. Auflage der RGG[11] noch kurze biographische Artikel über die „evg. Religionspädagoge(n)“ A. Reukauf und E. Thrändorf, die „evg. Pädagoge(n)“ W. Rein und R. Staude sowie den „evg. Theologe(n)“ H. Meltzer geboten, ohne freilich einen Bezug zur Herbart-Zillerschen Pädagogik oder zur liberalen Religionspädagogik auch nur anzudeuten, so fehlen solche Beiträge in der dritten Auflage vollends. Lediglich in einer kurzen Passage des Artikels „Bibel IV.“[12] werden dort die Genannten zusammenfassend gewürdigt und als Verfechter der Ergebnisse der Bibelkritik im Religionsunterricht vorgestellt.

– Die 1940 erschienene Darstellung des Herbartianismus Zillerscher Prägung, die „Geschichte des Vereins für wissenschaftliche Pädagogik“ von H. Maier, bietet zwar zahlreiche selbständig recherchierte religionspädagogische Detailinformationen[13]. Doch der zeitgeschichtlich bedingte Bezugsrahmen „einer neuen, völkisch gebundenen Erziehungswissenschaft“[14] trübt den Blick für die zentrale Bedeutung des Religionsunterrichts sowie des religionspädagogisch qualifizierten Gesamtziels der Erziehung bei den Herbartianern und führt darüber hinaus zu groben Verzeichnungen, vor allem im Hinblick auf das Alte Testament[15].

– Die theologischen Auseinandersetzungen mit der herbartianischen Religionspädagogik aus der Perspektive der „Evangelischen Unterweisung“, ein kurzer Vortrag O. Hammelsbecks[16] und das Buch F. Gräßmanns[17] stehen auf

[11] Verfasser aller aufgezählten Beiträge ist P. Glaue

[12] K. Frör 1957,1149

[13] Sie entstammen hauptsächlich dem Briefwechsel der Verfasserin mit H. Meltzer bzw. Th. Fritzsch und betreffen vor allem E. Thrändorf, „eine der bedeutendsten und charakteristischen Gestalten der Vereinsgeschichte“ (H. Maier 1940,79)

[14] H. Maier 1940,155

[15] H. Maier versucht, Thrändorf einen isolierten Standort innerhalb des Vereins zuzuweisen und seine Mitstreiter H. Meltzer, B. Otto (den Eisenacher Seminardirektor Bernhard Otto, der gelegentlich mit dem Berliner Reformpädagogen Berthold Otto verwechselt wird, z.B. von B. Schwenk 1963,17 und H. Scheffler 1977,167) und H. Lietz auf die Seite der radikalen Gegner des Alten Testaments um E. Katzer (s.u. Abschnitt 1.5.2) zu stellen, vgl. H. Maier 1940.45.118

[16] „Erziehung und Unterweisung“ (1952), abgedruckt in: O. Hammelsbeck 1954,92 ff., beschäftigt sich mit dem erziehenden Unterricht bei T. Ziller und W. Rein (denen hier auch H. Gaudig folgt) ohne Angabe von Quellen und Belegen und mit mißverständlichen Behauptungen wie: „Bei Wilhelm Rein ist die Lehre vom erziehenden Unterricht durch die 5. Stufe der Anwendung auf ihre letzte Höhe geführt worden“ (O. Hammelsbeck 1954,92 f.). Tatsächlich hat W. Rein den Bedeutungsinhalt der letzten Formalstufe gegenüber Ziller nicht erweitert, sondern auf diesen einen Aspekt begrenzt (was man mit H. Scheffler 1977,119 ff. durchaus bedauern kann).

[17] F. Gräßmann 1961 bietet wichtige religionsdidaktische Einsichten zu den Formalstufen T. Zillers und W. Reins, stützt sich dabei jedoch ausschließlich auf Sekundärliteratur. Im Literaturverzeichnis (aber ohne Benutzungsnachweis in den Fußnoten des Textes) ist darüber hinaus als einzige Primärliteratur W. Reins populärwissenschaftliches Göschen-Bändchen „Pädagogik im Grundriß“ angegeben.

einer so schmalen historischen Basis, daß sie über globale Argumentationen nicht hinauskommen.

– Das Buch des Amerikaners E. C. Helmreich „Religionsunterricht in Deutschland von den Klosterschulen bis heute" (1959)[18] orientiert sich in einigen Passagen des Kapitels über das Kaiserreich 1871–1918 auch an A. Reukauf und E. Thrändorf, den der Autor mit dem kuriosen Etikett „liberaler, aber nicht antireligiöser Pädagoge"[19] versieht, doch die Beziehung beider zur ebenfalls erwähnten Herbart-Zillerschen Pädagogik wird nicht ganz klar, obwohl er andererseits die Wirkungsgeschichte jener Richtung bis hin zum Zwickauer Manifest[20] sehr deutlich aufzeigt.

– B. Drehers auf umfangreichem Quellenstudium fußende Habilitationsschrift[21], ein wichtiger Markstein der ökumenischen religionspädagogischen Diskussion, diskutiert im Abschnitt „Der Einfluß der liberalen Bibelkritik und des religionsgeschichtlichen Christentumsverständnisses auf die Bibelkatechese"[22] fast ausschließlich herbartianische Literatur und zwar vorwiegend die Unterrichtswerke von A. Reukauf / E. Heyn, E. Thrändorf / H. Meltzer und R. Staude. Mit klarem theologischem Urteil kritisiert Dreher die moralistische Verkürzung des Bibelunterrichts, der damit „zu einem unmittelbaren Spiegelbild der Tendenzen der evangelischen Theologie geworden ist"[23], doch im Detail zeigen sich auch bei ihm manche Unschärfen und Irrtümer[24].

– F. Jacobs behandelt dagegen in seiner Dissertation[25] die Religionspädagogen des Spätherbartianismus[26] in einem ganze 16 Zeilen umfassenden Exkurs „Zu den übrigen ‚Zillerianern'"[27] sowie wenigen gelegentlichen Erwähnungen E. Thrändorfs[28] und R. Staudes[29]. Sie alle erscheinen lediglich als einge-

---

[18] deutsch E. C. Helmreich 1966

[19] E. C. Helmreich 1966,138; übernommen von K. Erlinghagen 1972,178

[20] E. C. Helmreich 1966,145 f.

[21] B. Dreher 1963

[22] B. Dreher 1963,23 ff.

[23] Ebd.,37

[24] So vermag er nicht nicht immer klar zwischen pädagogischen und theologischen Einflüssen zu unterscheiden (z. B. bei der 5. Formalstufe, vgl. ebd.,25) und stellt das „Verdikt über das Alte Testament" als gemeinsam von E. Katzer und H. Meltzer (!) verursacht und obendrein als auf der Hand liegende Konsequenz des Reukaufschen Christentumsverständnisses dar (ebd.,26). Ein reizvoller ökumenischer Akzent besteht darin, daß er als „Generalüberschrift des Ergebnisses" der von W. Rein gesammelten „Stimmen zur Reform des Religionsunterrichts", die er mit größter Selbstverständlichkeit nur auf den evangelischen Religionsunterricht bezieht, die These eines Katholiken, des Würzburger Lehrers P. Zillig zitiert (ebd.,28).

[25] F. Jacobs 1969

[26] Nämlich E. Thrändorf, R. Staude, A. Reukauf, E. Heyn und H. Meltzer. (W. Reins Bestimmung des Gesamtziels der Erziehung sind 3 Seiten gewidmet, vgl. F. Jacobs 1969,87 ff.)

[27] F. Jacobs 1969,90

[28] Z. B. F. Jacobs 1969,115 ff. zur Veranschaulichung der von moralpädagogischen Interessen geleiteten didaktischen Analyse biblischer Texte bei Ziller (Referat des in der Tat mehr für Ziller

schworene Zillerschüler[30], die obendrein im Verein für wissenschaftliche Pädagogik ausschließlich auf den Herbartianismus verpflichtet werden[31]. Mit alledem verstellt sich F. Jacobs den Blick für selbständige, nicht aus Zillers Modifikation der Herbartschen Religionsphilosophie ableitbare theologische Ansätze und religionspädagogische Konzeptionen. Dennoch bildet das Buch von Jacobs eine wichtige Voraussetzung zum Verständnis der spätherbartianischen Religionspädagogik, denn es legt eine ihrer entscheidenden Wurzeln frei, indem es den religionsphilosophischen Entwicklungsstrang von der Aufklärung über Herbart und seine unmittelbaren Schüler bis hin zu Ziller und Rein nachzeichnet[32] und besonders die Position T. Zillers zum Schwerpunkt der Betrachtung wählt. Allerdings erfordert gerade F. Jacobs' Ziller-Interpretation mit ihrer Spannungsbreite von der luciden Zusammenschau bis zur persönlichen Verunglimpfung[33] eine detaillierte Auseinandersetzung, die den Rahmen dieses Buches sprengen würde und deshalb nur an einigen Punkten innerhalb der Darstellung angedeutet werden kann.

– Trotz der umfassenden Aufgabenstellung behandelt H. Schillings Habilitationsschrift „Grundlagen der Religionspädagogik"[34] die spätherbartianischen Fachvertreter ausführlicher als alle bisher vorgestellten Arbeiten. Der Autor zeigt, daß selbst die katholische Katechetik um die Jahrhundertwende

---

als für den Autor typischen Aufsatzes E. Thrändorf 1876a) und ebd.,119 mit Nennung Thrändorfs als Befürworter des „spezialisierten Katechismus im Sinne Zillers", was sich ebenfalls nach Zillers Tod ändert.

[29] F. Jacobs 1969,155 Anm. 12–15

[30] Als einzige Ausnahme wird R. Staudes später korrigiertes Katechismusverständnis erwähnt (F. Jacobs 1969,155 Anm. 12).

[31] F. Jacobs zitiert an 2 Stellen (a.a.O.,10.83) aus § 2 der Vereinsstatuten nur den Passus „die Lehren der Herbartschen Pädagogik und Philosophie als gemeinsamen Beziehungspunkt für ihre Untersuchungen und Überlegungen ansehen" ohne die für ein sachgemäßes Verständnis unbedingt notwendige Fortsetzung „sei es, daß die betreffenden Lehren anerkannt, ausgebaut und weitergeführt, sei es daß sie bekämpft und ersetzt werden; sei es, daß überhaupt dazu in Beziehung Stehendes geboten wird" (zitiert nach H. Maier 1940,10f.).

[32] Leider gebraucht F. Jacobs ebenso wie die von ihm ausgewerteten Autoren durchgehend den aus heutiger Sicht unscharfen Begriff der „Teleologie", der sowohl die philosophische Lehre von der Zweckmäßigkeit als auch das didaktische Verfahren der Lernzielbestimmung und sogar die konkrete Zielformulierung selbst (z. B. F. Jacobs 1969,83 u. ö.) meinen kann.

[33] F. Jacobs 1969,49u.118 unterstellt Ziller kirchenpolitischen Opportunismus. Was an der ersten Stelle noch als Vermutung erscheint, steht an der zweiten vorbehaltlos fest, ohne daß Belege angegeben würden (außer den später folgenden allgemeinen Hinweisen zur kultur- und kirchenpolitischen Situation in Preußen, wobei F. Jacobs anzunehmen scheint, daß Ziller in Preußen wirkte). Jacobs übersieht Zillers praktische Frömmigkeitserziehung durch die allsonntäglichen Schulgottesdienste (deren Texte er nicht an den Kulturstufen des Religionslehrplans, sondern am Kirchenjahr orientiert) und seinen dogmatischen Supranaturalismus (H. Meltzer bei H. Maier 1940,163). Daß auch schärfste sachliche Gegnerschaft keine unlauteren Motive unterstellen muß, beweist O. Hammelsbeck: „An der ehrlichen Überzeugung Zillers, pädagogisch und christlich das Richtige zu tun, ist nicht zu zweifeln" (O. Hammelsbeck 1954,93).

[34] H. Schilling 1970

durch die Vermittlung O. Willmanns nicht nur die Formalstufenmethode, sondern auch die ihr zugrundeliegende Theorie des „erziehenden Unterrichts" in großer Breite rezipiert. „Evangelischer Hauptvertreter einer von Herbart und Ziller her orientierten Katechetik"[35] ist dabei E. Thrändorf. An seine Seite werden W. Rein und die „Reformkatechetiker H. Meltzer, A. Reukauf, R. Kabisch, F. Niebergall und E. Pfennigsdorf"[36] gestellt, die sämtlich Varianten des „erziehenden Religionsunterrichts" bieten. Wenn auch die Nennung der letzten drei Namen dem Selbstverständnis der Betroffenen weitgehend widerspricht, erscheint sie im Argumentationszusammenhang H. Schillings keineswegs unberechtigt, obwohl eine Differenzierung zwischen den organisierten Herbartianern und den dieser Bewegung reserviert gegenüberstehenden, aber gleichwohl von ihr abhängigen Religionspädagogen die Präzision der Aussagen noch erhöht hätte.

– Die bei der Reformation einsetzende Habilitationsschrift „Katechismustradition" von H. J. Fraas enthält einen Abschnitt „Die Herbartianer"[37] mit instruktiven Bemerkungen zu E. Thrändorf, W. Rein, A. Reukauf und vor allem R. Staude, dem auch eine der 13 modellhaften Konkretionen[38] des Buches gewidmet ist. Unsicherheiten zeigen sich hinsichtlich Herbarts und Zillers sowie vor allem bei der Abgrenzung des Kreises der Herbartianer, in den der Autor sogar den erbittertsten Gegner Zillers und seiner Schule, den Diesterwegianer F. Dittes einbezieht[39].

– Vier erziehungswissenschaftliche Arbeiten aus den Jahren 1969–1977 berühren unsere Thematik am Rande: K. H. Blochs Dissertation über die Lehrerfrage[40] erörtert vor allem die Disputationsmethode T. Zillers im Kontrast zu den zergliedernden bzw. entwickelnden katechetischen Verfahren und geht dabei auch auf die Auseinandersetzung K. Justs und E. Thrändorfs mit dessen Grimmaer Kollegen A. Reinstein ein, der in seinem Buch „Die Frage im Unterricht" (1874) aus der Katechetik C. A. G. v. Zezschwitz' eine allgemeine Unterrichtsmethode zu entwickeln versuchte. Die beiden Dissertationen von H. E. Pohl und W. Wittenbruch über W. Rein[41] zeigen auf unterschiedlichen Wegen übereinstimmend den im Vergleich zu seinen Lehrern weitaus geringeren Stellenwert theologischer bzw. religionsphilosophischer Aspekte bei W. Reins Bestimmung des obersten Erziehungsziels[42] und ver-

---

[35] H. Schilling 1970,46 Anm. 116
[36] H. Schilling 1970,59
[37] H. J. Fraas 1971,236 ff.
[38] H. J. Fraas 1971,246 ff.
[39] H. J. Fraas 1971,236.239
[40] K. H. Bloch 1969
[41] H. E. Pohl 1972 und W. Wittenbruch 1972
[42] H. E. Pohl 1972,108 ff., besonders ebd.,130 f.; W. Wittenbruch 1972,88 ff., besonders ebd.,171 ff.

weisen durch ihr gemeinsames Schweigen[43] über die speziellen religionspädagogischen Arbeiten diese deutlich an die Peripherie des Reinschen Lebens-
werks. H. Schefflers Dissertation „Zillers Formalstufentheorie" (1977) liefert eine Ehrenrettung dieses Ansatzes und seines Autors vor dem seit den
Tagen der Reformpädagogik erhobenen Schematismusvorwurf und nimmt
dabei auch kritisch auf die Versuche einer Weiterführung innerhalb der
Zillerschule Bezug[44].

– Die problemgeschichtliche Darstellung „Religionspädagogik" (1977) von
G. Bockwoldt zeigt ebenso knapp wie klar die Bedeutung Herbarts und des
Herbartianismus für die Entwicklung der Disziplin auf. Auch die Generation der spätherbartianischen Religionspädagogen, unter denen E. Thrändorf und W. Rein besonders hervorgehoben werden[45], kommt mit wichtigen
Aussagen, etwa zur Formalstufenmethode und zu Lehrplanfragen einschließlich deren politischer Implikationen, zu Wort. Sie wird aber, dem
Gang der Geschichte wie dem wissenschaftlichen Weg G. Bockwoldts[46] entsprechend, von der Gestalt und Konzeption R. Kabischs dominiert, dem
dabei auch nicht ganz gerechtfertigte Prioritäten wie die für den entwicklungspsychologischen Ansatz in der Religionspädagogik[47] zuerkannt werden.

– K. Wegenasts bereits erwähnte Arbeiten folgen unbeschadet der selbständigen Quellenkenntnis des Autors einer ähnlichen Linie[48] wie G. Bockwoldt.

– M. L. Kling – de Lazzers Dissertation „Thematisch-problemorientierter
Religionsunterricht" (1982) untersucht vor allem dessen Vorgeschichte und
geht dabei auch auf die herbartianische Komponente der liberalen Religionspädagogik ein. Der Katechismusunterricht F. W. Dörpfelds, E. Thrändorfs,
A. Reukaufs und R. Staudes kommt im Rahmen der Ethisierung des Kate-
chismusverständnisses zur Sprache, deren Hauptursache allerdings im theologischen Einfluß der Ritschlschule gesehen wird. Als Vorstufen der erfah-
rungsbezogenen religionspädagogischen Konzeptionen der Reformpädagogik erscheinen der Märchenunterricht sowie der Konzentrationsgedanke bei
W. Rein und anderen Herbartianern, denen jedoch in den eher marginalen

---

[43] H. E. Pohl 1972,299 weist lediglich ohne näheres Eingehen in Anm. 31 auf die wichtigsten
Titel hin, W. Wittenbruch tut nicht einmal dies.

[44] Vor allem dem im 4. und 5. Kapitel ausführlich berücksichtigten W. Rein lastet der Autor
Begünstigung der Schematisierungstendenzen an. E. Thrändorf erwähnt er lediglich unter den
Oberlehrern und Praktikanten an Zillers Leipziger Seminarschule, die „für eine – nicht in jedem
Falle dem Zillerkonzept gerecht werdende – Propagierung der Stufen gesorgt haben" (H. Scheff-
ler 1977,163)

[45] Vgl. z. B. G. Bockwoldt 1977,42.56

[46] Vgl. dessen Habilitationsschrift „Richard Kabisch, Religionspädagogik zwischen Revolu-
tion und Restauration" 1976

[47] G. Bockwoldt, 1977,44; dagegen s. u. Abschnitt 2.3.1

[48] Vgl. K. Wegenast 1979,40 f. und ders. 1981,7.19 ff.

Erwähnungen kaum konstruktive Anteile an der Erfahrungsorientierung des Religionsunterrichts bzw. an den selbsttätigkeitsfördernden Arbeitsweisen zugestanden werden.

– Bemerkenswert an der „Einführung in die Religionspädagogik" von W. Bartholomäus (1983) ist, daß der erste Teil „Geschichtliche Perspektiven" fast ein Drittel des Buches einnimmt. Er streift den Spätherbartianismus zwar nur an zwei Stellen, aber im Gegensatz zu A. Läpples „Kleine(r) Geschichte der Katechese" (1981) werden nicht nur die Auswirkungen der Formalstufenmethode auf die katholische Katechetik, sondern auch die Reformbemühungen der Herbartianer A. Reukauf, W. Rein und P. Zillig zu Beginn dieses Jahrhunderts geschildert[49].

– Eine neue und bis jetzt einmalige Fundgrube zur Geschichte der Religionspädagogik stellt das Arbeitsbuch von D. Stoodt (1985) dar. Neben einer Schilderung der Formalstufenmethode Herbarts und Zillers[50] sowie deren spät- und nachherbartianischer Wirkungsgeschichte[51] werden die Arbeiten Thrändorfs und Reukaufs an verschiedenen Stellen charakterisiert und auszugsweise im Originaldruck wiedergegeben. Beides gilt sowohl für theoretische Werke wie Reukaufs Dissertation, bei deren abgedrucktem Lehrplanentwurf D. Stoodt allerdings Ideal und Wirklichkeit verwechselt[52], als auch für die Unterrichtswerke Thrändorf/Meltzer und Reukauf/Heyn einschließlich ihrer auflagenstarken Religionsbücher für die Hand des Schülers. Gewisse Unschärfen sind hinsichtlich Staudes[53] zu bemerken. Der Autor kalkuliert derartige kleinere Schwächen aber offensichtlich ein, denn er betont, daß bei der Rezeption der Geschichte der Religionspädagogik trotz seines umfangreichen Werkes „das Meiste erst noch zu leisten und das Buch als Anregung zu weitergehender Forschung zu verstehen ist"[54].

Die forschungsgeschichtliche Grobskizze hat aufgezeigt, in welch exzeptioneller Weise das zuletzt zitierte Votum für die mit der Endgestalt der herbartianischen identische Anfangsphase der liberalen Religionspädagogik zutrifft. Bisher nur marginal gestreift oder als einzelnes Glied in unterschiedlichen Reihen von Objekten untersucht, wobei die Einzelurteile nur zum geringsten Teil am Gegenstand selbst, vielmehr aus pauschalen Bewertungen

---

[49] W. Bartholomäus 1983,46f. Seine Quelle sind die von W. Rein gesammelten Hefte mit „Stimmen zur Reform des Religionsunterrichts", aus denen er auch P. Natorp zitiert.

[50] D. Stoodt 1985,211 f.236 ff.

[51] D. Stoodt 1985,240f. im Anschluß an F. Gräßmann 1961

[52] Die Angaben bei D. Stoodt 1985,179f. geben Reukaufs eigenes theoretisches Lehrplankonstrukt, nicht seinen empirischen Vergleich geltender Pläne wieder.

[53] D. Stoodt identifiziert Richard Staude mit Paul Staude (Lehrer, später Rektor in Altenburg). Im Register fehlt zu dem Namen „Staude" entgegen der sonstigen Übung der Anfangsbuchstabe des Vornamens und die beiden angegebenen Belege betreffen je einen der Genannten (D. Stoodt 1985,554).

[54] D. Stoodt 1985,8

der Herbart-Zillerschen Philosphie und Pädagogik oder der liberalen Theologie gewonnen wurden und damit die Möglichkeit eines eigenen, nicht in einem gängigen Beurteilungsssschema aufgehenden Beitrags gar nicht in den Blick kam, präsentiert sich die spät- oder neuherbartianische Religionspädagogik als eklatante Forschungslücke.

Es geht jedoch nicht allein darum, diese bereits seit einigen Jahren deutlich wahrgenommene[55] Lücke zu schließen und damit ein weiteres Exponat für das historische Museum der Wissenschaft zu präparieren. Vielmehr soll im Sinne des oben dargelegten Eingangsgedankens Geschichte zur Sprache gebracht werden und damit in unsere heutige Gegenwart hineinsprechen. Religionspädagogik muß auch in ihrer geschichtlichen Dimension nicht weniger als in ihrer systematischen die Ver-Gegenwärtigung der ihr gestellten Probleme vorantreiben. Ein solches Projekt ist freilich leichter zu postulieren als zu verifizieren. Nicht wenige historische Arbeiten in Theologie und Erziehungswissenschaft bleiben hinter dieser selbstgestellten Aufgabe zurück. Deshalb ist Bescheidenheit und selbstkritische Einsicht in die Begrenztheit, ja die Paradoxien[56] historisch-hermeneutischer Untersuchungen durchaus am Platze. Direkt umsetzbare Lösungen für die heutigen religionspädagogischen Probleme sind aus der Vergangenheit, gerade wenn sie ihr spezifisches Eigengewicht behalten und nicht nur funktionalisiert werden soll, in der Regel nicht zu erwarten. Eine Arbeit wie die vorliegende kann daher nicht mehr als eine Bestandsaufnahme von theoretischen und praktischen Ansätzen bieten, die dann als Orientierungsdaten für die gegenwärtige religionspädagogische Bemühung in Wissenschaft und Praxis dienen. Dazu gehören strukturierende Ordnungskategorien, in der Folgezeit nicht mehr beachtete kreative didaktische Impulse, Aporien mit Hinweischarakter auf unbearbeitete Probleme, falsche Alternativen und vieles andere mehr. Bei der interpretierenden Aufbereitung der Orientierungsdaten wird es dann nicht zuletzt darauf ankommen, daß „die Wahrheit des Überlieferten auch kritisch gegen seine überlieferte Gestalt geltend gemacht werden"[57] muß.

Weil es um die Verflechtungszusammenhänge von Theorie und Praxis geht, empfiehlt es sich, diejenigen Elemente der späterbartianischen Religionspädagogik in den Mittelpunkt der Untersuchung zu rücken, die den

---

[55] K. Wegenast 1979,47

[56] J.Ruhloff zählt mehrere mit der kritischen Funktion der geschichtlichen Dimension zusammenhängende „systematische Paradoxien historisch-pädagogischen Wissens" (J. Ruhloff 1986,109) auf, betont aber auch, daß sich die geschichtliche Dimension nicht in dieser kritischen Funktion erschöpft, vielmehr die schlichte tradierende Funktion historischen Wissens genauso Beachtung verdient: „Auch nur mehr angefangenen Gedanken und Taten kommt oft eine generationenübergreifende Kraft und eine alle Zweckmäßigkeit übersteigende Würde zu" (J. Ruhloff 1986,110).

[57] W. Pannenberg 1973,199

Theorie-Praxis-Bezug am umfassendsten reflektieren. Dies sind ohne Frage die vielbändigen und in hohen Auflagen verbreiteten Unterrichtswerke von E. Thrändorf / H. Meltzer, A. Reukauf / E. Heyn und R. Staude einschließlich der ihre Konzeption erläuternden theoretischen Werke. Um jedoch die Querverbindungen mit den vielfältigen wissenschaftlichen, religiösen und gesellschaftlich-politischen Zeitströmungen besser erfassen zu können, werden nicht allein die Unterrichtswerke, sondern exemplarisch ihre jeweils an erster Stelle genannten führenden Köpfe herausgehoben. Denn dadurch eröffnen sich über die werkimmanente Interpretation hinaus zusätzliche methodische Möglichkeiten wie z. B. die Auswertung biographischer Daten und protokollierter mündlicher Äußerungen[58]. Die übrigen Religionspädagogen des Spätherbartianismus, also z. B. E. Heyn, K. Just, H. Meltzer, W. Rein, G. Witzmann und andere, treten dadurch etwas in den Hintergrund und können nur zu einzelnen Fragestellungen herangezogen werden.

Vor allem bei W. Rein, der zusammen mit E. Thrändorf von K. Wegenast als besonders vordringlich zu erforschende Persönlichkeit unter den „Vertretern des Bundes für die Reform des Religionsunterrichts"[59] herausgestellt wird, mag eine solche Einordnung zunächst überraschen. Doch wie es bereits durch die im Forschungsüberblick genannten Arbeiten[60] nahegelegt und an einigen Stellen dieses Buches zu zeigen sein wird, nehmen die religionspädagogischen Arbeiten W. Reins im Rahmen seines Gesamtwerks keine herausragende Stellung ein. Das Schulhaupt der spätherbartianischen Pädagogik erlangt hier vor allem Bedeutung als Anreger, Organisator und Koordinator der religionspädagogischen Ansätze und Konzeptionen seiner Schüler und Freunde. Schon der junge Eisenacher Seminardirektor sammelt den Kreis der Bearbeiter der „Acht Schuljahre"[61] um sich, überläßt den Hauptteil der religionsdidaktischen Arbeit aber R. Staude[62]. Der Jenaer Professor hilft hauptsächlich durch den Einfluß seiner Persönlichkeit und durch sein Organisationstalent, die von E. Thrändorf und anderen entfaltete religionspädagogische Konzeption zu verbreiten[63] und als Basisströmung in die

---

[58] Als Quellen kommen hier in erster Linie die Protokolle der Generalversammlungen des „Vereins für wissenschaftliche Pädagogik" in Betracht, die sich in den Erläuterungen zum jeweiligen Jahrbuch des Vereins finden.

[59] K.Wegenast 1979,47

[60] S. o. Anm. 41–43

[61] So werden die acht Bände der „Theorie und Praxis des Volksschulunterrichts" von W. Rein / A. Pickel / E. Scheller mit den Einzeltiteln „Das erste Schuljahr", „Das zweite Schuljahr", usw. durchwegs zusammenfassend genannt. Religionspädagogisch relevant ist vor allem der ihnen zugrundeliegende Lehrplan.

[62] S. u. Abschnitt 3.1.2

[63] Zu nennen sind hier die zahlreichen von Rein gelenkten herbartianischen Zeitschriften (ZPP, PädSt, JVwP, usw.) und Vereine (seit 1908 leitet er auch den Gesamtverein), das Pädagogische Universitätsseminar mit Übungsschule (H. Lietz, H. Meltzer, A. Reukauf u. a.),

unter seiner Leitung schließlich im „Bund für Reform des Religionsunterrichts" organisatorisch zusammengefaßte liberale Religionspädagogik einzubringen[64]. Auch wenn dabei von ihm selbst wichtige inhaltliche Einzelimpulse ausgehen, z.B. zu Fragen des Lehrplans und der Konfessionsschule[65], kann von einer geschlossenen und detaillierten eigenständigen Konzeption, die mit der E. Thrändorfs oder A. Reukaufs oder R. Staudes vergleichbar wäre, bei W. Rein nicht die Rede sein.

So ergeben sich für den historischen Hauptteil des Buches drei Kapitel über die obengenannten führenden Religionspädagogen des Spätherbartianismus. Da R. Staude als der älteste unter ihnen sowohl die Herbart-Zillersche Pädagogik als auch wichtige, vor allem exegetische liberal-theologische Impulse später und partieller aufnimmt als E. Thrändorf, empfiehlt es sich, letzteren zuerst und zugleich exemplarisch für den gemeinsamen Bezugsrahmen darzustellen. Wegen der größeren inhaltlichen und persönlichen Nähe folgt im zweiten Kapitel zweckmäßiger A. Reukauf, sodaß R. Staude an die dritte Stelle rückt. Zeitlich bildet die spätherbartianische Religionspädagogik eine ziemlich klar begrenzte Periode von den Erstlingswerken Thrändorfs 1876/77 oder besser vom Todesjahr Zillers 1882 an bis zum Ende der Zwanziger Jahre unseres Jahrhunderts mit dem Todesjahr Staudes und Reins 1929 (E. Thrändorf +1926). Auch die um eine Generation jüngeren A. Reukauf und H. Meltzer entfalten darüber hinaus keinen weiterreichenden geschichtsrelevanten Einfluß.

---

die von ihm veranstalteten Ferienkurse der Universität mit E. Thrändorf als religionspädagogischem Hauptdozenten, Lexika wie das vielbändige EHP und andere vielbeachtete Sammelwerke.

[64] Vgl. W. Rein 1912. Wichtigstes Publikationsorgan des Bundes sind die MERU, ein noch breiteres Spektrum umfassen die von Rein herausgegebenen „Stimmen zur Reform des Religionsunterrichts".

[65] S.u. Abschnitt 2.5.3f. und 2.2.4

1. Ernst Thrändorf, der „Vater der neueren Religionspädagogik"

1.1 Die Verbindung von Theologie und Pädagogik im Lebenswerk Ernst Thrändorfs

„Die Grenze ist der eigentlich fruchtbare Ort der Erkenntnis"[1]. P. Tillichs existentiell verifizierte These macht deutlich, wie sehr es gerade die Theologie bereichert, wenn eng begrenzte fachliche Horizonte durchbrochen und polare Spannungen ausgehalten werden.

Ernst Thrändorf (1851–1926), der an der Schwelle vom 19. zum 20. Jahrhundert wirkt und dessen Impulse für die moderne Religionspädagogik in diesem Kapitel dargestellt werden sollen, wäre mit einem solchen Satz gut charakterisiert. Er lebt mindestens in doppelter Hinsicht eine Existenz „auf der Grenze": „Auf der Grenze von Religion und Kultur"[2] und „auf der Grenze von Theorie und Praxis"[3]. Der letztere Aspekt wird ihm von seinem Lehrer Ziller[4] vermittelt, der erstere ergibt sich als Konsequenz der gesamten Jugend- und Studienzeit und erfährt seine existentielle Zuspitzung in der Korrelation von Theologie und Pädagogik.

---

[1] P. Tillich 1971,13

[2] P. Tillich 1971,42

[3] P. Tillich 1971,22. Man könnte daneben noch an andere der von Tillich angeführten Grenzbereiche denken, vor allem an das soziale Spannungsverhältnis (s. u. Abschnitt 1.6.4 u. ö.). Hinsichtlich der räumlichen Grenzen schlägt die Analogie allerdings in einen krassen Gegensatz um: Die Orte, an denen Thrändorf studiert und lehrt, sind alle weniger als 100 km von seinem Geburtsort Gera entfernt!

[4] Näheres s. u. Abschnitt 1.1.1. T. Zillers Hauptinteresse während der letzten Jahrzehnte seines Lebens galt einem wissenschaftlich fundierten, an der Praxis erprobten und durch die Praxis korrigierten homogenen Lehrplangefüge (man könnte sogar mit einigem Recht sagen: Curriculum) für alle Fächer und Schuljahre. Er ließ „keine Universitätsferien verstreichen, ohne zu unterrichten, und schöpfte daraus wertvolle Anregung und Erfahrung, die er außerdem nicht würde gehabt haben. Die Theorie ward in Praxis umgesetzt, die Lehre wurde angewendet und geübt, sie ward aber auch an Hand der Praxis korrigiert und weitergeleitet" (Vorwort des Hrsg. M. Bergner in: T. Ziller 1886,V, vgl. auch Erläuterungen 1876,5). Dieser „speziellen Pädagogik" zuliebe hat er auf den weiteren abstrakt-theoretischen Ausbau seines Systems verzichtet und sich statt der geplanten Bände 2 und 3 der „Grundlegung zur Lehre vom erziehenden Unterricht" mit der Veröffentlichung seiner „Vorlesungen über allgemeine Pädagogik" (1876, [2]1884 und [3]1892 hrsg. v. K. Just unter dem Titel „Allgemeine Pädagogik") begnügt, vgl. die nicht verwirklichte Ankündigung in: T. Ziller 1864, 294f. Von vielen Kritikern Zillers, die sich in erster Linie auf seine Frühschriften berufen, wird dieser enge und methodisch reflektierte Theorie-Praxis-Bezug nicht gewürdigt und Ziller dadurch mehr als doktrinärer Philosoph denn als didaktischer Reformer charakterisiert, z. B. bei F. Jacobs 1969.

Bereits im elterlichen Pfarrhaus in Schwaara bei Gera lebt sich der junge Thrändorf ein „in das Denken und Fühlen der sog. modernen Theologie"[5]. Sie begegnet ihm nicht in Gestalt einer klaren systematisch-theologischen Position, sondern als die breite, letztlich von Schleiermacher herkommende und mancherlei Gegensätze vereinende romantisch-spätidealistische Grundströmung, die die gemeinsame Basis der liberalen und der Vermittlungstheologie darstellt. Der Vater hatte in Jena studiert und wurde dort vor allem durch K. (v.)Hase geprägt[6], einem typischen Repräsentanten dieser vielfältigen und vieldeutigen Strömung, dessen Verdienste hauptsächlich auf historischem Gebiet liegen[7]. Der Sohn läßt sich 1871 in Leipzig als Theologiestudent immatrikulieren[8]. Doch weder die Schleiermacher-Verehrung seiner Studienfreunde[9] noch das Neuluthertum der Leipziger Schulhäupter[10] vermögen ihn zu fesseln.

Sein Interesse wendet sich der Herbartschen Philosophie und Pädagogik zu, die in Leipzig ihr wichtigstes Zentrum haben. Ihre beiden bedeutendsten Vertreter M. W. Drobisch[11] und T. Ziller[12] üben während der Studienzeit den größten Einfluß auf Thrändorf aus[13]. Besonders Ziller gewinnt für ihn immer entscheidendere Bedeutung. Im Sommer 1873 tritt er als Praktikant in dessen Pädagogisches Seminar ein[14], das über eine eigene Übungsschule verfügt, in der die Praktikanten unter Anleitung des Direktors und der Oberlehrer selbständige Unterrichtsversuche durchführen können[15].

---

[5] Erläuterungen 1897,46. Thrändorf vermeidet es zeitlebens, sich als „liberal" zu bezeichnen. Er gebraucht den Begriff dagegen gelegentlich mit polemischem Unterton zur Kennzeichnung doktrinär-modernistischer Bestrebungen, z.B. 1877b,263f.

[6] Erläuterungen 1897,46

[7] Zu K. v.Hases Bedeutung für Thrändorfs Konzeption der „Pädagogischen Kirchengeschichte" s.u. Abschnitt 1.6.1.

[8] 1879,57; vgl. O.W. Beyer 1897,144

[9] Erläuterungen 1897,46

[10] Zu Thrändorfs Zeit beherrscht das „Leipziger Dreigestirn" Kahnis, Luthardt und Delitzsch die Fakultät, vgl. F. Lau 1960,309.

[11] M.W.Drobisch (1802–1896), ursprünglich Mathematiker, dann auch Psychologe und Philosoph (vgl. die Biographie von W. Neubert-Drobisch, 1902), ist als der eigentliche Begründer des Herbartianismus zu betrachten, dem erst in Leipzig die Bildung einer Schule gelang. Auf den jungen Thrändorf wirkt er vor allem durch seine Religionsphilosophie (M.W. Drobisch, 1840), vgl. besonders die Belege in den Anmerkungen der Dissertation (E. Thrändorf 1879).

[12] T.Ziller, durch den Thrändorf zum Herbartianismus geführt wird (Erläuterungen 1897,46), ist seit den 60er Jahren des 19. Jhd. das Haupt der Herbartianer, vor allem durch den von ihm gegründeten (1868) und geleiteten Verein für wissenschaftliche Pädagogik, vgl. H. Maier 1940,7ff.

[13] Vgl. den zur Promotion 1878 verfaßten Lebenslauf (1879,57)

[14] Vgl. O.W. Beyer 1897, 145

[15] Neben dem Stoyschen Seminar in Jena, das später von W. Rein weitergeführt wurde, war Zillers Leipziger Seminar die einzige Einrichtung in Deutschland mit einer derart engen Rück-

Dem Zillerschen Seminar bleibt er auch nach dem theologischen Examen[16] treu, indem er drei Jahre lang von 1874 bis 1877 als Oberlehrer an der Übungsschule, zwischendurch sogar als deren und des Pädagogischen Seminars kommissarischer Leiter[17] wirkt.

Die Jahre bei Ziller bedeuten die entscheidende Weichenstellung seines Lebens. Denn bei seiner Lehrtätigkeit und der sie begleitenden wissenschaftlichen Arbeit erkennt Thrändorf seine Lebensaufgabe: eine Religionspädagogik zu entwickeln, die pädagogisch genauso fundiert ist wie theologisch. Wenn sich auch, wie noch an verschiedenen Einzelpunkten zu zeigen sein wird, seine Anschauungen in beiden Bereichen immer wieder und teilweise sogar erheblich modifiziert haben, unverändert bleibt das Bestreben, beide möglichst umfassend zu durchdringen und zu einer religionspädagogischen Synthese zu führen[18].

Der wichtigste Ertrag dieser Periode ist die Dissertation „Die Stellung des Religionsunterrichts in der Erziehungsschule und die Reform seiner Methodik"[19]. Der Titel könnte als Überschrift über Thrändorfs ganzem Lebenswerk stehen. Inhaltlich lehnt sich die Arbeit insgesamt eng an Zillers Position an, setzt sich aber bereits an einigen Stellen vorsichtig von ihm ab[20], wie überhaupt das Verhältnis des Meisters zu seinem Schüler ein wechselseitiges Geben und Nehmen war. Ziller hat, trotz gelegentlicher Kontroversen, Thrändorf als Wissenschaftler sehr hoch geschätzt[21] und in religionspädagogischen Fragen bereitwillig auf ihn gehört[22].

---

kopplung der akademischen Lehrerbildung und der didaktischen Forschung an die Unterrichtspraxis.

[16] Theol. Kandidatenexamen vor der fürstlichen (Reuß, jüngere Linie) Prüfungskommission in Gera 1874 (vgl. 1879,57).

[17] Ziller war aus Protest gegen die geringen amtlichen Zuschüsse vorübergehend zurückgetreten (O. W. Beyer 1897,82).

[18] Vgl. Thrändorfs Veröffentlichungen während der Leipziger Zeit, das 1877 als erstes Schulbuch des Zillerschen Seminars erschienene Lesebuch für das dritte Schuljahr (1877c, Inhalt gemäß den Prinzipien der Konzentration und der kulturhistorischen Stufen Patriarchengeschichten, Thüringer- und Nibelungensagen, geographische und naturkundliche Anschlußstoffe und Gedichte) sowie die Aufsätze im 8. und 9. JVwP (1876, 1876a, 1877, 1877a, 1877b).

[19] Abgeschlossen 1878 (als Thrändorf bereits nach Grimma übersiedelt war), erschienen 1879.

[20] S. u. Abschnitt 1.2.3 und 1.4.3

[21] Ziller rühmt Thrändorfs „wissenschaftliche Hartnäckigkeit". Wegen theologischer Fragen kam es „oft zu Zusammenstößen" (H. Meltzer brieflich an H. Maier, mitgeteilt in: H. Maier 1940, 163).

[22] Vgl. die Anmerkungen zu den religionspädagogischen §§ in T. Ziller 1886 und Erläuterungen 1876,8.29 u. ö.

1.1.2 Das Lebenswerk

Nach einer nur zweijährigen Tätigkeit als Oberlehrer am Seminar in Grimma, während der er die pädagogische Ergänzungsprüfung für Theologen ablegt[23] und seine Dissertation abschließt, wird Thrändorf 1879 als Oberlehrer an das 1876 gegründete Seminar[24] in Auerbach im Vogtland versetzt, wo er bis zu seiner Pensionierung im Jahr 1921 lehrt und auch seinen Lebensabend verbringt. Er bemüht sich dort viele Jahrzehnte hindurch in Theorie und Praxis um die weitere Ausgestaltung der Herbart-Zillerschen Religionspädagogik, die immer mehr der Schwerpunkt seiner Arbeit wird. Eigentlich versucht er sein ganzes Leben lang nichts anderes als die Konturen eines einheitlich konzipierten, gleichermaßen auf der Höhe der pädagogischen wie der theologischen Wissenschaft stehenden und nicht zuletzt auch zeitgemäßen Religionsunterrichts möglichst präzis herauszuarbeiten, in der detaillierten Lernorganisation genauso wie in den globalen Zielsetzungen und ihrer Integration in den gesamten, besonders in den schulischen Erziehungsprozeß. Von 1881 an[25] publiziert er nur noch über allgemeinpädagogische und religionspädagogische Fragen und auch in den Diskussionen auf den Generalversammlungen des „Vereins für wissenschaftliche Pädagogik"[26] beschränkt er sich auf diese beiden Gebiete.

Besonders im Bereich der Religionspädagogik, in dem er von Anfang an die führende Rolle innerhalb der Zillerschen Schule spielt, arbeitet er ausgesprochen dialogisch. Stets sucht er die Rückkopplung mit der Praxis und die wissenschaftliche Diskussion, vor allem mit den im „Verein für wissenschaftliche Pädagogik" zusammengeschlossenen Herbartianern. Die meisten seiner Arbeiten, nicht zuletzt die beiden mehrbändigen Präparationswerke, sind aus der eigenen Unterrichtspraxis im Seminar und in der Übungsschule entstanden und werden zunächst im Jahrbuch des Vereins, das auch den Verhandlungen auf den Generalversammlungen zugrunde liegt, oder in einer anderen herbartianisch orientierten Zeitschrift zur Diskussion gestellt. Thrändorf betont immer wieder, wie sehr er auf kritisches Echo angewiesen

---

[23] 1879,57

[24] E.R. Freytag 1886,466

[25] Vorher veröffentlicht er gelegentlich Arbeiten zur Didaktik anderer Unterrichtsfächer, z.B. 1878a oder 1881a.

[26] Der von T. Ziller 1868 gegründete und lebenslang geleitete (danach von Th. Vogt, nach dessen Tod von W. Rein) „Verein für wissenschaftliche Pädagogik" sammelte die Anhänger der Herbart-Zillerschen Pädagogik und bildete zusammen mit seinen Zweigvereinen die organisatorische Plattform für deren Einfluß. „In einer Beziehung kommt dem Verein für wissenschaftliche Pädagogik eine Bedeutung zu, welche kein anderer in Deutschland hat, sofern er nämlich alle Lehrer von der Elementarschule bis zur Universität in sich vereinigt, den Lehrerstand als *einen* Stand erscheinen läßt und hierdurch zur Verbesserung seiner sozialen Lage beiträgt" (Th. Vogt in Erläuterungen 1891,4; ähnlich O. Willmann 1889,495). Zur Vereinsgeschichte (Darstellung teilweise nationalsozialistisch eingefärbt) vgl. H. Maier 1940.

ist[27] und seine Arbeiten nur als korrekturbedürftige Versuche betrachtet, die er dann aufgrund der durch die Kritik gewonnenen Einsichten im theoretischen Ansatz und in der praktischen Durchführung immer wieder modifiziert. Aus diesem Grund schmerzt es ihn, wenn seine Reformvorschläge außerhalb der Herbart-Zillerschen Schule wenig Echo finden. Deshalb engagiert er sich aber andererseits so stark wie nur wenige im Verein für wissenschaftliche Pädagogik, sowohl in dem von ihm gegründeten und geleiteten[28] Auerbacher Lokalverein als auch im Gesamtverein, zu dessen Vorstand er ab 1877 über mehrere Jahrzehnte gehört[29] und auf dessen Generalversammlungen er selten fehlt. Von 1876 an, also schon während der Leipziger Zeit, bis ins erste Jahrzehnt des 20. Jahrhunderts veröffentlicht er in jedem Jahrbuch im Durchschnitt einen Beitrag[30].

An den Titeln und deren Reihenfolge lassen sich die Akzentverschiebungen innerhalb seiner recht einheitlichen Lebensarbeit deutlich erkennen. In den ersten Jahren an Zillers Seminar und Übungsschule, also zeitlich noch in den vorhergehenden Abschnitt des Studiums und der Ausbildung gehörend, steht die Funktion des Religionsunterrichts im Rahmen der religiösen und ethischen Erziehungsaufgaben der Schule, also mehr der schulpädagogische Aspekt, im Vordergrund. Doch spätestens von 1880 an gewinnt die didaktische Arbeit an der Bibel immer mehr Gewicht und wird zum beherrschenden Schwerpunkt[31]. Darüber lagert sich dann als neuer Akzent ab 1888 die Kirchengeschichte[32]. Obwohl sie in der Folgezeit in den Jahrbuchaufsätzen dominiert, geht der Ausbau des Bibelunterrichts daneben unvermindert weiter. Aus den Präparationen zur biblischen Geschichte entsteht das fünfbändige Vorbereitungswerk „Der Religonsunterricht "[33], das zwischen 1890 und 1900 erscheint und von Thrändorf gemeinsam mit seinem Schwager H. Meltzer[34] verfaßt wird[35]. Dem biblischen stellt Thrändorf 1905—1913 ein

---

[27] Z.B. 1894b,140; 1896a,88; Erläuterungen 1893,21

[28] Vgl. die Rubriken „Geschäftliches" oder „Vorversammlung" in den meisten Bänden der Erläuterungen zum JVwP.

[29] Erläuterungen 1877,75; 1884,57; 1886,57; 1901,37; 1904,56

[30] Vgl. die Liste bei H. Meltzer 1921,69ff. Die übrige dort gegebene Bibliographie ist unvollständig.

[31] S.u. Abschnitt 1.5.1—3

[32] S.u. Abschnitt 1.6.1—4.

[33] Unterstufe 1899, Mittelstufe 1. Teil 1900a, Mittelstufe 2. Teil 1898b, Oberstufe 1. Teil 1890, Oberstufe 2. Teil 1891

[34] H. Meltzer, der sich besonders in die Fragen des alttestamentlichen Unterrichts einarbeitet (vgl. seine bei W. Rein geschriebene Dissertation H. Meltzer 1897), bearbeitet die beiden Mittelstufenbände, bei denen er allerdings auf Vorarbeiten Thrändorfs (E. Thrändorf 1880 und 1884) zurückgreifen kann. Zu Meltzers geplanter Mitarbeit an Reukaufs Unterrichtswerk s.u. Abschnitt 2.1.2

[35] Die stets umgearbeiteten Neuauflagen (bis 1916) zeigen, daß Thrändorfs Interesse am biblischen Unterricht auch in den späteren Jahren nicht nachläßt

ebenfalls fünfbändiges kirchengeschichtliches Präparationswerk, die „Beiträge zur Methodik des Religionsunterrichts an höheren Schulen"[36] zur Seite. Es ist gleichfalls aus vorher im Jahrbuch des Vereins für wissenschaftliche Pädagogik veröffentlichten Unterrichtsentwürfen entstanden.

Einen ähnlichen Wachstums- und Reifungsprozeß macht auch Thrändorfs wichtigstes theoretisches Werk durch. H. Bassermann, der Herausgeber der Zeitschrift für praktische Theologie, hatte ihn 1884 gebeten, für deren Leser, also für Theologen, eine Einführung in die Herbart-Zillersche Pädagogik und ihre religionspädagogischen Konsequenzen zu schreiben. Dieser Aufsatz „Die Behandlung des Religionsunterrichts nach Herbart-Zillerschen Grundsätzen"[37] erlebt auch als selbständige Broschüre bis 1900 drei stets leicht vermehrte und umgearbeitete Auflagen[38], die vierte und fünfte erscheinen 1903 bzw. 1912 unter dem Titel „Allgemeine Methodik des Religionsunterrichts"[39]. Daß Thrändorfs theoretisches Hauptwerk mehr oder weniger aus einem Gelegenheitsaufsatz herauswächst und selbst nach fast 30 Jahren in der letzten Auflage nur 112 Seiten umfaßt, ist symptomatisch für seine praxisorientierte, mehr am Werden als an ausgebauten fertigen Systemen interessierte Arbeitsweise[40]. Dennoch läßt sich anhand der verschiedenen Auflagen die Entwicklung der religionspädagogischen Konzeption Thrändorfs noch am besten verfolgen.

Welche theologischen und philosophischen Einflüsse hinter jener Entwicklung stehen, ist freilich aus den genannten Werken nur umrißhaft zu erkennen. Am Anfang, während der Studien- und Ausbildungszeit bei Ziller, befindet sich Thrändorf ganz auf der Linie der Herbartschen Philosophie. Seine Theologie ist nahezu identisch mit der herbartianischen Religionsphilosophie[41]. Von ihr erwartet er sich damals noch ein wissenschaftlich unanfechtbares, geschlossenes dogmatisches System, an dem die Didaktik des Religionsunterrichts sich verbindlich orientieren kann[42]. Doch Mitte der achtziger Jahre erfolgt die wichtigste Modifikation in Thrändorfs grundsätzlichen Anschauungen. Er behält zwar die Herbartsche Philosophie, vor allem in der Interpretation O. Flügels[43] bei, aber er relativiert sie zugleich,

---

[36] 1905, 1909, 1910, 1912a, 1913; dazu für die Hand des Schülers verschiedene kirchengeschichtliche Lese- und Quellenbücher (ein- bis dreibändige Ausgaben)

[37] 1884b und 1885a (in zwei Teilen publiziert)

[38] [1]1887a: 48 Seiten, [2]1891 (nicht im Literaturverzeichnis): 58 Seiten, [3]1896c: 64 Seiten

[39] Die Grundlage für die Neubearbeitung bieten die bei den Ferienkursen der Universität Jena gehaltenen Vorlesungen.

[40] Dem entspricht, daß er seine eigenen Arbeiten weder aufbewahrt noch registriert (H. Meltzer 1921, 69)

[41] Vgl. die Verweise auf M. W. Drobisch, K. L. Hendewerk, O. Flügel u. a. in der Dissertation (1879) und in den frühen Jahrbuchaufsätzen 1876–1878

[42] 1877a,81

[43] „In meinem philosophischen Denken fühle ich mich am meisten verwandt mit O. Flügel, Monismus und Theologie" (1910b, 213)

indem er sich daneben noch anderen Einflüssen öffnet. Es sind dies die gleichen, die ihm schon im väterlichen Pfarrhaus und bei seinen Studienfreunden begegneten, nämlich die verschiedenen Disziplinen der historischen Theologie und die Gedanken Schleiermachers. Thrändorf befaßt sich im Kontext seiner Bemühungen um den Bibelunterricht spätestens seit 1880 intensiv mit der Werken der historisch-kritischen Exegese[44]. Bei dieser Arbeit erhält er offenbar auch mannigfache Anstöße[45] zur Beschäftigung mit der Kirchengeschichte und sieht sich gleichzeitig immer mehr veranlaßt, dem von den Herbartianern durchwegs abgelehnten[46] Schleiermacher positive Seiten abzugewinnen[47]. Hatte er zuvor mit Ziller und anderen die „natürliche Religion"[48] und das „allgemeine Menschentum oder die Vernunftreligon"[49] als erstrebenswerte Ideale betrachtet, so erkennt er nun in ihnen mit Schleiermacher blutleere rationalistische Abstraktionen[50] und lernt statt dessen die geschichtlich gewachsenen Religionsgemeinschaften schätzen, vor allem die evangelische Kirche, bei der er hauptsächlich das allgemeine Priestertum aller Gläubigen[51] und den Gemeinschaftsaspekt[52] hervorhebt, aber auch gegenüber dem Bekenntnis eine positive Einstellung gewinnt[53]. Doch die weitaus wichtigste Erkenntnis Schleiermachers ist für ihn das auf der religiösen Erfahrung aufgebaute ganzheitliche Religionsverständnis und seine in der Unterscheidung von Religion und Theologie[54] griffig formulierte Abgren-

---

[44] S. u. Abschnitt 1.5.1 – 3

[45] So veranlaßt ihn z. B. die Theologie des Paulus zur Beschäftigung mit Luther (1883,83). Auch die Arbeit von Forschern wie K. v. Hase, die Bibelwissenschaft und Kirchengeschichte umspannt, ist ein wichtiger Anstoß (zu K. v. Hase s. u. Abschnitt 1.6.1)

[46] Vgl. 1897a,132f. und Erläuterungen 1885,77ff.; 1894,10ff.; 1897,37ff. Zum „beredten Schweigen" zwischen J. F. Herbart und F. D. Schleiermacher vgl. G. Bockwoldt 1977,17ff. und 25f.

[47] Neben den genannten Impulsen wirken die Predigten des von Schleiermacher beeinflußten Engländers W. Howard auf Thrändorf, der in seinen Präparationen immer wieder auf Howard verweist, vgl. besonders 1882,32: „Möge diese meines Erachtens einzigartige Predigtsammlung noch recht vielen Christen zum Segen gereichen!"

[48] 1884b,385 nach T. Ziller 1884,21

[49] 1877b,250 mit O. Flügel 1869,203; ähnlich T. Ziller 1884,26f.

[50] Vgl. die Schleiermacher-Zitate in 1888a,88 und 1894b,163f.

[51] „Alle Christen sind wahrhaft geistlichen Standes" (1889b,14). Zu den praktischen Konsequenzen für die Schulaufsicht s. u. Abschnitt 1.2.5.

[52] Vgl. 1895a,283 und 1916,297

[53] Das gilt freilich nur für das Bekenntnis, das in der Gemeinde lebt, vor allem für den Kleinen Katechismus. Die CA ist nach Thrändorfs Ansicht stets auf den Kreis der Theologen beschränkt geblieben und nie wirkliches Gemeindebekenntnis geworden (1912,113)

[54] „Das Hauptverdienst Schleiermachers scheint mir trotz der Einwürfe Flügels in der Unterscheidung von Religion und Theologie zu liegen" (1897a,133; zur Geschichte und Bedeutung der aus der Aufklärung stammenden Unterscheidung vgl. B. Ahlers 1980). Schleiermachers Trennung von Moral und Religion greift Thrändorf dagegen nicht auf. An diesem Punkt bleibt er dem herbartianischen Ethizismus verhaftet (Gott als „die Weltentwicklung leitende sittliche Macht" 1910b,214).

zung gegenüber den kognitiven philosophisch-theologischen Begriffssystemen. Erst diese Erkenntnis befähigt Thrändorf, seine an der sittlich-religiösen Erfahrung orientierte religionspädagogische Konzeption[55] deutlich zu artikulieren[56], die andererseits dabei zweifellos als erkenntnisleitendes Interesse im Hintergrund steht. Thrändorf betreibt also die Theologie genau wie seine gesamte wissenschaftliche Reflexion durchwegs im engsten Bezug zur Praxis. Daher kann er auf ein bis in alle Einzelheiten durchgebildetes eigenes dogmatisches System verzichten[57] und sich mit einer aus verschiedenen Elementen zusammengesetzten eklektischen Theologie begnügen, zumal er im Christentum seiner Zeit die prägende und motivierende Kraft der dogmatischen Systeme, der modernen genauso wie der orthodoxen, immer mehr dahinschwinden sieht. Denn weil jedes von ihnen auf einem ganz bestimmten philosophischen Fundament aufbaut, wird die Theologie hineingezogen in die Zersplitterung der Philosophie, in der es nicht mehr wie im Mittelalter eine allgemeinverbindliche Konzeption, sondern nur noch eine Reihe miteinander konkurrierender Systeme gibt[58]. Hier rückt Thrändorf deutlich von dem oben beschriebenen Optimismus seiner Jugendjahre ab. Was er dagegen nach wie vor in den verschiedensten Spielarten, von den pietistisch-gemeinschaftlichen bis zu den bürgerlich-liberalen, lebendig und wirksam sieht, ist eine an der Gestalt Jesu orientierte biblisch-praktische Frömmigkeit, mit der sich wohl auch Thrändorf unausgesprochen identifiziert[59]. Ein wichtiges Indiz für die Prävalenz der praktischen Frömmigkeit ist sein zeitlebens konstantes sozialethisches Engagement, zumal er die Lösung der sozialen Probleme im Sinne des Christentums für die Schicksalsfrage seines Zeitalters hält[60].

Aufs ganze gesehen ist, wie bereits angedeutet, die unmittelbare Wirkung, die von Thrändorf und seinem Lebenswerk ausgeht, relativ gering. Sie bleibt hauptsächlich auf die Anhänger der Herbart-Zillerschen Pädagogik, die ihn fraglos als ihren führenden Religionsdidaktiker anerkennen, und auf seinen großen persönlichen Schülerkreis[61] beschränkt. Seine Arbeit bringt ihm zwar

---

[55] S. u. Abschnitt 1.3.4

[56] Das war ihm vorher unter dem Einfluß der Zillerschen Terminologie, die zu intellektualistischen Mißverständnissen reichlich Anlaß gab, nicht möglich gewesen.

[57] Generell interessiert ihn die „moderne" systematische Theologie weitaus weniger als die biblische. Er meint, „von der modernen systematischen Theologie nur sehr lückenhafte Kenntnisse zu haben" (1896b,126)

[58] 1895a,283; 1916,297

[59] Seit etwa 1895 häufen sich in diesem Kontext die Verweise auf A. v. Harnack, vgl. z.B. 1896b,122; 1901,12; 1903,48f.

[60] Zur expliziten Behandlung der sozialen Frage im Unterricht s.u. Abschnitt 1.6.4, zur Einbeziehung in den biblischen Unterricht vgl. 1887,278ff. und Erläuterungen 1883,41f.

[61] Vgl. Th. Fritzsch 1911,85 und H. Meltzer 1927,18

Ehrungen wie den Professorentitel[62] und die theologische Ehrendoktorwürde der Universität Jena[63] ein, aber auch schwere persönliche Kränkungen[64], die er ohne Verbitterung erträgt. Im Gegenteil, er stellt stets seine Person niedriger als die von ihm vertretene Sache. Wenn es der Reform und Verbesserung des Religionsunterrichts dient, ist es ihm allein wichtig, daß die von ihm für richtig gehaltenen Grundgedanken wenigstens teilweise Beachtung finden und weiterwirken[65]. Daher ist die indirekte, mittelbare Wirkung, die von Thrändorfs Lebenswerk ausgeht[66], sicher um vieles größer als die unmittelbare.

1.2 Der Religionsunterricht als Kern des schulischen Unterrichts

1.2.1 Die Schule als Erziehungsschule

Eine pädagogisch relevante Theorie des Religionsunterrichts impliziert die Reflexion über Aufgaben und Ziele der Schule. Bei Thrändorf bildet sie in der Regel den Ausgangspunkt seiner Überlegungen[1], besonders in der Frühzeit. Später begnügt er sich meistens mit Andeutungen und Hinweisen, denn in dieser Frage bleibt seine Meinung stets unverändert. Grundgedanke ist dabei die von Ziller[2] übernommene strenge Unterscheidung von Erziehungs- und Fachschule. Die eine will den Menschen als ganzen formen, während die andere sich darauf beschränkt, eine Reihe von Kenntnissen und Fertigkeiten zu vermitteln, vor allem solche, die später zur Ausübung eines bestimmten Berufs nötig sind. Für Thrändorf steht fest, daß die allgemeinbildenden Schulen Erziehungsschulen sein müssen. Dies ergibt sich zwingend aus (a) ethischen, (b) psychologischen und (c) organisatorischen Überlegungen:
a) Die Ziele der Erziehungsschule stehen auf einer höheren ethischen Stufe als die der Fachschule[3].
b) Die psychologischen Möglichkeiten einer erzieherischen Einwirkung sind zwar in den ersten Kinderjahren am größten[4], aber sie hören beim Eintritt in die Schule noch nicht auf, sondern erst mit dem Beginn des Erwachsenenalters[5].

---

[62] 1903 vom sächsischen König an dessen Geburtstag verliehen (K. Muthesius 1903,444)
[63] Von der theol. Fakultät zum 70. Geburtstag 1921
[64] Thrändorf durfte z. B. auf Betreiben des Auerbacher Superintendenten zeitweise kaum Religionsunterricht erteilen (H. Meltzer 1927,19).
[65] Er gibt sogar für längst geäußerte eigene Gedanken andere Gewährsleute an, vgl. z. B. 1903 a,261 f. (Berufung auf A. Bonus) mit 1877 a,60 f.
[66] S. u. Abschnitt 4.1−7

[1] Vgl. z. B. 1879,1 ff.
[2] T. Ziller 1884,15 u.52; 1892,136 ff.
[3] 1879,2 ff.
[4] 1884 b,374

c) Die Familie kann die Erziehungsaufgaben nicht allein bewältigen, sie braucht eine Hilfsinstitution.

Darum muß die Schule Erziehungsschule sein und sich vor allem gegenüber der Familie und erst in zweiter Linie gegenüber Staat, Kirche und Gesellschaft verantwortlich wissen[6]. Weil die genannten Argumente für die höheren Schulen genauso zutreffen, müssen auch sie reine Erziehungsschulen sein[7]. Fachschulen wie Berufs- und Fortbildungsschulen oder auch Universitäten werden damit nicht überflüssig, doch sie kommen erst nach Abschluß der Allgemeinbildung in Frage, wenn die Individualität des Zöglings ihre endgültige Ausprägung erreicht hat[8].

Der Begriff „Erziehungsschule" meint nicht nur, daß sie über den Unterricht hinaus besondere Erziehungsmaßnahmen anwendet. Er setzt vielmehr voraus, daß Erziehung in erster Linie im Unterricht und durch den Unterricht geschieht. Thrändorf, der hier wiederum Herbart und vor allem Ziller[9] folgt, erkennt zwar klarer als sein Lehrer, daß die Schule damit gegenüber den außerschulischen Einflüssen einen schweren Stand hat[10], aber er sieht dennoch in der Möglichkeit des planmäßigen Einwirkens auf den Schüler, die allein der Unterricht bietet, den entscheidenden Vorteil[11].

1.2.2 Das einheitliche Ziel der Erziehungsschule: Die sittlich-religiöse Persönlichkeit

Wenn die Schule angesichts der vielfältigen konkurrierenden Erziehungseinflüsse überhaupt erzieherisch wirken will, muß sie die ihr zu Gebote stehenden Möglichkeiten und Mittel, d.h. vor allem die des Unterrichts, optimal einsetzen. Dies erfordert nicht nur Überlegungen zur Auswahl der Lerninhalte und ihrer Zusammenstellung im Lehrplan, sondern in erster Linie klare Zielbestimmungen: „Wenn das Ziel ein schwankendes ist, so werden auch die Wege, die zu ihm führen, sich nicht mit Sicherheit feststellen lassen"[12]. Daraus folgt für Thrändorf, daß auch die partiellen Ziele zueinander in

---

[5] 1879,5

[6] Diese von F. W. Dörpfeld (s. u. Abschnitt 2.2.3) übernommenen Gedanken spielen bei E. Thrändorf eine weitaus geringere Rolle als etwa bei A. Reukauf oder W. Rein. Er nimmt immer nur beiläufig auf das Familienprinzip Bezug und äußert sich überwiegend skeptisch zu der aus diesem abgeleiteten Schulverfassungstheorie (Erläuterungen 1885,72).

[7] Nur für die Lehrerseminare, die damals in Sachsen und einigen anderen deutschen Staaten als höhere Schulen galten, läßt Thrändorf eine Ausnahme zu: Sie sind Erziehungs- und Fachschulen zugleich, da sie sowohl Charakterbildung als auch didaktische Ausbildung betreiben (Erläuterungen 1878,196 f.).

[8] 1879,7 f.

[9] Vgl. T. Ziller 1884,221 f.

[10] 1888 a,92; 1884 b,372

[11] Siehe dazu auch Abschnitt 1.2.3 und 1.4.2

[12] 1879,1; vgl. die Fabel vom Seepferdchen bei R. F. Mager, 1965,XI

Beziehung zu setzen, genauer: einem gemeinsamen Oberziel zuzuordnen sind. Das letzte, oberste Ziel der Erziehung muß demzufolge ein einheitliches sein. Thrändorf greift hier auf einen der ältesten Grundsätze Herbarts zurück, auf den dieser schon als vierundzwanzigjähriger Hauslehrer gestoßen war[13]. Bei der inhaltlichen Bestimmung dieses Erziehungsziels orientiert er sich jedoch hauptsächlich an Ziller und nennt den „sittlich-religiösen Charakter" bzw. die „sittlich-religiöse Persönlichkeit"[14] als das Ideal, auf das hin die Erziehungsschule alle ihre Bemühungen letztlich ausrichten sollte. Gelegentlich findet sich auch die einfachere, rein ethische, von Herbart[15] abgeleitete Formulierung „sittlicher Charakter", z. B. in der Dissertation[16], wo Thrändorf nach Herbarts Vorgehen das Ziel der Erziehung aus der Ethik und der Psychologie, den beiden Grundwissenschaften der Pädagogik, ableitet. Er greift dabei auch noch hinter Herbart auf Kant zurück und fordert als Ziel die Bildung eines „constanten guten Willens"[17], was ihm mit Herbarts Intentionen identisch erscheint[18]. Doch auch die unterschiedlichen Definitionen bei Herbart und Ziller stellen für Thrändorf keinen Gegensatz dar. Er bemüht sich vielmehr um den Nachweis, daß Ziller mit seiner Doppelbestimmung „sittlich-religiös" die sachlich notwendige Ergänzung zu Herbarts „sittlich" vornimmt. Zwar sieht er das Verhältnis von Religion und Sittlichkeit differenzierter als Ziller, der einfach vom Glauben als der „religiösen Form der Sittlichkeit"[19] sprechen kann, aber es kommt ihm wie diesem darauf an, bei aller gebotenen theoretischen Unterscheidung[20] den unverzichtbaren praktischen Zusammenhang beider herauszustellen. Denn um sittlich handeln zu können, bedarf es der Überzeugung, daß die ethischen Ideale wie z. B. Gerechtigkeit oder Nächstenliebe nicht Illusionen bleiben müssen, sondern sich auch verwirklichen lassen. Eine solche Gewißheit ist

---

[13] 1884b,370 nach den von Ziller gesammelten „Herbartischen Reliquien" (T. Ziller 1871,278)

[14] Beide Zielbestimmungen werden von Anfang an synonym verwendet, vgl. 1877a,61. Statt „Ziel" gebraucht Thrändorf auch oft den Zillerschen Ausdruck „Zweck". („Ziel" meint bei Ziller die Zielangabe am Anfang einer nach Formalstufen aufgebauten methodischen Einheit).

[15] Vgl. J. F. Herbart Werke 2,97f. Häufiger sagt Herbart „Charakterstärke der Sittlichkeit" (vgl. a.a.O.,90ff.).

[16] 1879,6.8 im Wechsel mit (Ideal der) „sittlichen Person" (1879,5) bzw. „sittlichen Persönlichkeit" (1879,2)

[17] 1879,3

[18] Vgl. die Interpretation der Herbart-Zitate (Hartensteinsche Ausgabe X,189 = J. F. Herbart Werke hrsg. v. K. Kehrbach 10,71) bei E. Thrändorf 1879,4 und 1884b,370

[19] Daß Thrändorf diese Formulierung einmal (1884b,371) innerhalb eines 17zeiligen Ziller-Zitats mit anführt, ist sicher kein Beweis des Gegenteils. Denn die von Thrändorf vorgenommenen Hervorhebungen (Sperrungen) zeigen klar, daß es ihm auf andere Aussagen ankommt.

[20] Thrändorf argumentiert meist mit der wissenschaftlichen Unabhängigkeit und absoluten Geltung der ethischen Ideen, die keiner von außen hinzutretenden Begründung, etwa durch einen göttlichen Gesetzgeber, bedürfen. Vgl. 1877a,71; 1879,2f.; 1888a,64 u.ö.

aber aus der empirischen Wirklichkeit nicht zu gewinnen, eher das Gegenteil. Die Motivation zum sittlichen Handeln kommt vielmehr aus einem religiösen Antrieb, aus dem Glauben[21]. Daher kann Thrändorf sagen, daß das sittliche Streben „in der Religion seine eigentliche Wurzel hat"[22]. Zillers Ergänzung des Herbartschen Ziels geschah also mit vollem Recht. Thrändorf ist obendrein überzeugt, daß sie auch schon von Herbart selbst der Sache nach intendiert wurde. Denn dieser sagt ebenfalls, daß die Sittenlehre für sich allein noch nicht zum Tun des Guten motiviert, sondern dazu der Unterstützung durch die Religion bedarf[23]. Thrändorf meint sogar: „Herbarts Ethik ist nicht etwas von ihm neu Geschaffenes und Erfundenes, sondern sie ist bloß ein Versuch, dem christlich-sittlichen Bewußtsein eine wissenschaftliche Begründung und begriffliche Formulierung zu geben"[24]. Das Motiv, das hinter all diesen Argumentationen steht, ist wiederum deutlich das Bestreben, die Bemühungen um die Reform des schulischen Unterrichts im allgemeinen und des Religionsunterrichts im besonderen auf eine möglichst breite Basis zu stellen, unterschiedliche theoretische Positionen zwar nicht zu nivellieren, aber doch mehr die Gemeinsamkeiten als die Kontroverspunkte hervorzuheben, damit eine Kooperation in der Praxis möglich wird[25].

Obwohl das Ziel der Erziehung ein einheitliches ist und sein muß, enthält es doch insofern einen Doppelaspekt, als die „sittlich-religiöse Persönlichkeit" sowohl Individuum als auch soziales Wesen ist. Zunächst hat Thrändorf freilich im Banne des Zillerschen Individualismus[26] dieses „Sowohl – als auch" geleugnet und den sozialen Aspekt dem individuellen so strikt untergeordnet, daß ersterer das oberste Ziel der Erziehung nicht mehr tangiert[27]. Doch bald wird aus der Unterordnung ein gleichberechtigtes Nebeneinander beider Aspekte der sittlich-religiösen Persönlichkeit[28]. Manchmal scheint es dann sogar, als ob das einheitliche Erziehungsziel zugunsten eines doppelten aufgegeben worden wäre, aber dieser Schein trügt, wie bei der Darstellung

---

[21] 1877b,248; 1888a,85f.; 1912,47; vgl. T. Ziller 1884,20

[22] 1888a,86

[23] Vgl. 1884b,376ff.; 1888a,86f. und die dort angeführten Herbart-Belege

[24] 1884b,366f. Als Beleg folgt allerdings kein Herbart-, sondern ein Ziller-Zitat! Ähnlich äußert sich Thrändorf in Erläuterungen 1877,9. Dort bezeichnet er auch ganz allgemein als Aufgabe der Pädagogik, das ins System zu bringen, „was in den heiligen Schriften als Erfahrungstatsache überliefert ist".

[25] S.o. Abschnitt 1.1.2. Das letzte Zitat 1884b,366f. stammt nicht zufällig aus jener Schrift, mit der Thrändorf unter den Theologen Verständnis für die Herbart-Zillersche Pädagogik wecken will.

[26] Vgl. T. Ziller 1892,25

[27] Vgl. 1877b,261f.

[28] Vor allem wenn das Erziehungsziel der sittlich-religiösen Persönlichkeit im engeren Kontext des Religionsunterrichts erörtert wird, beschreibt Thrändorf die soziale Zieldimension mit dem Begriff des Reiches Gottes (z.B. 1893c,165).

der Ziele des Religionsunterrichts zu zeigen sein wird[29]. Vorläufig ist jedenfalls festzuhalten, daß das letzte Ziel der gesamten Erziehungsschule, das sie natürlich nur anstreben, aber in der Regel nicht voll erreichen kann[30],ein religionspädagogisch geprägtes ist[31]. Damit wird dem Religionsunterricht im Rahmen der übrigen Schulfächer eine besondere Stellung zugewiesen, die neue Probleme aufwirft.

1.2.3 Die Konzentration der Unterrichtsfächer

Wenn das einheitliche Ziel der Erziehung und damit auch des erziehenden Unterrichts praktische Bedeutung erlangen soll, müssen alle Teilziele und Inhalte des Unterrichts hierarchisch diesem Globalziel untergeordnet werden. Vor allem darf es nicht vorkommen, daß sich Ziele und Inhalte verschiedener Fächer widersprechen und so den Schüler in einen Zwiespalt stürzen. Thrändorf hat hier besonders die schmerzliche Erfahrung vor Augen, daß der traditionelle fundamentalistische Religionsunterricht[32] den Aufbau der Welt und das Wesen des Menschen ganz anders beschreibt als der naturwissenschaftliche oder der Deutsch- bzw. Literaturunterricht, die die Erkenntnisse der modernen Wissenschaften berücksichtigen. Dadurch wird jedoch nicht nur der Erfolg des Religionsunterrichts, sondern das Fortschreiten auf das einheitliche sittlich-religiöse Erziehungsziel überhaupt unmöglich gemacht. Aber nicht allein das Gegeneinander, auch schon das zusammenhanglose Nebeneinander verschiedener Ziele und Inhalte verstellt diese Richtung und führt nach der von Thrändorf geteilten herbartianischen Überzeugung zur „Zwiespältigkeit des Charakters"[33]. Daher müssen alle fachspezifischen Ziele und Inhalte einander systematisch zugeordnet werden, damit fächerübergreifende „große unzerstückte Gedankenmassen" entstehen, wie schon Herbart gefordert hatte[34]. Die Zillersche Schule kommt diesem Postulat einer „Konzentration" der Schulfächer so nach, daß sie den unmittelbar charakterbildenden Unterricht, den sog. „Gesinnungsunterricht", zum Kern des schulischen Unterrichts überhaupt macht. Zu dieser zentralen Fächergruppe gehört der Religionsunterricht, aber ebenso der Unterricht in Geschichte und Literatur[35]. Die übrigen Fächer sollten nach der ursprünglichen Zillerschen Konzeption, die Thrändorf anfangs ebenfalls übernimmt und

---

[29] S.u. Abschnitt 1.3.6
[30] Erläuterungen 1888,43u.45. Näheres s.u. Abschnitt 1.3.6
[31] Zur religionspädagogischen Genese vgl. F. Jacobs 1969
[32] Zu dessen Auswirkungen s.u. Abschnitt 1.3.2−3
[33] 1879,9
[34] 1879,12 nach Herbart: „Die große sittliche Energie ist der Effekt großer Szenen und ganzer, unzerstückter Gedankenmassen" (J.F. Herbart Werke 2,106).
[35] 1885a,2

ausbauen hilft[36], bis in die Stoffauswahl hinein stets auf den Gesinnungsunterricht hin orientiert sein. Daher sind z. B. bei den Patriarchen- oder Königsgeschichten auch die geographischen, kulturgeschichtlichen, naturkundlichen, künstlerischen, mathematischen und sonstigen Verhältnisse der Epoche und des Landes zu behandeln[37]. Jedoch folgt Thrändorf schon von 1878 an seinem Lehrer nicht mehr bis in die extremsten Konsequenzen, wonach die Nicht-Gesinnungsfächer ihren fachimmanenten Zusammenhang vollständig verlieren und sich ihren Aufbau vom Religions- und Geschichtsunterricht vorschreiben lassen müssen. Er steht schon in seiner Dissertation auf der Seite der vereinsinternen Kritiker Zillers[38], wenn er den spezifischen Charakter der einzelnen Fächer erhalten wissen will[39]. Deshalb begrüßt er[40] die Neuformulierung des Konzentrationsprinzips, um die sich die Zillersche Schule unter Th. Vogts Führung bemüht hatte[41], zumal ihm der Gegensatz zwischen alter und neuer Auffassung nicht allzu groß erscheint[42]. Doch immerhin erhalten die Einzelfächer nun ihre eigenständige didaktische Gliederung in jeweils drei große Erkenntnisschritte oder Stufen[43] und die Konzentration der parallelen Stufen orientiert sich nicht mehr an den einzelnen Unterrichtsgegenständen, sondern am Gesamtziel der sittlich-religiösen Charakterbildung, sodaß ein lockeres Gefüge von Fächern und Inhalten entsteht, das sich zunächst nur in poetischen Bildern[44] beschreiben läßt.

Da es aber letztlich bei den theoretischen Überlegungen bleibt und die Zillersche Schule keinen nach diesem Prinzip durchgebildeten detaillierten Lehrplan zustandebringt[45], gewinnt der Konzentrationsgedanke für Thrän-

---

[36] Vgl. 1876 a (mit Fortsetzung 1877) und 1878 a

[37] Zum Aufbau des Lehrplans nach kulturhistorischen Stufen s. u. Abschnitt 1.4.2

[38] Sie (K. V. Stoy, W. Rein u. a.) wenden sich zunächst gegen die Ausschlachtung der Märchen „im Sinne sogenannter Konzentration" (Erläuterungen 1876,27) im 1. Schuljahr, was auf der Generalversammlung in Jena zu scharfen Auseinandersetzungen mit Ziller führt (a.a.O.,27ff.). W. Rein nennt die Anfügung der Sachstoffe an die Gesinnungsstoffe „Klebekonzentration" (Erläuterungen 1887,56). Außerhalb des Vereins ist die Polemik gegen diesen umstrittensten Punkt der Zillerschen Theorie natürlich noch heftiger.

[39] 1879,10. An anderer Stelle sagt er, daß „in der Ausgestaltung des Lehrplans nach dem Prinzip der Konzentration vom Meister und den Schülern vielfach fehl gegriffen worden ist" (1884 b,390 Anm. 1).

[40] 1890 a,131 f.; Erläuterungen 1895,52 f. und 1896,25 ff.

[41] Ziller hatte noch selbst ein Jahr vor seinem Tod einen Versuch zur Erweiterung des Konzentrationsgedankens unternommen (T. Ziller 1881 a,121), der aber unausgeführt blieb. Th. Vogt äußert seine Gedanken meist als Zusammenfassungen der Diskussionen auf den von ihm geleiteten Generalversammlungen und zusammenhängend in Th. Vogt 1905, vgl. auch K. Just 1888.

[42] Erläuterungen 1895,52 f. und 1896,27

[43] Zu Th. Vogts Neuinterpretation der kulturhistorischen Stufen s. u. Abschnitt 1.4.2.

[44] „Vielstimmige Fuge" (K. Just 1888,52), „Gravitation um das sittlich-religiöse Zentrum wie die Planeten um die Sonne" (Th. Vogt in Erläuterungen 1900,23)

[45] Vgl. K. Just in Erläuterungen 1905,40

dorf nicht die gleiche praktische Bedeutung wie die mit ihm zusammenhängende Kulturstufentheorie[46]. Er ist ihm nur aus grundsätzlichen Erwägungen wichtig, weil er einen fruchtbaren Dialog des Religionsunterrichts mit den Fächern ermöglicht, in denen das moderne naturwissenschaftliche und philosophisch-literarische Denken und Fühlen gelehrt wird, während die alte Zillersche Konzeption den erziehenden Religionsunterricht durch die vorgeschriebenen Übergriffe auf andere Gebiete genauso zu isolieren drohte wie sich der traditionelle orthodox-dogmatische Religionsunterricht von der Wirklichkeit der Schule und des Lebens abgesondert hatte[47]. Der neue Ansatz dagegen vermeidet – mindestens in der Theorie – diese Gefahr, ohne die integrative Funktion und die damit verbundene Schlüsselstellung des Religionsunterrichts aufzugeben[48].

1.2.4 Der konfessionelle Charakter der Erziehungsschule

Aus den Überlegungen zum einheitlichen Gesamtziel der Erziehung und zur Konzentration der Unterrichtsfächer auf dieses hin zieht Thrändorf eine wichtige schulorganisatorische Konsequenz: Die ganze Schule muß von *einem* Geiste, von einer homogenen sittlich-religiösen Grundüberzeugung getragen sein, d.h. sie muß Konfessionsschule sein. Diese Forderung hat der junge Thrändorf bereits in einem seiner ersten Aufsätze 1877[49] erhoben, wo er in Auseinandersetzung mit den Befürwortern der konfessions- oder gar religionslosen Schule[50] seinen Begriff der Konfession und der Konfessionsschule entwickelt. Ein paar Jahre später untermauert er seinen Standpunkt mit Hilfe der Schulverfassungstheorie F.W. Dörpfelds, der zu den gleichen Ergebnissen gelangt war[51]. Es geht ihm dabei stets um den Nachweis, daß auch eine konfessionelle Schule auf der Höhe der pädagogischen Entwicklung stehen kann. Wenn ein großer Teil der Pädagogen mit „konfessionell" Rückständigkeit, Engstirnigkeit und Gesinnungszwang verbindet, so liegt dies nicht im Wesen des Begriffs, sondern daran, daß die meisten Konfessionsschulen von der kirchlichen Hierarchie beherrschte Zwangs-Konfes-

---

[46] S.u. Abschnitt 1.4.2−3
[47] S.u. Abschnitt 1.3.2−3
[48] E. Thrändorf in Erläuterungen1896,27f.
[49] 1877b,241ff.
[50] „Die allgemeine deutsche Lehrerversammlung vom Jahre 1874, der Kultusminister Falk und ein großer Teil der gesamten Lehrerwelt sind für konfessionslose Schule und der Leipziger Lehrerverein sowie Pädagogen (?) wie Bona-Meyer, Dittes und Wittstock sind konsequent genug, sogar in der religionslosen Schule ihr Ideal zu finden" (1877b,242). 18 Jahre später setzt sich Thrändorf hauptsächlich mit P. Natorp und W. Wundt auseinander und nach einem weiteren Jahrzehnt mit J. Tews und F. Naumann, vgl. 1895a und 1905c.
[51] Erläuterungen 1889,57. Zu Dörpfeld s.u. Abschnitt 2.2.3

sionsschulen[52] sind, die zwar häufig jene Mängel aufweisen, aber eben eine Fehlentwicklung darstellen. Grundsätzlich sind freie und fortschrittliche Konfessionsschulen genauso möglich wie rückständige Einheitsschulen. Thrändorf definiert die konfessionelle Schule als „eine Erziehungsanstalt, die nach einem einheitlichen, bis ins Einzelne klar und bestimmt durchgebildeten sittlich-religiösen Idealbilde strebt und den religiösen Indifferentismus und die Unklarheit und Unwissenheit in religiösen Dingen, in welcher Form sie immer auftreten mögen, bekämpft"[53]. Daraus geht hervor, daß mit „Konfession" nicht unbedingt eine der christlichen Kirchen oder überhaupt eine religiöse Organisation gemeint sein muß. Es genügt ein Konsens über die sittlich-religiösen Grundfragen und die sich aus ihnen ergebenden pädagogischen Zielsetzungen. Konfessionsschule ist jede Schule, „die einen bestimmten, begrifflich durchgebildeten religiösen Gedankenkreis"[54] vertritt, während die Simultanschule zwei dieser Gedankenkreise gleichberechtigt nebeneinanderstellt und die konfessionslose Schule ganz ohne einen solchen auskommen muß. Deshalb gibt es solche Schulen in Wirklichkeit kaum, denn der Verzicht auf jedes konkrete ethische Erziehungsziel wäre ja gleichbedeutend mit dem Verzicht auf Erziehung überhaupt. Ihre Befürworter vertreten im Grunde eine neue Konfession, die man mit Dörpfeld die „Humanitäts- und Aufklärungskonfession"[55] nennen könnte. Da sie sich dessen nicht bewußt sind, dünken sie sich über die anderen Konfessionen erhaben und streben mit starkem Sendungsbewußtsein nicht nur Gleichberechtigung, sondern die Alleinherrschaft über das Schulwesen an. Unter dem Etikett des Fortschritts und der Toleranz zeigt sich so in der Praxis oft eine erschreckende Intoleranz[56]. Damit rückt die „konfessionslose Schule" ganz in die Nähe der herkömmlichen Zwangs-Konfessionsschule, die ja auch ihr staatliches Schulmonopol zur Durchsetzung ihrer Anschauungen ohne Rücksicht auf die Meinung der Betroffenen benutzt. Obwohl ihr dies nur noch in einem Fach, dem Religionsunterricht[57], gelingt, hat sie doch den Namen „Konfessionsschule" gründlich in Mißkredit bringen und die Ent-

---

[52] Zur geschichtlichen Entwicklung seit der Reformation vgl. 1895 a,281 ff.

[53] 1877 b, 257

[54] Erläuterungen 1882,36. Der Zillersche Begriff „Gedankenkreis", den Thrändorf hier in der Diskussion mit anderen Zillerschülern gebraucht, drückt seine eigenen Intentionen nur sehr unvollkommen aus. Die affektiven Momente sind für ihn um vieles wichtiger als die kognitiven. Näheres s. u. Abschnitt 1.3.4

[55] 1895 a,359 Anm. 2 nach F. W. Dörpfeld: Das Fundamentalstück einer gerechten, gesunden und friedlichen Schulverfassung 1892 (= F. W. Dörpfeld Schriften 7,151).

[56] Thrändorf weist bereits 1877 auf den Lesebuchstreit in St. Gallen hin, „wo den Katholiken ein tendenziös liberales Lesebuch unter dem Titel eines konfessionslosen aufgezwungen wird" (1877 b,264 Anm. 1)

[57] „Astronomie, Geographie,Geologie, etc. können eben im 19. Jhd. nicht mehr gut nach biblischer Weltauffassung gelehrt werden" (1895 a,353).

wicklung zur mündigen, freien Konfessionsschule weitgehend verhindern können. Dabei ist nur diese, die sich auf den freien Zusammenschluß von Familien zu „Schulgemeinden" (Dörpfeld) gründet, als „Konfessionsschule im eigentlichen Sinne"[58] zu bezeichnen, da sie die Überzeugung der Beteiligten ohne Bevormundung durch staatliche Bürokratie und kirchliche Hierarchie entfaltet. Für eine evangelische Konfessionsschule kommt deshalb eigentlich nur diese Form in Frage, weil sie am besten der Freiheit des Evangeliums entspricht und wahre Toleranz, nicht nur relativistische Indifferenz, ermöglicht. Thrändorf sieht in einer solchen Konfessionsschule von Anfang an[59] die beste Gewähr sowohl für eine Toleranz nach innen, die weiß, daß Glaubensgemeinschaft auch in einer „Schulgemeinde" sich nicht immer in identischen dogmatischen Formeln ausdrücken muß, als auch für die Toleranz nach außen, die den Vertretern des allgemeinen Humanitätsideals und anderen Konfessionen ebenfalls die Freiheit einräumt, sich zu Schulgemeinden zusammenzuschließen.

Seine Anschauungen über den konfessionellen Charakter aller Erziehungsschulen einschließlich der höheren Schulen hat Thrändorf lebenslang beibehalten, auch dann noch, als andere namhafte Herbartianer mit W. Rein[60] an der Spitze die Simultan- bzw. Nationale Einheitsschule vorzuziehen begannen. Denn für Thrändorf sind die Unterschiede zwischen katholisch und evangelisch in der religiösen und ethischen Grundauffassung[61] so groß, daß er in der Simultanschule alles andere als ein erstrebenswertes Ideal sieht[62], höchstens eine Notlösung, wo äußere Bedingungen keine andere Wahl lassen[63]. Aber selbst dann sollte nicht nur der Religionsunterricht, sondern genauso der Geschichts- und Literaturunterricht konfessionell erteilt werden[64]. Selbst der siebzigjährige Thrändorf richtet diese Forderung noch an den Weimarer Staat, dessen einheitliches Schulsystem er als Faktum

---

[58] 1895 a,351
[59] 1877 b,264
[60] Vgl. W. Rein 1913,16 f.
[61] „Anders wird der sittliche Charakter eines Pharisäers oder Katholiken beschaffen sein, die beide einen Gott sich vorstellen, der durch äußere Werke: Opfer, Wallfahrten, etc. abgefunden werden kann, anders ist die Sittlichkeit des Protestanten, der sich selbst und seinem Gott nur durch den Glauben genügen kann, der in der Einsicht in das Sittlich-Ideale den Antrieb zu energischem Wollen findet" (1877 b,255; mit pädagogischer Zuspitzung 1905 a,83).
[62] Gleichzeitig mit der Betonung des fundamentalen Unterschieds zwischen den Konfessionen polemisiert Thrändorf gegen den von den „Simultanschulschwärmern" erhobenen Anspruch der Wissenschaftlichkeit, die er viel mehr für die evangelische Konfessionsschule reklamiert: „Der Geist unserer modernen Wissenschaft und der neueren Literatur ist eben protestantisch und nicht katholisch" (1912,62).
[63] Z. B. wenn eine gemischtkonfessionelle Gemeinde nur einen Lehrer bezahlen kann (Zugeständnis in der Diskussion, vgl. Erläuterungen 1888,42)
[64] Erläuterungen 1888,40

akzeptiert, aber so modifizieren möchte, daß der Unterricht in den drei hauptsächlichen gesinnungsbildenden Fächern für die wichtigsten christlichen und achristlich-humanistischen Konfessionen getrennt erteilt wird[65].

1.2.5 Die Schulaufsicht

Der konfessionelle Charakter der Erziehungsschule schließt allerdings kein besonderes Aufsichtsrecht der Kirchenbehörden ein. Im Gegenteil, die geistliche Schulaufsicht ist das Kennzeichen der Zwangs-Konfessionsschule, die die Mehrzahl der Lehrer zu Anhängern der Simultanschule werden ließ[66]. Sie entspricht weder den pädagogischen Erfordernissen, die einen ausgebildeten Fachmann verlangen, noch ist sie theologisch legitim. Denn nach dem evangelischen Verständnis des allgemeinen Priestertums ist ein Lehrer genauso Mitarbeiter am Reich Gottes[67] wie ein Pfarrer und kann die Kirche genauso wie dieser in der Schule repräsentieren. Für die Schulaufsicht sind daher wissenschaftlich ausgebildete Fachleute, die ihr Amt in evangelisch-pädagogischer Verantwortung vor Gott und der Schulgemeinde wahrnehmen, die einzig sachgemäße Lösung[68].

Thrändorf hält diese Gedanken, die er in der Regel generell für die ganze Schule entwickelt, in allen Fächern für durchführbar. Deshalb wird der Religionsunterricht selten eigens erwähnt. Auch hier ist ohne Abstriche das evangelisch-pädagogische Gewissen des Lehrers bzw. des fachlich sachverständigen Schulinspektors, der freilich keinerlei Befugnis zur Gesinnungsprüfung hat, die „einzig mögliche, aber auch ausreichende Garantie für einen allen Ansprüchen genügenden Religionsunterricht"[69].

1.3 Aufgaben und Ziele des Religionsunterrichts

1.3.1 Der induktive Ansatz in E. Thrändorfs religionsdidaktischer Konzeption

Im vorangehenden Hauptabschnitt 1.2 wurde gezeigt, wie Thrändorf die Stellung des Religionsunterrichts in der Erziehungsschule gemäß der Herbart-Zillerschen Tradition hauptsächlich auf deduktivem Weg aus philo-

---

[65] 1921b,10

[66] 1895a,364f.

[67] 1883a,2. Thrändorf beruft sich hier und anderwärts oft auf Luther und dessen Verständnis des allgemeinen Priestertums. Er kann das Amt des Lehrers an einer Erziehungsschule sogar als kirchliches Amt (im Sinne seines geistlichen, antihierarchischen Kirchenbegriffs) bezeichnen (1883a,5).

[68] Die Rechte des Staates und der Gesamtkirche bleiben unangetastet. Thrändorf wehrt sich nur gegen das Omnipotenzstreben des Staates und gegen Eingriffe der kirchlichen Hierarchie. Er betont immer wieder den instrumentalen Charakter des Staates, der lediglich den Willen seiner Bürger auszuführen hat (1905c,308f.319; Erläuterungen 1908,10).

[69] 1912,62

sophischen und psychologischen Prämissen über das Gesamtziel der Erziehung bestimmt. Es wäre nun konsequent, wenn er aus seinen Ergebnissen auch die Aufgaben und Ziele des Faches deduzieren würde. Doch diesen Weg schlägt Thrändorf nur in den Erstlingsschriften ein und selbst hier nicht eingleisig, sondern unter gleichzeitiger Berücksichtigung der tatsächlichen Situation des Religionsunterrichts und seiner gesellschaftlichen Bedingungen, vor allem der weltanschaulichen und religiösen Zeitverhältnisse[1]. Später, auf der Höhe seines Wirkens, dominiert dann klar der induktive Ansatz. Statt von theoretischen Prinzipien aus begründet Thrändorf die Notwendigkeit und Dringlichkeit seiner Reformbestrebungen mit empirischen Feststellungen. Er setzt ein bei der Diskrepanz zwischen den umwälzenden technischen, wirtschaftlichen, politischen und philosophischen Entwicklungen einerseits und dem traditionellen kirchlichen Fundamentalismus andererseits[2] sowie bei den offensichtlichen Mißerfolgen der herkömmlichen Religionspädagogik, besonders den Krisensymptomen auf dem Feld des schulischen Religionsunterrichts[3]. Von daher dürfte es kein Zufall sein, daß er auch mit seinen positiven Vorschlägen bei der Lebenswirklichkeit, vor allem bei der Erfahrungswelt der Schüler ansetzt und von hier aus seine didaktische Konzeption entwickelt[4].

1.3.2 Das Scheitern des herkömmlichen Religionsunterrichts

Bei seiner Bestandsaufnahme des empirischen Religionsunterrichts konstatiert Thrändorf dessen offenkundigen Mißerfolg. Im Vergleich zu der Menge der gehaltenen Religionsstunden ist das Ergebnis durchwegs recht mager, ja in vielen Fällen ausgesprochen negativ: Weite Kreise der Bevölkerung, hauptsächlich unter den Arbeitern und den „Gebildeten", wenden sich von der Kirche und vom christlichen Glauben ab[5]. In den sächsischen Industriegebieten ist dieser Prozeß im Jahr 1878 schon so weit fortgeschritten, daß etwa die Hälfte aller Schulanfänger noch nichts von Gott gehört hat[6]. Thrändorf weiß zwar, daß solche Phänomene nicht allein dem Religionsunterricht

---

[1] Vgl. 1876,182; 1877a,60f.; 1877b,241f.; 1879,13f.

[2] Vgl. jeweils das erste Kapitel bei E. Thrändorf 1903 und 1912

[3] S.u. Abschnitt 1.3.2

[4] S.u. Abschnitt 1.3.4

[5] Dabei folgen die Arbeiter dem Beispiel, das ihnen das gebildete Bürgertum seit der Aufklärung gibt. „Wie sollte ihm (sc. dem Arbeiter) da nicht der Gedanke kommen, daß man dem armen Manne die Religion nur empfiehlt, um ihn durch einen Wechsel auf die ewige Seligkeit für das Elend dieser Welt zu entschädigen und ihn so vor revolutionären Anwandlungen zu bewahren" (1894d,214).

[6] Erläuterungen 1898,27. Thrändorf bezieht sich hier auf die statistischen Erhebungen K. Langes 1878 in Plauen (vgl. K. Lange 1921,184) und B. Hartmanns 1880—84 in Annaberg (vgl. B. Hartmann 1890,94).

anzulasten sind[7], doch er kann aus seinem eigenen Erfahrungsbereich[8] und auch aus der zeitgenössischen Literatur[9] genügend Beispiele dafür anführen, daß der Religionsunterricht genau das Gegenteil von dem erreicht hat, was er erreichen wollte. Trotz der reichlich bemessenen Stundenzahl und der Fülle des Stoffs, von dem sich die Schüler einen großen Teil sogar auswendig einprägen müssen, ist es nicht einmal gelungen, auf breiterer Basis dauerhaftes religiöses Wissen zu schaffen, geschweige denn tieferes Interesse. Das verbreitetste Ergebnis des von Langeweile gekennzeichneten und innerhalb der Schule isolierten landläufigen Religionsunterrichts ist Gleichgültigkeit oder gar Ekel[10], der sich dann leicht vom konkreten Unterricht auf alle Inhalte überträgt, die zu diesem Bereich gehören. Er wird zum „Ekel vor allem Religiösen, den viele Kinder aus der Schule mit fortbringen"[11]. Wenn daher das allgemeine Interesse an religiös-sittlichen Fragen nicht noch weiter nachlassen soll, was zu irreparablen Schäden nicht nur in der Kirche, sondern auch beim Einzelnen und an der Gesellschaft führen würde, müssen die Fehler und Mißstände des Religionsunterrichts gründlich und schnellstens aufgedeckt und behoben werden. In dieser aus der Erfahrung des Scheiterns des herkömmlichen Religionsunterrichts erwachsenen schmerzlichen Einsicht ist das eigentliche Motiv für Thrändorfs religionspädagogische Reformbestrebungen zu suchen.

1.3.3 Die Ursachen des Scheiterns

Die eigentliche Ursache für den eklatanten Mißerfolg des Religionsunterrichts liegt nach Thrändorfs Meinung weder in einer besonderen Konstellation ungünstiger äußerer Bedingungen – davon kann angesichts der zahlreichen Privilegien des Fachs und des öffentlichen Einflusses der Amtskirche nicht die Rede sein! – noch in der mangelnden persönlichen Qualifikation der Religionslehrer. Schuld ist vielmehr die herrschende religionspädagogische Grundkonzeption, die schon die Ausbildung der Lehrer und danach den von ihnen erteilten Religionsunterricht prägt. Thrändorf nennt sie meist die

---

[7] 1877 a,60

[8] 1894 d,215

[9] Pestalozzi (1881,11 f.), G. Keller (1896 b,209), P. Göhre (1892 a,17), Th. Ziegler (1896 c,20 Anm. 1).

[10] „Wenn nämlich der Schüler Jahre lang sich zwangsweise mit Dingen beschäftigen muß, die ihn innerlich kalt und teilnahmslos lassen, so erwächst ihm, besonders wenn er nicht ganz stumpfsinnig ist, aus dieser Beschäftigung mit Notwendigkeit Ekel und Überdruß" (1912,49). Der Gedanke findet sich in allgemeiner Form bei T. Ziller 1884,329. Thrändorf wendet ihn (frühester Beleg 1877 a,60 f.) auf den Religionsunterricht an.

[11] 1877 a,60 f.

[12] Thrändorf übernimmt die Bezeichnung von Ziller (vgl. T. Ziller 1876 a,37.341) bereits mit negativem Beiklang.

[13] S. u. Abschnitt 1.3.3.2

„katechetische"[12] oder „lehrgesetzliche"[13]. Er hält sie nicht nur in ihren lehrplantheoretischen[14] und lernorganisatorischen[15] Konsequenzen, sondern bereits im Ansatz für verkehrt, weil sie von falschen psychologischen und theologischen Prämissen ausgeht. Erstere bezeichnet er meist mit dem Begriff „Verbalismus", letztere mit „Lehrgesetzlichkeit", „Glaube als Lehrgesetz" o.ä. Beide bedingen und ergänzen sich gegenseitig. Oft taucht in diesem Zusammenhang auch noch das Stichwort „Memoriermaterialismus"[16] auf, das eine Konsequenz beider Aspekte, vor allem des ersteren, anzeigt.

1.3.3.1 Verbalismus und Memoriermaterialismus

Verbalismus oder Verbalrealismus[17] ist „der alte psychologische Aberglaube, daß im Worte etwas vom Wesen der Sache liege und daß man deshalb durch Worte auch Sachkenntnisse weitergeben könne"[18]. Er übersieht, daß Vokabeln und Begriffe zunächst nur Zeichen sind, die erst dadurch Sinn erhalten, daß das Bezeichnete im Vorstellungs- und Erfahrungsschatz des Hörers angelegt und vorgeprägt ist und durch das Zeichen abgerufen werden kann. Die Psychologie ist sich zur Zeit Thrändorfs in der Abweisung dieses Irrtums einig und auch in der Pädagogik hat der Kampf gegen den Verbalismus seit Pestalozzis bahnbrechendem Vorstoß gegen das „Maulbrauchen"[19] zu beachtlichen Erfolgen geführt. Doch auf einigen Gebieten glaubt man sich diesen Einsichten verschließen zu können, vor allem in der Katechetik[20]. Der von ihr propagierte und praktizierte Religionsunterricht, der theologische Begriffe und Lehrsätze nachsprechen läßt, deren Erfahrungshintergrund vom Schüler nicht nachvollzogen werden kann und ihm meist gar nicht nahezubringen versucht wird, ist eine der verderblichsten Formen des Verbalismus und das Gegenteil des pädagogisch Sinnvollen und Gebotenen. Er entwertet die Inhalte des Unterrichts[21], er mißachtet und vergewaltigt da-

---

[14] S.u. Abschnitt 1.4.2 über die „konzentrischen Kreise"

[15] S.u. Abschnitt 1.7.3 über die „Kunstkatechese"

[16] „Mängel des traditionellen Verfahrens: Glaube als Lehrgesetz, Verbalismus, Memoriermaterialismus" (1902a,337);zu letzterem s.u. Abschnitt 1.3.3.1.

[17] Thrändorf gebraucht beide Termini alternierend. Den Begriff „Verbalrealismus" überträgt er aus der Didaktik der Naturwissenschaften auf den Religionsunterricht (vgl. T. Ziller in Erläuterungen 1876,21).

[18] 1907,67, ähnlich schon 1878b,205

[19] Der Zugang zu Pestalozzi wird Thrändorf vor allem durch den Schweizer Pestalozziforscher und Zillerschüler Th. Wiget eröffnet, vgl. dessen Abhandlung „Pestalozzi und Herbart" (Th. Wiget 1891, Forts. 1892).

[20] „Für die theologische Katechetik gibt es keine psychologische Wissenschaft" (1899a,164).

[21] „Wenn man im Religionsunterricht Kindern Worte darbietet, denen nichts aus dem Innern der Kindesseele entgegenkommt, so ist das – wenn es gestattet ist, Großes mit Kleinem zu

durch die Person des Schülers[22], insbesondere die ganze Dimension des Affektiven. Dabei bleibt es sich gleich, ob es sich um traditionelle oder moderne theologische Formeln handelt. „Orthodoxe wie Liberale sündigen in diesem Punkte in ganz gleicher Weise"[23].

Aus dem Bestreben nach Ertragssicherung ergibt sich in einem solchen oberflächlich-begrifflichen Unterricht fast zwangsläufig die Hochschätzung des Auswendiglernens großer Stoffmassen, die Thrändorf mit Dörpfeld[24] als „Memoriermaterialismus" bezeichnet. Was in der Katechismusmethodik der Reformation verständlich und entschuldbar war, weil es einfach den damaligen psychologischen und pädagogischen Grundsätzen entsprach, ist im 19. Jahrhundert zur augenfälligsten Ursache der Langeweile und des Überdrusses an der Religion geworden. Denn ein auf reproduzierbares Wissen ausgerichteter Unterricht erregt schon durch seinen Aufbau[25], erst recht aber durch den ausgedehnten Memorierbetrieb Langeweile, und der unvermeidliche mehr oder minder große Druck auf die Schüler weckt deren Widerwillen. Daher findet es Thrändorf besonders schlimm, daß der Memoriermaterialismus nicht nur von bequemen und opportunistischen Lehrern praktiziert wird, die mit ihren Unterrichtserfolgen vor dem geistlichen oder auch weltlichen Schulinspektor glänzen wollen, sondern auch bei namhaften Katechetikern wie F. W. Schütze[26] oder K. Buchrucker[27] seine theoretische Rechtfertigung und praktische Ausgestaltung findet.

1.3.3.2 Lehrgesetzliches Glaubensverständnis

Die „katechetische" Unterrichtskonzeption und ihre Verbreitung sind jedoch nicht allein aus dem verbalistischen (Fehl-)Ansatz zu erklären. Ihr liegt vor allem eine diesem exakt korrespondierende theologische Prämisse, eine Art theologischer Verbalismus zugrunde, die Thrändorf etwa seit der Jahrhundertwende „lehr-gesetzlich"[28] nennt. Er meint damit die Anschauung, Glaube sei in erster Linie das Fürwahrhalten bestimmter Lehren und Bekenntnissätze. Diesen „katholischen Sauerteig"[29], der das Evangelium zum Gesetz pervertiert, sieht er auch in der evangelischen Kirche in einem breiten

---

vergleichen – geradeso, als wollte ich unter einem Volke, welches das Papiergeld nicht kennt, jemand mit solchem Papiergeld beschenken" (1881,3).

[22] Am deutlichsten tritt dies bei der „Kunstkatechese" hervor (s. u. Abschnitt 1.7.3).

[23] 1885,19 (im Kontext des Unterrichts über das Leben Jesu gesagt, aber nach Thrändorfs Meinung durchaus allgemeingültig, vgl. 1896 b,127 f.).

[24] F. W. Dörpfeld Schriften 3,45 ff.

[25] S. u. Abschnitt 1.4.2 (konzentrische Kreise)

[26] 1881,7 f.

[27] 1902,313.319

[28] 1903,48; 1903 a,264; usw.

[29] 1905 b,316

Traditionsstrom am Werk, von der mit dem späten Luther beginnenden Zeit des landesherrlichen Kirchenregiments und der Bekenntnisstreitigkeiten, als die Laien erneut unter die Vormundschaft der Theologen geraten, bis zur kirchlichen Restaurations- und Reaktionszeit in der Mitte des 19. Jahrhunderts, die das Volk noch einmal unter das Lehrgesetz der Kirche zwingen will, aber damit gescheitert ist[30]. Ein Produkt dieser Tradition ist die lehrgesetzliche Katechese, in der der Schüler wie schon der Laie im 16. und 17. Jahrhundert unmündig gehalten wird. Er darf nur rezeptiv tätig sein, Kritik wird ihm nicht gestattet, denn eine offene Auseinandersetzung mit anderen Anschauungen kann sich ein solcher Unterricht nicht leisten. Angelernte Meinungen werden aber nur so lange für wahr gehalten, als man keine Gründe zum Zweifeln kennt[31]. Auf diese Weise verurteilt sich die lehrgesetzliche Katechese nicht nur selbst zum Scheitern, da sie den Schüler nicht zum kritischen Hinterfragen von Lehren und Weltanschauungen befähigt, die spätestens nach der Schulentlassung auf ihn einströmen werden, und ihn jenen somit schutzlos ausliefert. Sie stellt ihn zusätzlich auf den Boden einer neuen Gesetzesreligion, die zur Freiheit des Evangeliums im striktesten Gegensatz steht. Daher ist es eigentlich unsinnig, von einem lehrgesetzlichen evangelischen Religionsunterricht zu sprechen, denn lehrgesetzliche Katechese und evangelischer Religionsunterricht schließen sich gegenseitig aus[32].

1.3.4 Die Erweiterung des Erfahrungskreises des Schülers als Aufgabe des Religionsunterrichts

Alle diese Erhebungen und Analysen führen zu der eindeutigen Konsequenz, daß Begriffe und Lehrsätze nicht mehr wie bisher im Zentrum des Religionsunterrichts stehen dürfen. Das wäre genauso wie wenn man im Botanikunterricht die Paragraphen des Lehrbuchs auswendig lernen ließe, statt wirkliche Pflanzen zu sammeln, zu betrachten, zu ordnen, usw.[33]. Doch für den Religionsunterricht ist auch bloße äußerliche Anschaulichkeit, z.B. die Verdeutlichung einer biblischen Geschichte durch historische und geographische Einzelheiten, noch nicht genug. Es geht um innere Anschauung oder, wie Thrändorf nach seiner theologischen Neuorientierung am Ende des vorletzten Jahrzehnts des 19. Jahrhunderts präzisieren lernt: um *Erfahrung*. Sie ist „das Fundament alles geistigen Werdens und Wachsens"[34]

---

[30] „Gerade in der Zeit der uneingeschränkten Herrschaft der Rechtgläubigkeit auf Kanzel und Katheder hat der Indifferentismus erschreckend zugenommen" (1894 d,215).

[31] 1890 a,103

[32] 1908,21

[33] Thrändorf gebraucht dieses Bild öfter, z.B. 1878b,208; 1881,8; 1902b,56.

[34] 1902,312 unter Berufung auf Rousseau und Pestalozzi. An anderen Stellen nennt Thrändorf Pestalozzi und Schleiermacher als Gewährsleute seiner Konzeption eines erfahrungsorientierten Religionsunterrichts, vgl. z.B. 1896,120 und 1904a,383.

und auch die Voraussetzung alles Verstehens einschließlich des Verstehens der Bibel und der christlichen Überlieferung[35]. Der Religionsunterricht hat daher die Aufgabe, an die sittlichen und religiösen Erfahrungen des Schülers anzuknüpfen und seinen Erfahrungskreis zu erweitern. Oder präziser: Der Religionsunterricht soll ihm dazu helfen, daß er selbst seinen eigenen religiös-sittlichen Erfahrungsbereich erweitern kann. Denn dies geschieht in der Tat hauptsächlich durch die selbständige Aktivität des Schülers, durch „ursprüngliche Urteile der Billigung und Mißbilligung"[36], in denen sich solche Erfahrungen niederschlagen. Deshalb kann Thrändorf die Aufgabe des Religionsunterrichts auch mit „Selbsttätigkeit des sittlichen Urteilens und religiösen Fühlens"[37] umschreiben. Voraussetzung dafür ist freilich, daß man auch dem Schüler die dazu notwendige Freiheit zugesteht, die die „frohe Botschaft von der Freiheit in der Gotteskindschaft"[38] eröffnet.

Obwohl Thrändorf den Erfahrungsbegriff erst im letzten Jahrzehnt des 19. Jahrhunderts in den Mittelpunkt rückt, zeigt sich der an der Erfahrung des Schülers orientierte religionspädagogische Ansatz andeutungsweise bereits in seinen frühen Arbeiten[39]. Doch es dauert etliche Jahre, bis er sich von der an Herbarts Psychologie orientierten intellektualistischen Zillerschen Terminologie[40] soweit gelöst hat, daß er seine eigenen Intentionen klarer ausdrücken kann. Auch die in Herbart-Zillerschen Kreisen verbreitete Skepsis gegenüber dem obendrein meist auf die Wahrnehmung von Gegenständen reduzierten Begriff „Erfahrung"[41] wirkt sicher retardierend. Doch beides kann Thrändorf nicht dauerhaft daran hindern, auf diesem Fundament seine neue Konzeption des erziehenden Religionsunterrichts aufzubauen. Wie stark der Erfahrungsbegriff die Grundlage seiner Religionspädagogik bildet, zeigt sich am klarsten dort, wo Thrändorf zu knappsten Formulierungen gezwungen ist. So entwickelt er z. B. in einer Vorlesungsankündigung für die Ferienkurse der Universität Jena[42] seine Konzeption in folgenden Schritten:
a) Wesen und Bedeutung der religiösen Erfahrung
b) Hauptschwierigkeiten bei der Gewinnung der Erfahrungsgrundlage
c) Ergänzung der wirklichen Erfahrung durch den „idealen Umgang"
d) Bedingungen für die Entstehung wertvoller Erfahrungen durch den Unterricht (Lehrplan, Lehrverfahren)

---

[35] 1894b,155; 1902b,73
[36] 1912,71, ähnlich schon 1877b,246.
[37] 1902a,337
[38] 1912,45
[39] 1877b,249; 1879,33; 1881,5.
[40] In den Frühschriften dominieren die Zillerschen Begriffe „Gedankenkreis" und „Vorstellungen", vgl. z.B. 1877a,62.
[41] Vgl. T. Ziller in Erläuterungen 1878,210 und Th. Vogt in Erläuterungen 1884,51
[42] 1901a,166

1.3.5 Der Typus des „geschichtlichen Religionsunterrichts"

Obwohl Thrändorf die Aufgabe des Religionsunterrichts entschieden dahingehend bestimmt, dem Schüler religiöse und ethische Erfahrungen zu ermöglichen und seinen Erfahrungskreis zu erweitern, um schließlich eine sittlich-religiöse Persönlichkeit heranzubilden, geht er nur mit großer Zurückhaltung und Skepsis an die Verwirklichung seines Leitgedankens. Er hebt vor allem die Schwierigkeiten hervor, die es hier zu meistern gilt und die auf direktem Wege kaum zu überwinden sind. Denn es ist fast unmöglich, im Unterricht unmittelbare religiöse und sittliche Erfahrungen zu vermitteln. Aber auch in der Familie und in seinem sonstigen Lebenskreis wird sie der Schüler nur in sehr bescheidenem Maße machen können, denn dort kommt er „viel zu wenig mit überragenden sittlich-religiösen Persönlichkeiten in Berührung"[43]. Daher muß der Unterricht hier für Ersatz sorgen und ihm eine Begegnung mit solchen überdurchschnittlichen Menschen, den religiösen und sittlichen „Heroen"[44] der Vergangenheit ermöglichen. Es handelt sich um eine Begegnung geistiger Art, die Thrändorf mit Herbart und Ziller „idealer Umgang"[45] nennt im Gegensatz zum realen Umgang mit den Menschen im eigenen Lebenskreis. Damit wird zwar weder die Intensität noch die Qualität der wirklichen Begegnung erreicht, aber beim phantasiemäßigen Nachvollzug, wie er sich im „idealen Umgang" ereignet, lassen sich doch immerhin mittelbare religiös-sittliche Erfahrungen machen[46]. Ja, wegen der Einzigartigkeit der nacherlebten Persönlichkeiten sind es „Erfahrungen, die der kleine Kreis des wirklichen Umgangs versagt"[47]. Religionsunterricht, der erziehender Unterricht sein will, muß daher vor allem diesen „idealen Umgang" pflegen, muß also geschichtlicher Unterricht sein. Wegen ihrer besonderen erzieherischen Kraft steht dabei die Begegnung mit der Person Jesu „in möglichster Ursprünglichkeit, Frische und Natürlichkeit"[48] an allererster Stelle. Denn von Jesus, dem Idealbild der Persönlichkeit[49] gehen die stärksten charakterbildenden religiösen und sittlichen Einflüsse aus[50].

---

[43] 1916,296

[44] „Heroen der Religion, die in der Religion leben als in ihrem Element" (1893c,164; Zitat aus Schleiermachers Reden über die Religion). Thrändorf führt überhaupt seine Konzeption des geschichtlichen Religionsunterrichts trotz des herbartianischen Begriffs des „idealen Umgangs" auf Schleiermacher und das in der Romantik wiedererschlossene Verständnis der Geschichte zurück, vgl. 1900,212f.

[45] 1879,38; 1884b,381f.; 1896,209; 1912,78; 1915,135; usw. Vgl. J.F. Herbart Werke 2,46ff. sowie T. Ziller 1892,191 und in Erläuterungen 1876,48.

[46] 1879,37; Erläuterungen 1907,53.

[47] 1893c,164

[48] 1895a,361 (siehe dazu auch Abschnitt 1.5.3)

[49] 1877b,257

[50] Zur christologischen Füllung des Gesamtziels des Religionsunterrichts bzw. der Erziehung s.u. Anm. 55.

Der durch „idealen Umgang" den religiös-sittlichen Erfahrungskreis der Schüler erweiternde geschichtliche Unterricht ist der Grundtyp des Thrändorfschen Religionsunterrichts. Darüber hinaus sind für ihn höchstens noch Ergänzungen und Abrundungen denkbar. Von dieser erfahrungsorientierten Konzeption des geschichtlichen Unterrichts her gewinnt er übrigens auch seine Position in dem mit der Versammlung der Freunde der „Christlichen Welt" im Jahr 1900 in Eisenach[51] beginnenden Streit um die Lehrbarkeit der Religion. Diese ist nach Thrändorfs Überzeugung sicher nicht direkt lehrbar, aber man braucht sich andererseits auch nicht mit der Übermittlung bloßen religiösen Wissensstoffes zu begnügen, sondern man kann versuchen, dem Schüler religiöse Persönlichkeiten im „idealen Umgang" so nahe zu bringen, daß diese „durch ihr Leben verwandtes Leben im Zögling wecken"[52].

1.3.6 Das Unterrichtsziel des Religionsunterrichts: Interesse

Thrändorf ist allerdings nicht der Meinung, daß ein solcher erfahrungsorientiert-geschichtlicher schulischer Religionsunterricht allein schon genügt, um selbständig handelnde religiös-sittliche Persönlichkeiten heranzubilden. Ganz abgesehen davon, daß der christliche Glaube weder aufgezwungen werden kann noch darf, sind der Schule hier von ihren Möglichkeiten her sehr enge Grenzen gesteckt. Denn sie ist ja nicht der einzige Erziehungsfaktor. Vor- und außerschulische Einflüsse haben nachhaltige Wirkung[53]. Vor allem aber muß die weitaus am meisten frequentierte Erziehungsschule, die Volksschule, ihre Zöglinge bereits mit 14 Jahren entlassen, wenn die Persönlichkeitsentwicklung noch lange nicht abgeschlossen ist, und auch die höheren Schulen können in der Regel nicht bis zur endgültigen Ausprägung des Charakters begleiten[54]. Deshalb hilft es wenig, für den Religionsunterricht allein das Ziel des sittlich-religiösen Charakters oder auch des mündigen Christen, an dem Thrändorf sehr gelegen ist und das er in immer neuen Formulierungen variiert[55], aufzustellen. Weil ein solches Maximalziel in der

---

[51] Vgl. die Zusammenstellung der Thesen bei F. M. Schiele 1906,51 ff.

[52] 1900,218

[53] In seiner Dissertation schätzt Thrändorf die Chancen des Unterrichts trotzdem noch sehr hoch ein, vgl. 1879,5 f. Später wird er zurückhaltender und betont, daß die schulischen Möglichkeiten vor allem auf den kognitiven Bereich beschränkt sind, vgl. 1904 a,382; 1916,291; Erläuterungen 1904,19.

[54] „Wird der Charakter doch erst durch das Leben vollständig ausgeprägt und gehärtet" (1879,5; ähnlich 1883 a,7 und 1903 a,259).

[55] Vgl. die Zielangaben „Christ werden im Geiste Jesu des Meisters" (1881,2), „Christus lebt in mir" (1883 a,7), „daß Christus in ihm Gestalt gewinnt" (1884 b,371; ähnlich 1912,42 u. ö. nach T. Ziller 1884,18), „zu dem Bekenntnis geführt wird: Ich will sein eigen sein und in seinem Reiche unter ihm leben" (1893 c,165), „lebendige Teilnahme am kirchlichen Gemeinschaftsleben" (1893 c, 165 u. ö.).

Regel nicht erreicht werden kann, scheidet es als reales Ziel aus. Es wird jedoch damit alles andere als wertlos, sondern bleibt nach wie vor als intentionales Ziel bzw. Transfererwartung – Thrändorf sagt: „ideales Ziel"[56] – erhalten, so wie ein Fixstern am Himmel die Marschrichtung anzeigt, obwohl er selbst nicht erreicht werden kann.

Doch von diesem Ideal müssen die realen Ziele des Unterrichts genau unterschieden werden. Für sie stellt Thrändorf die dem modernen curricularen Denken sehr nahe kommende Forderung auf: „Ziele müssen erreichbar sein!"[57]. Was aber der Religionsunterricht erreichen kann, ist weder Glauben noch ein sittlich-religiöser Charakter. Er kann nur ein Stück weit in die vom intentionalen Ziel her bestimmte Richtung führen und muß sorgfältig analysieren, wie weit seine Möglichkeiten gehen. Den sich so ergebenden Punkt, das erreichbare Ziel, bezeichnet Thrändorf mit dem schon von Herbart und Ziller gebrauchten Terminus „Interesse"[58]. Auf die von den beiden Vordenkern herausgearbeiteten Differenzierungen und näheren Bestimmungen des Begriffs[59] geht Thrändorf allerdings, anders als etwa R. Staude[60], nicht näher ein. Sie spielen für ihn keine Rolle, da er vom Lernziel Interesse fast durchwegs nur im Bezug auf den Religionsunterricht spricht[61]. Im religionsdidaktischen Kontext bestimmt er es als „lebendiges Interesse für die klassischen Zeugen der Offenbarung und für die Geschichte des Reiches Gottes"[62]. Damit ist gemeint, daß die Schüler nicht nur zur Begegnung und Auseinandersetzung mit den großen Gestalten der religiösen Tradition angeregt werden sollen, sondern daß die Eindrücke und Fragestellungen der Geschichte sie motivieren zur Mitarbeit an den Aufgaben der Gegenwart[63], besonders bei der Lösung der drängenden sozialen Probleme im Geiste des Christentums[64]. Insofern ist „Interesse" wahrhaft kein geringes Ziel, es umfaßt die affektive und die psychomotorische Dimension genauso wie die kognitive, und es hat nichts zu tun mit einer Neugierhaltung, die sich lediglich interes-

---

[56] 1890a,108 u.ö.

[57] 1912,III

[58] Vgl. J.F. Herbart Werke 10,236 ff. T. Ziller entfaltet den Begriff des Interesses ausführlich im 2. Teil (§§ 12–20, vgl. auch schon § 6 und § 11) seiner Grundlegung (§§ in [1]1864 und [2]1884 identisch).

[59] Herbart und Ziller fordern vor allem „vielseitiges" und „gleichschwebendes" Interesse. Sie unterscheiden die Interessen der Teilnahme (sympathetisches, soziales und religiöses Interesse) von denen der Erfahrung (empirisches, spekulatives und ästhetisches Interesse), vgl. z.B. T. Ziller 1892,194.206. Die Spannung zwischen der gleichschwebenden Vielseitigkeit des Interesses und dem Erziehungsziel des sittlich-religiösen Charakters löst Ziller durch seine Theorie der Konzentration (s.o. Abschnitt 1.2.3).

[60] S.u. Abschnitt 3.2.1

[61] Nur in seltenen Ausnahmefällen faßt er es als allgemeines Unterrichtsziel, z.B. „vielseitiges, gleichschwebendes Interesse"(1923,94).

[62] 1902b,58

[63] 1916,302

[64] S.u. Abschnitt 1.6.4

sante Unterrichtsstunden erhofft. Diese wären nur ein Mittel, das die Wissensaneignung erleichtert, der Interesse weckende Unterricht aber will „die Wissensaneignung und den Wissensbesitz so gestalten, daß eine dauernde Kraft daraus erwächst, die es zu keinem selbstzufriedenen Ausruhen bei dem auf einer gewissen Stufe Erreichten kommen läßt"[65]. Daher kann Thrändorf das Interesse auch als Brücke zum Glauben und zum lebendigen Engagement als Glied der Kirche bezeichnen, sogar als eine notwendige. Doch es wird niemand gezwungen, über sie zu gehen. Denn der geschichtliche Religionsunterricht wahrt mit seinem Lernziel Interesse die Freiheit der Entscheidung[66], er übt keinen Bekenntniszwang aus. Gerade dadurch vermag er das Interesse zu erhalten, das die Geschichte mit ihrer Lebendigkeit und Unabgeschlossenheit geweckt hat. Weil er im Gegensatz zum dogmatischen Unterricht nichts Fertiges bietet oder gar aufdrängt, kann er umso stärker erzieherisch wirken.

1.4 Der Aufbau des Religionsunterrichts
(Auswahl und Anordnung der Inhalte)

1.4.1 Die Bedeutung der Auswahl und Anordnung der Lerninhalte für den erziehenden Religionsunterricht

Ernst Thrändorf teilt die Grundintention der Herbart-Zillerschen Pädagogik, hauptsächlich durch Unterricht erziehen zu wollen, vor allem deshalb, weil dieser anders als alle funktionalen und anderen zufälligen Erziehungseinflüsse den entscheidenden Vorteil bietet, daß er kontinuierlich und planmäßig auf die Schüler einwirkt. Schon aus diesem Grund ist es nötig, die Chance optimal zu nutzen und sich um die Planung des Unterrichts nach Kräften zu bemühen. Dabei sind für Thrändorf und die ganze Herbart-Zillersche Schule die Auswahl und Anordnung der Lerninhalte von weitaus größerer Bedeutung als alle Fragen der Lernorganisation einschließlich der Formalstufen. Interesseweckend und charakterbildend sind die klassischen Heroen der Religion, nicht aber irgendwelche Methoden. Diese können nur Hilfsdienste leisten. Daher hängt die erziehende Wirkung des Religionsunterrichts hauptsächlich davon ab, ob die geeignetsten religiös-sittlichen Persönlichkeiten ausgewählt und zur rechten Zeit in wohlüberlegten Zusammenhängen dem Schüler nahegebracht werden. Verfrüht dargebotene Stoffe können das Interesse ebenso töten wie verspätete[1]. Innere Widersprüche und

---

[65] 1922,25 Anm. 1; ähnlich 1904,132 und 1904a,389

[66] Die Entscheidungsfreiheit des Schülers ist gegebenenfalls auch gegenüber den Eltern zu verteidigen, die sie ihm durch die Abmeldung aus dem Religionsunterricht nehmen wollen (Erläuterungen 1908,58).

[1] 1911a,365 (gegen R. Kabisch, der nach Thrändorfs Ansicht zu schnell und unkritisch den amtlichen Richtlinien folgt).

Unausgeglichenheiten des religiösen und sittlichen Gedanken- bzw. Erfahrungskreises führen schnell zu Fehlhaltungen wie „Fanatismus, der Verfolgungswut, Unduldsamkeit, etc."[2]. Deshalb läßt sich am Ergebnis des Unterrichts, speziell am Grad des erregten Interesses ablesen, wie gut die vorausgegangene Planung war. Selbst gegenüber den Reformpädagogen des beginnenden 20. Jahrhunderts und ihren Vorläufern[3], die die Rolle de Lehrerpersönlichkeit stärkstens betonen, hält Thrändorf mit den Herbartianern die Priorität der inhaltlichen Planung aufrecht, obwohl er sich natürlich hütet, beide Faktoren gegeneinander auszuspielen[4]. Im Religionsunterricht wirkt es nach seinem Empfinden ausgesprochen peinlich, wenn der Lehrer sich selbst als religiöser Virtuose in den Mittelpunkt stellt[5], weil er dann nämlich den Inhalten seines Unterrichts, den Heroen der Religion, im Weg steht[6]. Ist hier ein gutes Stück Selbstverleugnung durchaus am Platz, so wäre umgekehrt gegenüber den amtlichen Lehrplänen mehr Selbstbewußtsein zu wünschen. Thrändorf kämpft immer wieder[7] gegen die bei den Lehrern verbreitete Tendenz, jene in Ergebenheit hinzunehmen, und fordert statt dessen die Kollegien zu reger und konstruktiver Kritik auf, damit die Einwände bei der nächsten Revision möglichst umfassend berücksichtigt werden. Was ihm hier vorschwebt, ist fast eine Art curricularer Regelkreis.

1.4.2 *Kulturhistorische Stufen und historisch-genetischer Lehrplan*

Weil er in der Lehrplanfrage ein so entscheidendes Schlüsselproblem sieht, kämpft Thrändorf im Bunde mit der Mehrheit der Herbartianer[8] als einer der

---

[2] 1879,47

[3] Z. B. E. Linde (Persönlichkeitspädagogik [2]1905), den P. Dietering den „Begründer des Antiherbartianismus" (P. Dietering 1910,275) nennt. E. Linde hat kurz darauf seine Thesen auch vor den Herbartianern vertreten und sich diesen angenähert, vgl. die Diskussion in Erläuterungen 1912,8 ff. und E. Linde 1913.

[4] Daß der Persönlichkeit des Lehrers entscheidende Bedeutung zukommt, empfindet Thrändorf von Anfang an als selbstverständlich (1879,33, 1883 a,21; 1916,292). Deshalb sind lange Erörterungen hierzu, vor allem wenn sie gegen die Bemühung um optimale methodische Durchbildung des Unterrichts zielen, alles andere als angebracht. Sie weisen eher darauf hin, daß das pädagogische Gleichgewicht gestört ist: „Diejenigen, die am lautesten vom Ideal der Persönlichkeit reden, sind am weitesten davon entfernt" (1907,63 frei nach Lessing, ähnlich 1908,64 und 1908 a,397).

[5] 1911 a,362 (gegen die Selbstdarstellung der Lehrerpersönlichkeit bei R. Kabisch)

[6] „Der einsichtsvolle Lehrer muß sich sagen, daß seine Person den Schüler nicht dauernd zu fesseln vermag. Darum ist es das Einzigrichtige, wenn man von Anfang an das Interesse des Schülers den Persönlichkeiten zuwendet, die es für immer zu fesseln vermögen, und wenn man, statt Urteile aufzunötigen, die Urteilskraft an würdigen Objekten in rechter Weise ausbildet" (1888 a,92).

[7] Vgl. z. B. 1915,118 und 1916,292

[8] Eine Ausnahme bilden Dörpfeld und sein engerer Schülerkreis mit der Kombination der „konzentrischen Kreise" und der „kulturhistorischen Stufen", vgl. F. W. Dörpfeld Schriften II/1,170.

eifrigsten zeitlebens gegen das seines Erachtens grundfalsche Prinzip, das die Lernschule alten Stils und den herkömmlichen Religionsunterricht beherrscht, die „konzentrischen Kreise" mit ihrer ständigen Wiederholung eines festen Kanons von Kernstoffen, um die im Laufe der Schulzeit immer mehr ähnliche Inhalte gelagert werden[9]. Daß ständig wiederkehrende Themen vom zweiten Aufguß an kaum mehr Interesse wecken und zur Langeweile führen, ist nicht einmal der gravierendste Einwand. Thrändorf bezeichnet sie darüber hinaus in ihrer erzieherischen Wirkung als ausgesprochen schädlich. Denn jedes ruhige Einleben in eine Situation mit ihren Personen und Lebensverhältnissen und erst recht jede wirkliche Begegnung mit den klassischen Hauptgestalten der Religion im Sinne des „idealen Umgangs" erscheint hier wegen des raschen Wechsels der aus ihren Zusammenhängen gerissenen Stoffabschnitte von vornherein unmöglich[10]. Für die Reform des Religionsunterrichts ist es daher unabdingbare Voraussetzung, daß dieses lediglich am (Memorier-)Stoff orientierte Prinzip verschwindet[11] und durch ein besseres, nämlich am Schüler und seiner Entwicklung orientiertes, ersetzt wird.

Thrändorf legt deshalb dem Lehrplan des auf Erweiterung der religiösen und sittlichen Erfahrungen angelegten Religionsunterrichts die Zillersche Theorie der kulturhistorischen Stufen zugrunde, die er freilich nicht sklavisch übernimmt, sondern im Zusammenhang mit der weiterführenden Diskussion innerhalb des Vereins für wissenschaftliche Pädagogik mehrfach modifiziert. Er faßt die beiden komplementären Lehrplantheorien von der Konzentration[12] und den kulturhistorischen Stufen wie sein Lehrer nicht als unveränderliche Gesetze auf, sondern als Arbeitshypothesen, die an der Praxis zu verifizieren oder zu korrigieren sind[13]. Daher unterscheidet er

---

[9] Das „der Reitschule abgelauschte" (1893 d,186) Prinzip entspricht, nach Thrändorf nicht nur zufällig, den Bedürfnissen des Memoriermaterialismus, denn es ist geeignet, den Schülern eine „unverhältnismäßig große Mannigfaltigkeit von Lehrstoffen" (1884 b,384) mechanisch einzuprägen. Dörpfelds Schüler J. Trüper gibt allerdings auf der Generalversammlung 1898 dagegen zu bedenken, daß man seinem Lehrer wohl kaum den Vorwurf des Memoriermaterialismus machen könne (Erläuterungen 1888,66).

[10] 1912,30

[11] Thrändorf kritisiert deshalb auch unerbittlich, wenn er bei modernen, reformfreudigen Religionspädagogen Reste der „konzentrischen Kreise" entdeckt, etwa bei O. Baumgarten (1903 b,359) oder R. Kabisch (1911 a,365).

[12] Da sich diese nur auf das geordnete Nebeneinander der verschiedenen Fächer bezieht, bedarf sie der Ergänzung durch eine Theorie, die das Nacheinander innerhalb eine jeden Faches regelt.

[13] „Ziller hat übrigens ganz recht getan, die kulturgeschichtlichen Stufen noch nicht zu begründen, bis nicht zuvor das Ganze gründlich durchgearbeitet ist" (Erläuterungen 1880,16). Auch Thrändorf versteht seine Tätigkeit an der Leipziger Übungsschule und die dabei entstandenen Veröffentlichungen (1876ff.) als Beiträge zu diesem umfassenden, im Theorie-Praxis-Verbund entwickelten Lehrplansystem.

zwischen dem Kerngedanken der Kulturstufentheorie, der uneingeschränkt gilt und selbst von den Gegnern der Herbart-Zillerschen Position anerkannt wird[14], und der speziellen Ausgestaltung durch Ziller. Bereits in seinen Erstlingsschriften schwächt er dessen Grundgedanken leicht ab und spricht nicht mehr von einer Parallelität oder Kongruenz[15], sondern nur noch von einer Art Analogie zwischen der Entwicklung des Individuums und der Menschheit[16]. Auch die Anzahl und Benennung der Stufen Zillers erscheint ihm mehr von subjektivem „persönlichem Takt und pädagogischem Gefühl"[17] als von wissenschaftlicher Stringenz diktiert. Deshalb begrüßt er wie die Mehrheit der Zillerschüler, daß Th. Vogt[18] die Zahl der Stufen von acht auf drei reduziert und dadurch zu allgemeineren, weniger anfechtbaren Formulierungen gelangt. An diesem Dreischritt, den er hinsichtlich der religiösen Entwicklung noch präzisiert[19], hält Thrändorf bis an sein Lebens-

---

[14] Z. B. von P. Natorp, aus dessen Werken Thrändorf 1912,80 zitiert.

[15] Vgl. z. B. T. Ziller 1874,113. Zillers Ausführungen sind freilich nicht eindeutig, wie die unterschiedlichen Interpretationen von R. Staude 1880,10 ff. und H. Capesius 1889,117 f. zeigen.

[16] 1877 b,251. Den Nachweis, daß es sich nur um eine Analogie und nicht um einen Parallelismus handelt, hatte H. Capesius 1877 im Leipziger Lokalverein des Vereins für wissenschaftliche Pädagogik geführt (Veröffentlichung: H. Capesius 1889), den Thrändorf „trefflich" (1890 a,126) nennt. Gelegentlich unterläuft ihm freilich auch später der Ausdruck „Parallelismus" (z. B. 1915,139), obwohl sich an seinen Ansichten nichts ändert.

[17] Erläuterungen 1880,16

[18] Dies geschieht im Rahmen der Diskussion über Thrändorfs Vortrag „Die Propheten" (1884), vgl. Erläuterungen 1884,40 ff. Thrändorf hatte schon 1880 in einer Bemerkung (Erläuterungen 1880,16) und 1881 in einem Disput mit Ziller (Erläuterungen 1881,68) von der Bewertung des Prophetismus aus kritische Anfragen an Zillers Kulturstufeneinteilung gerichtet.

Th. Vogt stellt im Gegensatz zu Ziller die Entwicklung des Einzelnen und des Volkes (nicht: der Menschheit) nebeneinander und kommt, seine Andeutungen 1880,114 f. und T. Ziller 1881,133 f. weiterführend, zu folgender Stufeneinteilung (Erläuterungen 1884,40 f.):

a) in theoretischer Hinsicht:

Individuum	Volk
1. phantasiemäßige Denkweise	1. mythische Anschauungsweise
2. tatsächliche Denkweise	2. historische Anschauungsweise
3. reflektierende Denkweise	3. philosophische Anschauungsweise

b) in praktischer Hinsicht:

Individuum	Volk
1. Herrschaft einer fremden Autorität	1. patriarchalisch geordneter Zustand
2. freie Bewegung unter der Autorität des Gesetzes	2. gesetzlich geordneter Zustand
3. Selbstautorität oder Herrschaft der Ideen	3. zweckmäßig organisierter Zustand

(Zu Zillers 8 Kulturstufen vgl. T. Ziller 1881,117 f.)

[19] Vgl. 1915,133 Anm. 1:
1. Stufe: Die Gottheit wird als (willkürliche) Macht erlebt
2. Stufe: Beugung vor dem heiligen und gerechten Gesetzgeber

ende fest und bemüht sich zudem um eine theologische Begründung. Dabei entdeckt er nicht nur die von Vogt übersehene Verwandtschaft mit Lessings Konzeption der Erziehung des Menschengeschlechts durch Gott[20], sondern vor allem eine Wurzel im Neuen Testament: „Der erste, der eine Stufenfolge in der religiösen Entwicklung klar erkannt und treffend bezeichnet hat, ist der Apostel Paulus"[21]. Im Anschluß an Paulus führt er deshalb die Dreiteilung auf die beiden Stufen der Knechtschaft und der Sohnschaft nach Gal. 3,23−4,7 zurück.

Ein nach diesem modifizierten Kulturstufenprinzip aufgestellter „historisch-genetischer Lehrplan"[22] wird folglich von der psychologischen Entwicklung des Kindes ausgehen und aus der religiös-sittlichen Genese der Menschheit die kongenialen Inhalte auswählen, was bedeutet „aus der Masse des Geschichtsstoffes das herauszusuchen, was unbedingt nötig war, wenn die Entwicklung vorwärtsgehen sollte"[23]. Denn das wird dann auch den Schüler weiterbringen, ihm neue Erfahrungen eröffnen. Er erlebt die „Arbeit des Suchens und die Freude des Findens"[24] des die jeweilige Erfahrung entdeckenden Zeitalters aufs neue und erwirbt damit gleichzeitig die Voraussetzungen, vor allem das motivierende Interesse, um auf die nächste Stufe vorzudringen. „Der Lehrplan wird zur Höhenwanderung, bei der der Schüler immer mehr durch Ersteigung der Vorberge tüchtig und geschickt wird, auch die letzten Höhen zu erklimmen"[25]. Thrändorf vertritt das Prinzip des analog der kulturhistorischen Stufen aufgebauten historisch-genetischen Lehrplans so konsequent, daß er den Schüler, gleich welche Schule er besucht, die Abfolge der nach den beschriebenen Kriterien ausgewählten geschichtlichen Stationen[26] nur einmal durchlaufen lassen möchte[27]. Für die Volksschule kann es dabei nur um die groben Züge der Entwicklung gehen, wie sie überhaupt ihre Schüler in einem Alter entlassen muß, in dem die Mehrzahl noch auf der zweiten Stufe des willigen Gehorsams steht. Doch die Grundlage zu einer selbständigen religiösen Entscheidung muß der Reli-

---

3. Stufe: Durch die Liebe des Vaters von der Sünde erlöst und zu freiem Gehorsam erworben und gewonnen

[20] 1888a,102f. Thrändorf betont allerdings gegen Lessing, daß das Christentum seinem Wesen nach auf die dritte Stufe gehört, während Lessing nur seine eudämonistische Entartung kennenlernte.

[21] 1888a,101

[22] Die Formulierung stammt von W. Rein (vgl. z. B. W. Rein 1897,497). Thrändorf gebraucht sie von 1902 an (1902a,337; 1912,81 u. ö.).

[23] 1915,139

[24] 1912,81 (zu den methodischen Konsequenzen s. u. Abschnitt 1.7.2)

[25] 1915,139

[26] S. u. Abschnitt 1.4.3.2

[27] Deshalb verurteilt er alle Kompromißlehrpläne, auch die von A. Reukauf (s. u. Abschnitt 2.5.3−4) und R. Staude (s. u. Abschnitt 3.2.3) als Rückfall in die konzentrischen Kreise (vgl. z. B. 1912,82).

gionsunterricht auch bei ihnen schaffen[28], vor allem bei den zukünftigen Industriearbeitern. Denn sonst wird die Religion, so wie es bisher weitgehend geschieht, bald nach der Schulzeit als Ballast abgeschüttelt.

1.4.3 Der Aufbau des Lehrplans

1.4.3.1 Das Problem des „Vorkurses"

Wegen des noch nicht entwickelten Geschichtsverständnisses der Kinder sah Ziller für die ersten beiden Schuljahre noch keinen geschichtlichen Unterricht im vollen Sinn und damit auch noch keinen eigentlichen Religionsunterricht vor, sondern „Sagenhaftes, Volkstümliches, Poetisches"[29], um die Phantasietätigkeit und erste sittliche und natürlich-religiöse Gedanken[30] zu wecken. Daneben wurden die Schüler in der Leipziger Übungsschule von Anfang an durch „Erbauungsstunden"[31] in das christliche Leben und Denken eingeführt. Thrändorf äußert sich zu diesem „Vorkurs" oder „vorbereitenden Gesinnungsunterricht" nur sehr zurückhaltend. Während der Leipziger Zeit setzt er ihn einfach als gegeben voraus[32] und 1884 sagt er: „Bei diesem Unterricht werden Hauptwahrheiten der natürlichen Religion gewonnen und befestigt"[33]. Doch als sich bald darauf seine theologische Position verändert[34], verliert dieses Argument seine Bedeutung[35]. Dennoch scheint Thrändorf auch später den zweijährigen Zillerschen Vorkurs theoretisch mit Einschränkungen anerkannt zu haben[36], freilich mehr zur Vorbereitung des

---

[28] Vgl. Erläuterungen 1888,45. Außerdem empfiehlt Thrändorf für die Zeit nach der Schulentlassung: „Veranstaltung von Fortbildungskursen, passende Lektüre in öffentlichen Bibliotheken und Lesehallen" (1912,82)

[29] T. Ziller 1892,190; vgl. die Zusammenstellung bei T. Ziller 1886,20. Zu den Märchen vgl. besonders T. Ziller 1869,1 ff.; zum Märchenstreit, der weniger ein inhaltlicher Streit als eine Auseinandersetzung um die Arbeitsweise des Vereins (vor allem zwischen Ziller und Stoy) war, vgl. Erläuterungen 1876,27 ff.

[30] Dem geschichtlichen Religionsunterricht muß „eine natürliche Religionslehre und eine rein ethische Lehre" vorausgehen (T. Ziller 1884,21). Außerdem sollen die Märchen das nationale und Robinson das moderne Bewußtsein erschließen helfen (T. Ziller 1884,487).

[31] T. Ziller 1886,270.146. Die sonntäglichen Erbauungsstunden sind für die ganze Schule gemeinsam, jedoch wird die der Ansprache zugrundeliegende Geschichte (Evangelientext gemäß dem Kirchenjahr) am nächsten Tag in den Klassen durch eine rein analytische (s. u. Anm. 38) Unterrichtsstunde eingeprägt (mit altersspezifischen Schwerpunkten, im ersten Schuljahr erst von der Adventszeit an).

[32] Vgl. Erläuterungen 1876,41

[33] 1884b,385. Selbst an dieser Stelle erwähnt er Märchen und Robinson nur kurz und geht sofort über zur Beschreibung der Erbauungsstunden, deren gottesdienstlichen Charakter er von den gewöhnlichen Kindergottesdiensten scharf abhebt, die „Unterricht und Erbauung vermischen und keines zu seinem Rechte kommen lassen".

[34] S. o. Abschnitt 1.1.2

[35] In den späteren Auflagen ist der oben zitierte Satz getilgt.

[36] Dafür spricht der Lehrplanentwurf 1915,140f., wo allerdings Robinson fehlt. An seiner

Geschichts- als des Religionsunterrichts[37]. In der Praxis aber hält er ihn wohl außerhalb der Zillerschen Seminarschule für undurchführbar, was vor allem für die sonntäglichen schulischen Erbauungsstunden gilt, auf die es ihm andererseits besonders ankommt. Daher reduziert er in den späteren Lehrplanentwürfen Märchen und Robinson auf ein halbes Jahr und behandelt in der zweiten Hälfte von Advent bis Ostern Geschichten aus dem Leben Jesu „im Anschlusse an die hohen Feste des Kirchenjahres"[38].

1.4.3.2 Der Aufbau des geschichtlichen Religionsunterrichts

Der geschichtliche Religionsunterricht erstreckt sich in Thrändorfs Lehrplanentwürfen vom zweiten bzw. dritten Schuljahr[39] an über die gesamte Schulzeit, in den höheren Schulen genauso wie in der Volksschule. Ihm widmet er den größten Einsatz an Kraft und Zeit, was sich vor allem in den beiden mehrbändigen und mehrfach neu aufgelegten Präparationswerken dokumentiert[40].

Nach den dargestellten Kriterien des historisch-genetischen Lehrplanprinzips stellt die Patriarchenzeit für Thrändorf[41] die erste geschichtliche Kulturstufe dar. Für ihre wesentlichen Kennzeichen wie Beschränkung auf den überschaubaren Lebenskreis der (erweiterten) Familie, naive Anerkennung der Autorität und ein unmittelbares Gottesverhältnis, das direkten Umgang mit Gott ermöglicht, lassen sich unschwer Analogien im Leben des sieben- oder achtjährigen Kindes[42] aufzeigen. Daher eignen sich die Patriarchen und ihre Welt, in die sich die Kinder leicht einleben können[43], vortrefflich als Jahresstoff für diese Altersstufe[44].

Stelle stehen Heimatsagen, die bei Ziller im Geschichtsunterricht des 3. Schuljahrs parallel zu den Patriarchengeschichten auftraten.

[37] 1896 c,31 gibt er in Anm. 1 als Beleg für die Notwendigkeit des Vorkurses nur P. Zilligs Aufsatz über den Geschichtsunterricht (P. Zillig 1882) an.

[38] 1912,109. Im Präparationswerk für die Unterstufe (1899) gibt er denselben Rat ([2]1905 c,1), bietet aber keine Entwürfe über Märchen und Robinson, sondern beginnt erst mit der Weihnachtsgeschichte, die er wie alle Jesusgeschichten in diesem Band analytisch, d. h. noch nicht nach Formalstufen behandelt, ganz im Gegensatz zu den darauffolgenden Patriarchengeschichten, womit der Unterschied zwischen „vorbereitendem" und „geschichtlichem" Religionsunterricht dokumentiert ist.

[39] Je nach Dauer des „vorbereitenden Religionsunterrichts".

[40] Titel s. o. Abschnitt 1.1.2, zu den Inhalten s. u. Abschnitt 1.5 und 1.6

[41] Mit T. Ziller und Th. Vogt, die hier übereinstimmen, vgl. T. Ziller 1881,177f. und Th. Vogt in Erläuterungen 1884,40.

[42] Die Angaben beziehen sich auf die Verhältnisse des 19. Jhd.

[43] „Der Abraham, wie er in der Phantasie des Kindes lebt, trägt die Züge bekannter Persönlichkeiten aus der Umgebung des Kindes" (1912,89).

[44] Zillers Einschaltung der Urgeschichte „Schöpfung und Sündenfall, Brudermord, Sündflut und Turmbau" (T. Ziller 1886,45) nach dem Untergang Sodoms fällt bei Thrändorf weg, nur die Sintflut wird auf der Anwendungsstufe der Einheit „Sodoms Ende" als Parallele *kurz* (1905 c,43; Hervorhebung dort) herangezogen.

Eine zweite, von der ersten deutlich abgehobene Stufe beginnt mit der Mosezeit. Thrändorf faßt nach einem frühen Versuch, der mit Ziller Richter- und Königsstufe trennte[45], die ganze „Geschichte Israels von Mose bis Elias"[46] als zweite Stufe im Vogtschen Sinn auf. Sie unterscheidet sich von der ersten nicht nur durch komplexere gesellschaftliche Gebilde wie Stammes- verband und Staat, sondern vor allem in den religiös-sittlichen Elementen. Gott ist jetzt in die Ferne gerückt, er offenbart sich nur noch bevorzugten Vertretern des Volks, und zwar als Gesetzgeber, dessen Wille erfüllt werden muß. Im Religionsunterricht sind für diese „Entwicklungsstufe der Geset- zesreligion"[47] bis zu zwei Jahre zu veranschlagen[48].

Von ihr heben sich die Propheten ab, die Thrändorf schon 1880 an Zillers Stufeneinteilung zweifeln ließen[49]. Er erkennt immer mehr, daß sie sowohl geschichtlich als auch für das Verständnis der Schüler die notwendige Vorbe- reitung des Kommens Jesu sind[50] und als Anfang einer Entwicklung, die in ihm ihren Höhepunkt erreicht, bereits auf der dritten Stufe stehen[51]. Für ihre Behandlung im Religionsunterricht setzt Thrändorf nach längerem Zögern später etwa ein Jahr an[52].

Die Vollendung dieser in drei Hauptstufen verlaufenden Entwicklung stellt Jesus Christus dar. Erst durch ihn ist die Stufe der Gesetzesreligion ganz überwunden. Daher bemüht sich Thrändorf über Jahrzehnte intensiv um eine theologisch und didaktisch befriedigende Gestaltung dieses Kerns und Mittelpunkts des ganzen Religionsunterrichts[53]. Für die zusammenhän- gende Behandlung des Lebens Jesu, die auch auf den Ertrag des vorbereiten- den analytischen Unterrichts[54] zurückgreifen kann, sollten eineinhalb bis zwei Schuljahre zur Verfügung stehen[55].

---

[45] Vgl. E. Thrändorf 1880,70 ff. Die Trennung gelingt aber nur in gesellschaftlich-politischer Hinsicht (1880,106), vgl. die Kritik W. Reins und R. Staudes in Erläuterungen 1880,13 f. und W. Rein 1882,249 ff.

[46] So der Titel des Präparationsbands 1900 a

[47] Z. B. 1912,91. Vgl. schon Th. Vogt: „freie Bewegung unter der Autorität des Gesetzes" (Erläuterungen 1884,40).

[48] Doch Thrändorf warnt vor zu engen Zeitvorgaben (1915,140; Erläuterungen 1880,14). Vgl. dagegen W. Rein: „Die Praxis der Leipziger Seminarschule hat sich zwar nie in die Zwangsjacke der Schuljahre stecken lassen, doch es hätte zuweilen nichts geschadet, wenn es geschehen wäre!" (W. Rein 1882,249)

[49] Erläuterungen 1880,16. Bei Ziller wurden nur die messianischen Weissagungen (erst im Anschluß an das Leben Jesu) behandelt, vgl. die Diskussion Thrändorfs mit Ziller in Erläuterun- gen 1881,68.

[50] Näheres s. u. Abschnitt 1.5.2.

[51] Zu dieser Überzeugung gelangt Thrändorf gemeinsam mit Th. Vogt im produktiven Dialog, vgl. Erläuterungen 1884,41 ff.

[52] Vgl. 1912,91. Für das Lehrerseminar empfiehlt er 1884,57 nur: „Lieber einen Propheten gründlich als alle oberflächlich."

[53] S. o. Abschnitt 1.3.5−6, exegetische Aspekte s. u. Abschnitt 1.5.3.

[54] S. o. Anm. 38

[55] Eineinhalb Jahre nach H. Meltzer 1898,159 (Plan des Thrändorf-Meltzerschen Unter-

Im Anschluß daran folgt die Geschichte der ersten Christenheit, die ebenfalls der dritten (Vogtschen) Stufe zuzuordnen ist, mit dem Leben des Apostels Paulus[56] als Schwerpunkt. Thrändorf veranschlagt dafür ein halbes bis ein ganzes Schuljahr[57].

Mit der Apostelgeschichte beginnt bereits die Kirchengeschichte. Sie beschäftigt Thrändorf besonders in der zweiten Hälfte seines Lebens, wo er ihr, die sich vorher im Gymnasium „mit den Brocken von Unterrichtszeit begnügen mußte, die von der reich besetzten Tafel des dogmatischen Unterrichts abfielen"[58] und in der Volksschule so gut wie gar nicht vorkam, etwa die gleiche didaktische Bedeutung wie der biblischen Geschichte zuerkennt[59]. Daher räumt er ihr in den höheren Schulen, auf die er als erster die Kulturstufentheorie anwendet[60], die ganzen letzten vier Jahre ein. In der Volksschule ist diese Ausführlichkeit weder möglich noch nötig, doch sollten auch hier die entscheidenden Epochen wie die Reformation oder das 19. Jahrhundert mit den christlichen Versuchen zur Lösung der sozialen Frage nicht fehlen[61].

So ergibt sich, freilich mit all den Vorbehalten, die Thrändorf selbst gegenüber solchen Tabellen geäußert hat[62], für den Normalfall etwa folgender Aufbau des geschichtlichen Religionsunterrichts[63]:

---

richtswerks) und E. Thrändorf 1915,141; zwei Jahre nach 1903a,268 (für höhere Schulen) und 1912,109.

[56] Mit ihm beschäftigt sich Thrändorf ebenfalls von 1881 an eingehend, vgl. 1882, 1883, 1891 (⁴1913).

[57] Ein halbes Jahr nach den beiden in Anm. 55 zuerst genannten Quellen, ein ganzes Jahr nach den beiden anderen.

[58] 1904a,385

[59] S.u. Abschnitt 1.6.1

[60] Vgl. 1888a,104ff.

[61] Der Geschichtsunterricht, der ja nach Thrändorfs Ansicht auch in der Simultanschule konfessionell geprägt sein sollte, kann den Religionsunterricht hier teilweise entlasten. Wo es um die Erfassung der religiösen und ethischen Probleme der Gegenwart aus ihrem geschichtlichen Werden heraus geht, müssen auch kirchliche Jugendarbeit und kirchliche Presse immer wieder kirchengeschichtliche Aspekte aufgreifen (Erläuterungen 1904,43).

[62] Thrändorf möchte den Lehrerkollegien Freiheit zur Erprobung, Präzisierung und Revision der Lehrpläne geben. Daher will er seine Zeitvorschläge, wenn er überhaupt nur die Reihenfolge der Inhalte angibt wie 1888a,122ff., nicht als Gesetz verstanden wissen, sondern nur als Diskussionsgrundlage (1903a,259; 1915,140; Erläuterungen 1880,14; Erläuterungen 1903,17 und zahlreiche ähnliche Äußerungen).

[63] Die folgende Tabelle stellt eine Synopse der in diesem Abschnitt ausgewerteten Quellen dar.

Die dem Thrändorfschen Lehrplankonzept zugrundeliegende und auch streng durchgehaltene Forderung des nur einmaligen Durchlaufens der geschichtlichen Entwicklungsreihe schließt allerdings Wiederholungen nicht aus. Im Gegenteil, so oft wie möglich ist bei der Begegnung mit neuen Personen und Situationen aus Bibel und Kirchengeschichte der Bezug zu bereits bekannten Inhalten herzustellen. Diese erscheinen dann von der neuen Aufgabenstellung und dem reiferen Erkenntnisgrad der Schüler aus in einem neuen Licht wie z.B. die Briefe des Apostels Paulus im Kontext der Reformationsgeschichte oder die Struktur der Evangelien in Lessings

schließenden systematischen Unterrichts, sowohl für die Volksschule als auch für die höheren Schulen, wie sie Thrändorf lebenslang vertritt und auch gegen seine Freunde H. Meltzer, A. Reukauf und E. Heyn verteidigt[73].

1.5 Die historisch-kritische Bibelwissenschaft wird für den Religionsunterricht fruchtbar gemacht

1.5.1 Die didaktische Bedeutung der historisch-kritischen Exegese

Die theologische Beurteilung der Bibel, insbesondere die Stellung zur historisch-kritischen Bibelwissenschaft, ist derjenige Punkt, an dem sich Thrändorfs Eigenständigkeit gegenüber seinem Lehrer Ziller, der ihn auf vielen anderen Gebieten so nachhaltig beeinflußte, am klarsten zeigt. Während Ziller „der freigesinnten historisch-kritischen Theologie hartnäckig widerstrebte"[1] und das Aufkommen bibelkritischer Fragen im Unterricht von vornherein unterbinden wollte[2], hat Thrändorf die Wertschätzung der historisch-kritischen Wissenschaft bereits als väterliches Erbe übernommen[3], sie zwar während des Studiums anscheinend nicht allzu intensiv betrieben, aber bald danach diese seines Erachtens „segensreichste Frucht der Romantik"[4] immer mehr zu schätzen und anzuwenden gelernt. Auch ihren hohen didaktischen Wert erkennt er frühzeitig, spätestens seit 1880[5]. Von da an bestimmen die Ergebnisse der historisch-kritischen Exegese nicht nur in zunehmendem Maße die inhaltliche Gestaltung der veröffentlichten Unterrichtsentwürfe[6], sondern auch die gesamte Arbeitsweise Thrändorfs[7]. Der von ihm

---

[73] Vgl. die Diskussion in Erläuterungen 1914,45 ff.

[1] H. Meltzer brieflich an H. Maier (H. Maier 1940,56 Anm. 3), vgl. T. Ziller 1880,85 und 1884,310 f. H. Maiers Interpretation der Theologie Thrändorfs als Bestreitung der konfessionellen Einstellung des Vereins f. wiss. Päd. ist allerdings abwegig.
[2] Vgl. T. Ziller 1886,145
[3] S. o. Abschnitt 1.1.1. Nach H. Meltzer führte dies oft zu Zusammenstößen mit Ziller, vgl. H. Maier 1940,163 Anm. 17.
[4] 1894b,164. Thrändorf weiß zwar, daß die historisch-kritische Exegese ein Kind der Aufklärung ist und führt immer wieder Lessing und Reimarus als Beispiele an (1888a,114f.124; 1889,257ff.; 1900,220; usw.), doch ihre eigentliche Blütezeit beginnt s. E. erst mit der Romantik, die nach der einseitigen Vernunftorientierung der Aufklärung ein tieferes Verständnis für die Geschichte entwickelt.
[5] Die Stellen Erläuterungen 1880,14f. u. 16f. zeigen, daß er die exegetische Literatur bereits seit einiger Zeit im Hinblick auf didaktische Fragen verfolgt.
[6] Vgl. die steigende Zahl diesbezüglicher Belege in den Präparationen 1880, 1882, 1883 und 1884.
[7] Vgl. sein Votum auf der Generalversammlung 1880 (um zu begründen, daß über unzureichend erforschte Gegenstände noch keine didaktischen Entwürfe möglich sind): „Das Material aus dem A. T. ist gerade jetzt so im Fluß begriffen, daß man mit den alten Begriffen gar nicht

als geschichtlicher Unterricht konzipierte Religionsunterricht gewinnt von dem neuen und schärferen Bild der Bibel, das die Forschung freigelegt hat, klare Konturen und auch neue, erzieherisch wertvolle Inhalte wie etwa die Propheten[8]. Vor allem aber haben jene Untersuchungen erst das volle Verständnis der religiösen Entwicklung im Alten und Neuen Testament ermöglicht. Deshalb sind die Ergebnisse der historisch-kritischen Theologie von so unmittelbarer didaktischer Relevanz, daß sie, selbstverständlich in pädagogisch angemessener Weise, selbst Lerninhalte des Religionsunterrichts werden müssen[9]. So wie es in anderen Fächern selbstverständlich ist, daß die Didaktik dem Fortschritt der betreffenden Fachwissenschaft Rechnung trägt, sollte auch die Religionspädagogik die „so erwünschte, für die Erreichung des Erziehungszwecks wertvolle Hilfe"[10] der theologischen Wissenschaft dankbar annehmen.

Aber auch aus Gründen der Wahrhaftigkeit gegenüber dem Schüler kann der Religionsunterricht auf die Berücksichtigung historisch-kritischer Fragen nicht verzichten. Denn die weit verbreitete Vogel-Strauß-Taktik, die so tut, als ob man von den Forschungen der neueren Theologie nichts wüßte, hält nicht nur den Schüler in dauernder Unmündigkeit, sondern sie macht auch den Lehrer unglaubwürdig. „Die Schüler werden das, was man ihnen ängstlich zu verheimlichen sucht, doch erfahren, und die selbstverständliche Folge wird sein, daß die Abneigung gegen Religionsunterricht und Religionslehrer wächst"[11]. Dies gilt fast in vollem Maß schon für die Volksschule, denn unter den zukünftigen Industriearbeitern ist ebenfalls kaum einer zum sacrificium intellectus bereit[12]. Daher muß man auch bei ihnen alles vermeiden, was nach einem Vertuschen aussehen könnte, denn bereits der Verdacht der Unwahrhaftigkeit kann den Ertrag des Religionsunterrichts gefährden. Außerdem ist es pädagogisch viel vernünftiger, die Möglichkeiten des Unterrichts zur sachgemäßen Behandlung historisch-kritischer Fragen zu nutzen als die Schüler den nach der Schulzeit auf sie einströmenden verzerrten Informationen hilflos auszuliefern. Die Einführung hat jedoch, wie bereits angedeutet, in pädagogisch angemessener Weise zu erfolgen. Es geht nicht an, nach der Art des lehrgesetzlichen Unterrichts nun die Ergebnisse der modernen Theologie als neue Dogmen zu verkünden, die die Schüler ohne die Möglichkeit zur selbständigen Verarbeitung und Kritik einfach annehmen müßten[13]. Jede Verfrühung ist daher zu vermeiden. Der Lehrer hat hier

---

mehr fortkommt, namentlich durch die Wellhausenschen Arbeiten. Da sind die Schwierigkeiten für die methodische Behandlung des A. T. wohl anzuerkennen" (Erläuterungen 1880,16).

[8] S. u. Abschnitt 1.5.2

[9] Vgl. 1903 a,273

[10] 1900,221

[11] 1896 b,205; ähnlich 1903 a,275

[12] 1902,318 und 1912,6 f.

[13] „Der Memorierstoff hat eine etwas andere Form angenommen, für die Bildung einer

eine ausgesprochen seelsorgerliche Verantwortung[14]. Er muß die Schüler erst langsam durch einen lebendigen geschichtlichen Unterricht und die Begegnung mit den unterschiedlichsten religiös-sittlichen Charaktertypen dafür sensibilisieren, daß die Bibel kein dogmatisch einheitliches Buch darstellt, sondern eine lange geschichtliche Entwicklung erzählt und eine ganze Bibliothek verschiedenster Schriften und Standpunkte enthält. Die thematische Behandlung der historisch-kritischen Forschung hat keinen Sinn, bevor die Schüler die dritte, die selbständig-reflektierende Entwicklungs- und Apperzeptionsstufe erreicht haben. Thrändorf betrachtet deshalb das zwölfte Schuljahr als den geeignetsten Zeitpunkt[15]. In der Volksschule, die ihre Zöglinge meist schon auf der zweiten Stufe entlassen muß, sollen die Probleme mehr implizit behandelt werden, am besten im Zusammenhang mit dem Leben Jesu anhand der synoptischen Evangelien. Dadurch ist noch am ehesten Gewähr gegeben, daß der Transfer später richtig vollzogen wird.

Ziel dieser Lernprozesse kann freilich nicht die Kenntnis exegetischer Theorien oder gar kurzlebiger Hypothesen sein. Es geht vielmehr darum, daß die Gymnasiasten und Seminaristen einen reflektierten eigenen Standpunkt hinsichtlich der historischen Problematik gewinnen und bei den Volksschülern wenigstens die Befähigung zu einer solchen Auseinandersetzung angestrebt wird. Darum lautet das wichtigste Lernziel: „Unterscheiden lernen zwischen historischen Meinungen und religiöser Überzeugung"[16] oder: Erkennen, „wie religiöser Glaube und geschichtliche Forschung recht wohl zusammen bestehen können"[17]. Die kritische Wissenschaft kann den Glauben nämlich weder begründen noch zerstören[18], denn er besteht „nicht im Fürwahrhalten geschichtlicher Tatsachen, sondern er gründet sich auf eigene persönliche Erfahrung"[19]. Weil diese Erfahrung jedoch durch die

eigenen sittlich religiösen Einstellung ist nichts gewonnen. Die Theologie hat eben wieder einmal die Schulpraxis direkt bestimmen wollen, ohne sich vorher bei der Psychologie und der Pädagogik Rats zu erholen" (1896b,205 zu F. Steudel 1895 mit ähnlichem Urteil über H. Lietz).

[14] 1896b,207f. (nach einem Wort Luthers gegen die Wittenberger Bilderstürmer, daß der zu schnell vom Hals des Bruders weggerissene Strick den Bruder erwürgen kann): „Auch unseren Gemeinden ist der Strick einer veralteten Theologie um den Hals gelegt, jugendlich-stürmische Eiferer möchten ihn zerreißen oder zerschneiden, ich möchte ihn lösen, daß auch die schwächeren Gemeindeglieder mit ihrem naiven Glauben an dem Vorgehen der Schule kein Ärgernis nehmen könnten."

[15] Im Anschluß an Lessings Gedanken über die Entstehung der Evangelien (aus Quellen wie Thrändorfs Kirchengeschichtlichem Lesebuch 1888 erarbeitet) erfolgt eine Einführung in den gegenwärtigen Stand der historisch-kritischen Arbeit (1880,125 und viele andere Stellen).

[16] Erläuterungen 1890,16

[17] 1900,222

[18] Dies betont Thrändorf bereits 1877a,75.

[19] 1900,221. Glaube ist „Erworben- und Gewonnensein durch Christus" (1883a,7 und 1916,302).

Geschichte vermittelt ist, kann deren wissenschaftliche Erforschung immerhin wichtige Hilfsdienste leisten, z. B. ausgesprochene Fehlformen wie den lehrgesetzlichen Buchstabenglauben als solche entlarven und damit falsche Alternativen, etwa den vermeintlichen kontradiktorischen Widerspruch zwischen Bibel und modernem Weltbild, verhindern.

Thrändorf ist der erste, der in so umfassender und pädagogisch reflektierter Weise der historisch-kritischen Bibelwissenschaft Eingang in die didaktische Theorie und Praxis des Religionsunterrichts verschafft. Es verwundert daher nicht, daß er im Kreis der Herbartianer als „Vater der neueren Religionspädagogik"[20] gilt. Doch auch von Theologen, die der Herbart-Zillerschen Pädagogik skeptisch gegenüberstehen, wird in Bezug auf den biblischen Unterricht zugestanden, daß „der hochverdiente Seminar-Oberlehrer Dr. Thrändorf schon lange eine Führerrolle auf diesem Gebiet"[21] innehat.

1.5.2 Das Alte Testament

Im Bereich des Alten Testaments bemüht sich Thrändorf vor allem, die Erkenntnisse J. Wellhausens[22] zur Geschichte Israels und über das Verhältnis der geschichtlichen zu den prophetischen Büchern didaktisch auszuwerten.

Die Patriarchengeschichten haben durch den Nachweis, daß es sich hier um Sagen handelt, nichts von ihrer unterrichtlichen Bedeutung verloren. Denn gerade dadurch wird klar, warum die Kinder in den ersten Schuljahren von ihnen so unmittelbar und nachhaltig angesprochen werden[23]. Deshalb bedarf es auf der Unterstufe keines Hinweises auf die literarische Beschaffenheit, die Geschichten wirken allein durch ihren Inhalt religiös erziehend[24].

Unter den Stoffen der Mose- und Richterzeit trifft Thrändorf eine strenge Auswahl, bei der ihn zwei Kriterien leiten, ein sachkritisches und ein literarkritisches. Das erstere, nach dem die aus ethischen Gründen nicht zu verantwortenden Züge des Gottesbildes auszuscheiden sind, etwa „wo Gott auf zauberische Fragen antwortet, auch grausame Befehle Gottes, welche zu grauenhafte Züge von Gott in die Kindesseele bringen"[25], führt er von Anfang an konsequent durch[26]. Dagegen wendet er den literarkritischen

---

[20] A. Reukauf 1911,317

[21] So der Straßburger Neutestamentler H. Holtzmann in MkPr 1901,90 nach H. Meltzer 1927,19; vgl. Thrändorf/Meltzer 1905 c,75 ff.

[22] Vgl. besonders Erläuterungen 1880,15: „Die methodische Behandlung der Propheten dürfte noch aufzuschieben sein bis zum Erscheinen des 2. Bandes des Wellhausenschen Buches, welches über die Geschichte Israels vielfach ganz neues Licht verbreitet" (ähnlich ebd.,16 u. ö.).

[23] S. o. Abschnitt 1.4.2 und 1.4.3.2 (beide sind in 1.5.2—3 ständig zu vergleichen).

[24] Historische und literarische Erläuterungen können bei immanenten Repetitionen in späteren Schuljahren nachgetragen werden.

[25] Erläuterungen 1880,16

[26] Vgl. z. B. 1880,83, wo Thrändorf Ex 32,9—14 ausscheidet wegen der grausamen Vernichtungsdrohung und „weil vom Bereuen Gottes nicht die Rede sein darf".

Gesichtspunkt, spätere redaktionelle Zusätze wegzulassen, erst mit zunehmender Einarbeitung in die exegetischen Details vollständig an[27].

Die wichtigste didaktische Konsequenz der alttestamentlichen, speziell der Wellhausenschen Forschungen zieht Thrändorf bei den Propheten. Wie er betont, hat er sie als klassische religiöse Gestalten erst für den Religionsunterricht entdeckt[28]. Vorher waren sie nie ein selbständiger Unterrichtsgegenstand gewesen. Bei ihm bilden sie dagegen das Thema für ein ganzes Schuljahr[29], werden also ausführlich auf dem Hintergrund der damaligen turbulenten Zeitverhältnisse behandelt. Er sieht in ihnen die Reformatoren nicht nur des alttestamentlichen Gottesdienstes, sondern auch des Gottesglaubens, die „Bahnbrecher des ethischen Theismus"[30]. Jesus Christus erkennt sie deshalb als seine Wegbereiter an[31]. In der Tat können sie wie kein anderer Stoff die Voraussetzungen für das Verständnis seiner Person und seines Evangeliums schaffen[32].

Vom Prophetismus aus gewinnt Thrändorf daneben die Kriterien, welche Teile des Alten Testaments als religiös und sittlich minderwertig ausgeschieden werden müssen. Die Propheten und ihre Funktion als Apperzeptionshilfe für das Verständnis der Geschichte Jesu sind aber auch das Hauptargument für den didaktischen Wert des Alten Testaments und seine Existenzberechtigung im christlichen Religionsunterricht. Diese war am Ende des 19. Jahrhunderts keineswegs mehr unbestritten. Ein 1893 anonym erschienenes Buch „Das Judenchristentum in der religiösen Volkserziehung des deutschen Protestantismus. Von einem christlichen Theologen" entfachte über Jahre heftige Diskussionen unter den Religionspädagogen. Sein Autor, der sächsische Pfarrer E. Katzer[33], plädierte für die völlige Streichung des Alten Testaments aus dem christlichen Religionsunterricht, da die Kinder durch die Taufe bereits auf der Stufe des Christentums stünden und deshalb nicht mehr ins Judentum zurückgeführt werden dürften. Thrändorf setzt dieser Position vor allem die neuen Erkenntnisse der alttestamentlichen Wissenschaft entgegen[34], die Katzer völlig ignoriert hatte[35]. Er wehrt sich gegen die Identifika-

---

[27] Hinsichtlich der Mose- und Richterzeit erst in 1900a. 1880 scheidet Thrändorf nur gelegentlich redaktionelle Zusätze aus, z.B. Ex 19,21−25 (1880,81), wo aber die inhaltlich-sachkritische Begründung noch klar dominiert. Als programmatische Forderung betont Thrändorf das literarkritische Auswahlkriterium gegen W. Rein in 1881 c,2.

[28] „Meines Wissens bin ich der erste gewesen, der auf die großen erziehlichen Werte einer historischen Behandlung der Propheten hingewiesen und Lehrproben angeboten hat" (1925,239).

[29] Zu Staudes Einspruch (R. Staude 1884b) s.u. Abschnitt 3.3.2.1

[30] 1912,92

[31] Vgl. 1883 a,20; Erläuterungen 1896,35; usw.

[32] „Die Propheten behandeln, heißt also den Boden, in den der Same des Evangeliums gesät werden soll, tief pflügen" (1883 a,20; ähnlich 1884,56).

[33] Er hat seine Thesen später mehrfach modifiziert, vgl. E. Katzer 1896.

[34] Daneben verweist er auch auf die empirischen Befunde (s.o. Abschnitt 1.3.2), die die

tion des Alten Testaments mit dem Judentum und weist auf die theologisch wie didaktisch zwingende Kontinuität zwischen den beiden Testamenten und die besondere Rolle des Prophetismus hin[36]. Daß sich der „pädagogische Antisemitismus"[37] der Bestreiter des Alten Testaments im Verein für wissenschaftliche Pädagogik, der unter Th. Vogts Leitung für derartige Strömungen durchaus empfänglich war[38], insgesamt nicht durchsetzen konnte, ist vorwiegend auf Thrändorfs Einfluß und die Überzeugungskraft seiner Argumente zurückzuführen.

1.5.3. Das Neue Testament

Ähnlich wie beim Alten Testament bemüht sich Thrändorf auf dem Gebiet des neutestamentlichen Unterrichts um eine pädagogisch reflektierte Verwertung des Ertrags der historisch-kritischen Wissenschaft und wird auch hier zu deren Vorkämpfer in der Religionspädagogik, vor allem für die Volksschule[39]. Schon 1877 hebt er die didaktische Bedeutung der Erforschung des historischen Jesus hervor[40] und veröffentlicht von 1882 an zusammenhängende Präparationen zum Neuen Testament[41].

Beim Leben Jesu geht es ihm darum, trotz des Bestrebens, ein möglichst konkretes und geschlossenes Bild der Person Jesu als Grundlage für den „idealen Umgang" im Unterricht zu gewinnen, die biblischen Quellen dennoch nicht zu vergewaltigen. Daher wendet er sich gleichermaßen gegen die herkömmliche konservative Harmonisierung der unterschiedlichen Berichte in den Evangelien[42] wie später gegen die Versuche S. Bangs und anderer, ein „pragmatisches" Leben Jesu aus den Ergebnissen der neutestamentlichen

These, daß die Kinder beim Schuleintritt auf der christlichen Kulturstufe stehen, ad absurdum führen (1895,154).

[35] Vgl. Erläuterungen 1896.35

[36] 1895,153 f.

[37] 1912,92 Anm. 1. Daß Katzer tatsächlich offenkundiger Antisemit war und auf Bezirkslehrerversammlungen in dieser Richtung agitiert hatte, bestätigt Steuer in Erläuterungen 1896,43.

[38] Th. Vogt faßt in Erläuterungen 1896,48 die Debatte, in der auch Steuer sein in Anm. 37 referiertes Votum abgab, mit den Worten zusammen: „Was die Motive Katzers betrifft, so ist auch nicht der leiseste Tadel in der Versammlung geäußert worden (!). Sie sind auch höchst schätzenswert" (ähnlich schon a.a.O.,47). Vogts Antisemitismus und besonders seine Aggressionen gegen den Berliner Völkerpsychologen H. Lazarus werden gerühmt von H. Maier 1940,118.156 f. Thrändorf dagegen zitiert Lazarus häufig, z.B. „einer der feinsten Kenner der Natur der Sprache" und „großen Psychologen" (1885 a,2 f.).

[39] R. Staude hat früher als Thrändorf Präparationen zum Leben Jesu und zur Apostelgeschichte für die Volksschule veröffentlicht, aber die historisch-kritische Wissenschaft erst sehr viel später durchgehend berücksichtigt (s. u. Abschnitt 3.3.2.2).

[40] 1877 a,75

[41] Vgl. 1882, 1883, 1885, 1886, 1887, 1890 ([5/6]1912), 1891 ([4]1913).

[42] 1885,14 f.; 1900,21

Wissenschaft zu konstruieren[43]. Denn er bewahrt auch gegenüber dem Optimismus der Leben-Jesu-Forschung, und zwar schon ein Jahrzehnt bevor A. Schweitzer seine vernichtende Kritik[44] veröffentlicht, eine beachtliche Zurückhaltung und Skepsis[45]. Freilich bewegt sich sein erster eigener Vorschlag, dem Leben Jesu im Unterricht nur das Matthäusevangelium zugrundezulegen[46], noch mehr in den Bahnen der Zillerschen Lehrplantheorie[47] als in der Konsequenz seiner exegetischen Einsicht. Doch auf das überwiegend kritische Echo hin geht er dann in den späteren Auflagen seines Unterrichtswerks von allen drei synoptischen Evangelien gemeinsam aus[48]. Er möchte kein geschlossenes historisch-pragmatisches Lebensbild Jesu liefern, weil das nach den vorhandenen Quellen nicht ohne zahlreiche spekulative Kombinationen möglich wäre, wohl aber die mit den Mitteln der Wissenschaft hinreichend sicher feststellbaren charakteristischen Züge der Person und Botschaft Jesu zu einem „Charakterbild"[49] zusammenstellen. Ein solches hält Thrändorf aus didaktischen Gründen für unbedingt notwendig, da eine Behandlung Jesu nach Sachgruppen im Sinne R. Staudes[50] keine wirkliche Begegnung mit der Person des Heilands ermöglicht[51]. Deshalb muß die auch bei einem solchen Charakterbild noch bestehende Abhängigkeit von teilweise nicht voll gesicherten Exegesen in Kauf genommen werden.

An Einzelelementen aus den Evangelien sei besonders hervorgehoben, daß Thrändorf als erster A. Jülichers Forschungsergebnisse über die Gleichnisse Jesu für den Religionsunterricht verwertet[52]. Auch seine pädagogisch einfühlsame, theologisch Supranaturalismus wie Rationalismus gleichermaßen

---

[43] 1896b,206ff. und Erläuterungen 1896,47f. (über S. Bang allgemein E. Thrändorf 1894a,240f.).

[44] Von Reimarus zu Wrede 1906 (ab 2. Auflage: Die Geschichte der Leben-Jesu-Forschung).

[45] „Ein Stück Theologie, das vielleicht, ja sehr wahrscheinlich in 10 Jahren (!) ganz anders ausschauen wird" (1896b,207).

[46] 1885,16; 1896b,208

[47] Ziller hatte für die Behandlung des Lebens Jesu gefordert: „Es muß auf ein einziges Evangelium gegründet werden" (T. Ziller 1876,201. E. Thrändorf 1885,15 zitiert ungenau und mit falscher Seitenzahl). Thrändorf entscheidet sich für das Matthäusevangelium, weil es für Judenchristen geschrieben ist und deshalb dem kulturhistorischen Entwicklungsgang am besten entspricht (1885,16), und versucht zudem eine Rechtfertigung mit Hilfe der altkirchlichen Tradition vom Alter des Matthäusevang. (obwohl er die wissenschaftliche Annahme der Markus-Priorität kennt) und der Gliederung des Matthäus (die doch die des Markus ist!). Auch die Argumentation 1896b,208 stellt mehr eine nachträgliche Rechtfertigung dar.

[48] Als Gewährsleute nennt er vor allem K. v. Hase, H. Keim, K. Hausrath, W. Beyschlag, B. Weiß und P. Schmidt (1900,221).

[49] Erläuterungen 1896,48

[50] S. u. Abschnitt 3.3.2.2

[51] 1922a,141 im Anschluß an H. Tögel

[52] Dies hebt G. Witzmann 1903,428 hervor, übt aber gleichzeitig Kritik an der Art der Behandlung, hauptsächlich an der Dürftigkeit der Bildhälfte. Die Bedeutung des tertium comparationis für die Gleichnisauslegung betont Thrändorf schon vor A. Jülicher, vgl. 1887,282 (mit W. Howard) und Erläuterungen 1887,1.

vermeidende Behandlung der Wunder verdient Beachtung[53]. Bei der Darstellung der Apostelzeit bemüht er sich bereits 1882, das von Lukas in der Apostelgeschichte gezeichnete Bild mit Hilfe der Briefe des Paulus zu korrigieren[54]. Allerdings soll Paulus genau wie Jesus und die Propheten den Schülern in erster Linie als lebensvolle religiöse Persönlichkeit begegnen und nicht hinter das Lehrgebäude seiner Theologie zurücktreten[55].

1.6 Die Aktualisierung der Kirchengeschichte aus theologisch reflektierter Zeitgenossenschaft

1.6.1 Die Konzeption der „pädagogischen Kirchengeschichte"

Ein weiteres auffallendes Charakteristikum des Thrändorfschen Religionsunterrichts ist der breite Raum, den die Kirchengeschichte sowohl in seinen didaktischen Reflexionen als auch im Lehrplan von 1888 an einnimmt[1]. Bei Ziller spielte sie nur eine untergeordnete Rolle[2], im landläufigen Religionsunterricht der Volksschule kam sie so gut wie nicht vor. In den höheren Schulen wurde sie zwar berücksichtigt, lief aber isoliert neben dem biblischen und dem dogmatischen Unterricht her, durch den Lehrplan noch ziemlich willkürlich in Einzelteile zerstückelt[3], wobei fast noch stärker als in den anderen Bereichen des Religionsunterrichts die Inhalte dominierten, die eigentlich nur in das spezielle Theologiestudium gehören[4]. Einer solchen fachwissenschaftlich-theologischen Engführung setzt Thrändorf seine Konzeption der „pädagogischen Kirchengeschichte"[5] entgegen, nicht als Ein-

---

[53] Vgl. seine Voten in Erläuterungen 1900,27 ff. Rationalistische Erklärungen sieht Thrändorf auch in Staudes drittem Ergänzungsband (R. Staude 1921), vgl. E. Thrändorf 1922a,141.

[54] Vgl. 1882 und 1883. An exegetischer Literatur benutzt Thrändorf hier hauptsächlich die Werke der Tübinger Schule (Hausrath, Pfleiderer, Holsten u.a.).

[55] Vgl. vor allem 1883,81 Anm. 5

[1] Vgl. das Quellenwerk 1888 und den programmatischen Aufsatz 1888a

[2] Vgl. T. Ziller 1886,20 (ausführlicher bei P. Zillig 1882,139 ff.), anders T. Ziller 1884,457

[3] Beispiele vgl. E. Thrändorf 1888a,93

[4] „Das Vorbild ist der Lektionskatalog der theologischen Fakultät" (1888,93).
Wer „an die Vorträge seiner Lehrer über gnostische Systeme, über monophysitischen und monotheletischen, pelagianischen und semipelagianischen Streit zurückdenkt, wird geneigt sein, meinem alten Jugendfreunde, dem Dichter August Sturm zuzustimmen, der über die Kirchengeschichte, wie wir sie beide erlitten haben, sagt:
‚Kirchengeschichte, bewahrt mich dafür ...
Lügen und feilschen, quälen und morden,
Zanken und streiten in Sekten und Orden,
Lauter versteckte Ketzergerichte:
Da lies und studiere Kirchengeschichte!'" (1910a,8)

[5] 1890a,107; ähnlich 1912,82.86. Der Ursprung der Formulierung liegt in Th. Vogts Frage an Thrändorf: „Was also ist Kirchengeschichte im pädagogischen Sinne?" (Erläuterungen 1888,47). Die Diskussion auf der Generalversammlung in Nürnberg (vgl. Erläuterungen 1888,43 ff.) trug wesentlich zur Klärung der Thrändorfschen Gedanken bei, vgl. 1898a,106 f.

schränkung, sondern als Erweiterung des üblichen Verständnisses. Kirchengeschichte ist für ihn das Walten des „von Christus ausgehenden Geistes"[6] bzw. des „fortlebenden und fortwirkenden Jesus"[7]. Sein Geist ist freilich nicht an die Grenzen der institutionellen Kirchen gebunden. Daher gehören auch die geschichtlichen Persönlichkeiten, die zwar der offiziellen Kirche fernstanden, in denen aber das Walten des Geistes Christi wahrzunehmen ist, mit in diesen Zusammenhang hinein. Thrändorf spricht demzufolge lieber von „Geschichte des religiösen und kirchlichen Lebens"[8] als von Kirchengeschichte[9]. Die Aufgabe des Unterrichts ist es nun, den „idealen Umgang" zwischen jenen Trägern des Geistes Jesu und dem Schüler herzustellen und so dessen religiös-sittlichen Erfahrungskreis noch über die biblische Geschichte hinaus zu erweitern. Dies geschieht nicht, weil die Bibel zu arm an religiös-sittlichen Heroengestalten wäre oder weil der langen alttestamentlichen Reihe eine ebenso lange christliche entgegengestellt werden müßte. Vielmehr ist die Beschäftigung mit der Geschichte des religiösen und kirchlichen Lebens gerade um der Bibel willen aus hermeneutischen Gründen notwendig. „Denn die Anwendung der biblischen Wahrheiten auf die Gegenwart ist nicht so einfach, weil sie den Zeitcharakter an sich tragen"[10]. Es muß darum eine Brücke geschlagen werden zwischen damals und den heutigen modernen Verhältnissen. In Wirklichkeit besteht diese Brücke allerdings schon längst, denn den Vermittlungsdienst zwischen Bibel und Gegenwart leistet die Kirchengeschichte. Sie veranschaulicht die Übersetzung der christlichen Botschaft in die unterschiedlichsten staatlichen, gesellschaftlichen und wirtschaftlichen Verhältnisse hinein und damit immer neue verschiedenartige Aspekte der Person Jesu. „Nur wer ihn in den verschiedenen Formen, in denen er sich in der Geschichte offenbart hat, kennt, nur der kennt ihn ganz"[11].

Thrändorf geht es freilich nicht allein um den Blick nach rückwärts, um ein

---

[6] 1890a,107

[7] 1900,225; vermutlich nach A. v. Harnack 1900,6 (zitiert bei E. Thrändorf 1910a,9). Vgl. auch: „Die Kirchengeschichte zeigt den verklärten Heiland, wie er als lebendige, allesdurchdringende und weihende Kraft in der Menschheit und besonders in den Gläubigen fortwirkt" (1915,139; ähnlich 1916,296).

[8] 1908,66. Vgl. auch Thrändorfs erste Definition in der Diskussion von 1888 (s.o. Anm. 5): „Geschichte des sittlich-religiösen Bewußtseins und des sittlich-religiösen Lebens" (Erläuterungen 1888,47).

[9] „Ich sage absichtlich nicht Kirchengeschichte, denn das könnte den Schein erwecken, als hielte ich die Geschichte des offiziellen, staatlich geleiteten Kirchentums für einen wertvollen Unterrichtsstoff" (1908,66; Zusammenhang bezieht sich nur auf die Neuzeit!). „Der (sc. institutionelle) Kirchenbegriff, der hier zugrunde liegt, dürfte mehr katholisch als evangelisch sein, er identifiziert eine Seite der äußeren Erscheinung der Kirche mit der Kirche selbst" (1890a,107).

[10] Erläuterungen 1894,8

[11] 1908,67

tieferes Verständnis des Neuen Testaments und der Person Jesu. Die Kirchengeschichte zeigt genauso eine Entwicklung nach vorne, nämlich „das Ringen nach immer tieferer Erfassung und Verwirklichung der christlichen Ideen"[12]. Die Völker Europas durchlaufen dabei ähnliche Stufen wie Israel von der Patriarchenzeit bis Jesus, sie müssen allmählich von der autoritativ aufgenommenen Religion des blinden Gehorsams über viele Zwischenstufen zur Mündigkeit und Freiheit der Kinder Gottes durchdringen. Eben darin besteht die in jedem Volk sich wiederholende Erziehung des Menschengeschlechts durch Gott[13]. Gerade deren Unabgeschlossenheit weist auf die offenen Fragen der Gegenwart hin, bei denen Thrändorfs eigentliches Interesse liegt. Er möchte die Schüler durch die Begegnung mit der Vergangenheit zur Bewältigung der religiösen und ethischen Probleme der Gegenwart und damit auch zur aktiven Teilnahme am kirchlichen Leben befähigen. Deshalb bestimmt er die Aufgabe hier als „Weckung des Interesses für das Gottesreich in seiner geschichtlichen Entwicklung und gegenwärtigen Betätigung"[14]. Der kirchengeschichtliche Unterricht läßt die Freiheit, die verschiedensten Standpunkte versuchsweise einzunehmen und zu erproben, wie weit sie Möglichkeiten zur Lösung der persönlichen und der aktuellen gesellschaftlichen Probleme bieten. Gerade weil der Lehrer so die Persönlichkeitssphäre des Schülers respektiert und nicht mit Gewalt oder Raffinesse in sein Innerstes eindringen möchte, wird er den nachhaltigsten erzieherischen Einfluß ausüben[15]. Dies ist der Grund, warum Thrändorf die letzten vier Jahre des Religionsunterrichts der höheren Schulen ausschließlich der Kirchengeschichte widmen möchte.

Die Orientierung auf die Gegenwart hin liefert außerdem das wichtigste Kriterium für die Auswahl der Inhalte: Berücksichtigt wird „nur, was nachweisbar in seinen Wirkungen in der Gegenwart fortlebt und was deshalb für das Verständnis unseres heutigen Christentums unbedingt notwendig ist"[16]. Das bedeutet: Es kommen aus der Überfülle der Kirchengeschichte nur die wirklich schöpferischen Perioden in Gestalt ihrer typischen Vertreter zur Sprache, während die theologischen Streitigkeiten der Epigonen[17] außer

---

[12] 1912,82 nach Th. Vogt in Erläuterungen 1888,49 (Die Seitenangabe in 1912,82 Anm. 2 ist falsch).

[13] 1903a,266; 1916,307

[14] 1904b,488

[15] 1907,70; 1910a,12

[16] 1916,302; ähnlich bereits 1888 unter Berufung auf den „Meister der neueren Kirchengeschichtsschreibung" K. v.Hase, der von den „Entwicklungsknoten des christlichen Geistes sprach" (1888a,108).

[17] „Eine rechte Schulkirchengeschichte wird also für theologische Zänkereien und Stänkereien, wie sie sich einst am byzantinischen Hofe abspielten, keine Zeit und kein Interesse haben, ebenso werden die Streitigkeiten der mittelalterlichen und der nachreformatorischen Scholastik für die Schule nicht vorhanden sein" (1894,24; zur Behandlung der antiken Dogmengeschichte s. u. Abschnitt 1.6.2).

Betracht bleiben. Dabei müssen schöpferische Persönlichkeiten jedoch nicht immer solche sein, die in allen Punkten dem gegenwärtigen christlichen Ideal entsprechen. Auch was als Irrweg der religiös-sittlichen Entwicklung erscheinen mag, soll dem Schüler zur Auseinandersetzung vorgelegt werden[18]. An diesem Punkt ist Thrändorfs Position allerdings nicht einheitlich[19]. Es gelingt ihm nicht, die geschichtsphilosophischen, didaktischen und seelsorgerlichen Aspekte jener Problematik in einer widerspruchsfreien Theorie zu vereinen. Deshalb gibt er auch immer wieder offen zu, daß die Kriterien für die Auswahl der kirchengeschichtlichen Stoffe noch nicht vollständig und gesichert feststehen[20].

1.6.2 Alte Kirche und Mittelalter

Mit der Kirchengeschichte der Antike und des Mittelalters kann Thrändorf die längste Zeit seines Lebens wenig anfangen und gibt dies auch immer wieder öffentlich zu[21]. Da sein Interesse der Gegenwart gilt, plant er den 1888 in Angriff genommenen kirchengeschichtlichen Unterricht von der Neuzeit her und entwirft zwei Jahrzehnte lang Schulbücher und Präparationen für die Zeit von der Reformation bis zum 19. Jahrhundert[22]. Er spielt mit dem Gedanken, die Reformation unmittelbar an das apostolische Zeitalter anzuschließen[23], um von der erreichten Stufe nicht wieder herabsteigen zu

---

[18] „Er muß gewissermaßen die Zweifel, die zum Irrtum geführt haben, in sich erleben, er muß sich durch sie hindurchringen" (1888a,109).

[19] Vgl. 1890a,109 (ähnlich Erläuterungen 1896,10) mit 1894,24 und 1912,80: „Abwegen und Irrgängen des geschichtlichen Verlaufs wird man nicht nachzugehen haben." Dieses Zitat steht im Kontext der Kulturstufentheorie, nach der nur der stufenweise Aufstieg dargestellt werden darf, die anderslautenden Äußerungen sind am Auswahlprinzip „was in der Gegenwart fortlebt" (s.o. Anm. 16) orientiert, das Thrändorfs Praxis weit mehr bestimmt und ihn auch den Jesuitenorden, in dem er einen Rückfall von der dritten auf die zweite Stufe sieht (1893a,146) oder den Materialismus von Holbach bis Marx (1921a,262ff.) in seinen kirchengeschichtlichen Präparationen ausführlich behandeln läßt. Der Widerspruch ist ihm wohl deshalb nicht deutlich geworden, weil er K. v.Hases „Entwicklungsknoten des christlichen Geistes", die ihn bei der gegenwartsorientierten Auswahl der Inhalte leiten (1888a,108), anscheinend stillschweigend mit den Kulturstufen der Herbartianer identifiziert. Vgl. die Fortsetzung des obigen Zitats 1912,80!

[20] Vgl. 1904,127 und Erläuterungen 1893,21: Thrändorfs dickes Heft mit diesbezüglichen Überlegungen hält er „für die Veröffentlichung noch nicht geeignet". Vorher betont er seine induktive Arbeitsweise: Er stellt Präparationen zur Diskussion, um mit den gewonnenen Erfahrungen die bisher nur in Umrissen feststehende Theorie ausbauen und modifizieren zu können.

[21] 1897b,230; Erläuterungen 1888,46; Erläuterungen 1890,9

[22] Erst 1909 veröffentlicht er den Band „Alte und mittelalterliche Kirchengeschichte" (E. Thrändorf 1909), nachdem er die Herausgabe des 1906 erschienen ersten Teils des „Kirchengeschichtlichen Lesebuchs" (1906c) noch seinem Schwager und Mitarbeiter H. Meltzer überlassen hatte.

[23] Erläuterungen 1888,46; vgl. Erläuterungen 1888,48ff. und 1890,10ff.

müssen. Damit wäre die ganze dazwischenliegende Zeit an den Geschichtsunterricht überwiesen worden. Auf Th. Vogts Argumentation[24] hin sieht
Thrändorf jedoch ein, daß mindestens die stufenweise Entwicklung der
deutschen Kirchengeschichte in den Religionsunterricht der höheren Schulen gehört und von seinem Auswahlprinzip „was in der Gegenwart fortlebt"[25] aus erkennt er später, warum auch die vorausgehende antike Kirchengeschichte wichtig ist: Es geht um „das Verständnis für Entstehung und
Wesen der katholischen Kirche"[26]. Darum soll diese praktisch-religiöse Entwicklung etwa von Augustin an in den Lehrplan aufgenommen werden. Die
Überwindung des Heidentums und des Römerreichs paßt nämlich gut vor
die Anfänge der deutschen Kirchengeschichte, denn beide gehören auf die
erste (Vogtsche) Kulturstufe, da die Kirche hier wie dort als striktesten
Gehorsam fordernde äußere Autorität[27] erscheint. Dagegen muß die Überwindung der antiken Philosophie durch die christliche Dogmatik solange aus
dem Unterricht ausgespart bleiben, bis die Schüler die nötigen Verständnis-
voraussetzungen erworben haben[28].

1.6.3 Das Zeitalter der Reformation

Alte und mittelalterliche Kirchengeschichte können nur auf die erste und
zweite Stufe der Entwicklung, die des blinden und die des willigen Gehorsams gegenüber der kirchlichen Autorität führen. Die dritte Stufe, an der
Thrändorf im religionspädagogischen Interesse am meisten liegt, ist in der
deutschen Geschichte mit Luther erreicht worden[29], am klarsten als er sich
im Verhör vor Cajetan und auf dem Wormser Reichstag auf sein an Gottes
Wort gebundenes Gewissen berief[30]. Darum kommt Luther und seinen
Schriften aus der schöpferischen Periode 1517–1522 allerhöchste didakti-

---

[24] Th. Vogt unterscheidet 4 Stufen der deutschen Kirchengeschichte, die Thrändorf
1890a,109f. zustimmend zitiert.

[25] S. o. Abschnitt 1.6.1

[26] 1912,83 mit der Begründung: „Denn die katholische Kirche ist noch heute ein Faktor, mit
dessen gewaltiger Macht auf religiösem und politischem Gebiete gerechnet werden muß."

[27] „Den Charakter der Periode spricht Augustin aus: Ich würde auch dem Evangelium nicht
glauben, wenn mich nicht das Ansehen (auctoritas) der katholischen Kirche dazu bewegte"
(1912,83; ähnlich schon Erläuterungen 1903,13).

[28] Vgl. Erläuterungen 1903,13 und E. Thrändorf 1912,84

[29] „Das gesamte geistige Leben der Völker hatte bisher mehr oder weniger unter der Ober-
vormundschaft der Kirche d.h. der Hierarchie gestanden, und dieser hatte natürlich nichts
ferner gelegen, als ihre Untergebenen durch rechte Jugendunterweisung zur Mündigkeit und
Selbständigkeit zu erziehen. Die Reformation hat dieses Vormundschaftsverhältnis grundsätzlich aufgehoben" (1896b,116).

[30] Damit „ist Luther der Apostel einer neuen Zeit geworden, in der das Christentum sich
nicht mehr stützen kann auf äußere Autoritäten, sondern vielmehr herrscht vermöge der ihm
innewohnenden Wahrheits- und Überzeugungskraft" (1912,84).

sche Bedeutung zu. Hier haben die Schüler den „klassischen Darsteller neuen sittlich-religiösen Lebens"[31], in den sie sich gar nicht genug einleben können. Er hat die Quelle des befreienden, lebenschaffenden Glaubens wiederentdeckt und er zeigt auch, wie dieser Glaube das persönliche und soziale Leben, „Schulen und Universitäten, Geschäftsbetrieb und Armenpflege, geistliches Dienen und weltliches Herrschen"[32] durchdringen und erneuern will. Vor allem legt Thrändorf Wert darauf, daß Luther mit Jesus und den Propheten in einer Linie steht im Kampf gegen den Mammonismus. Daher kann er auch zum Führer in Richtung auf eine Lösung der sozialen Frage werden[33], die im 19. Jahrhundert so brennend geworden ist.

Dies alles bedeutet freilich noch nicht, daß das Christentum seit der Reformation auf der Stufe der Mündigkeit steht. Luthers Zeitalter folgte ihm nicht nur nicht, es ergriff auch wieder von ihm Besitz und zog ihn auf die zweite Stufe zurück. In der höchst begreiflichen Sorge um sein von außen und innen bedrohtes Werk sucht er wieder nach äußeren Autoritäten und findet sie im Bibelbuchstaben[34], in der allgemeinverbindlichen reinen Lehre[35] und im landesherrlichen Kirchenregiment[36]. Alle drei Faktoren stabilisieren sich gegenseitig und leiten die mit den reformatorischen Streitigkeiten beginnende Orthodoxie ein, in der durch die Entmündigung der Laien und die Intellektualisierung des Glaubens auch dessen Ausstrahlung ins soziale und politische Leben hinein nachläßt[37]. Trotz solcher gravierender Schäden hält Thrändorf diese Entwicklung für psychologisch notwendig, denn das deutsche Volk braucht noch zwei Jahrhunderte „unter der schützenden Hülle des Bibel- und Bekenntnisbuchstabens"[38], um sich in das Christentum der Heiligen Schrift einzuleben und die Voraussetzungen für die Stufe der religiös-

---

[31] 1896a,100

[32] 1912,8

[33] 1890a,100f.

[34] Etwa im Abendmahlsstreit, dem deutlichsten Beispiel für Luthers (unbewußt) veränderten theologischen Standpunkt (1896a,76f.). Auf der Assoziationsstufe der Einheit zum Abendmahlsstreit wird dagegen an Paulus in Korinth erinnert, der bei Lehrdifferenzen das Band der Gemeinschaft nicht zerreißt (1896a,78). 1904 fällt das Urteil noch schärfer aus: „Glaubensakt zu einer blinden Unterwerfung unter die Autorität des Schriftbuchstabens erniedrigt" (1904,135).

[35] In der CA sieht Thrändorf ein Kompromißprodukt, das den neuen reformatorischen Wein in den Schläuchen mittelalterlicher Philosophie und Dogmatik bietet. Sie kann „unmöglich als klassisches Zeugnis für den Geist einer neuen schöpferischen Periode gelten" (1896a,92) und ist nicht zufällig im Gegensatz zum Kleinen Katechismus stets auf die Kreise der Theologen beschränkt geblieben.

[36] Die Fürsten, die in Speyer unter Berufung auf ihr Gewissen gegen den Glaubenszwang protestiert hatten, führen diesen nun unter der Parole „Cuius regio, eius religio" allgemein durch (1895a,279).

[37] „Daher ist es auch in dieser Zeit im Gebiete des Luthertums mit der sozialen Fürsorge bald schlimmer bestellt gewesen als unter der Herrschaft des Katholizismus" (1896a,101).

[38] 1912,85

sittlichen Mündigkeit zu schaffen. Daher gehört auch die nachreformatorische Zeit zu den Themen des kirchengeschichtlichen Unterrichts, wenn auch nicht zu den Entwicklungsknoten wie der reformatorische Durchbruch[39].

1.6.4 Die Neuzeit

Nach allem über die Konzeption der „pädagogischen Kirchengeschichte" Gesagten versteht es sich nahezu von selbst, daß das 18. und 19. Jahrhundert dem Umfang und der Bedeutung nach den ersten Rang einnehmen. Beim Schüler, der zur Bewältigung der religiösen und ethischen Probleme und Aufgaben der Gegenwart befähigt werden soll, kann die neueste Kirchengeschichte am besten Interesse und Verständnis wecken, indem sie ihn in das Werden der verschiedenen religiösen und weltanschaulichen Kräfte und Bewegungen hineinnimmt und ihn so die Problemstrukturen intensiv nacherleben läßt. Sie bewahrt ihn andererseits auch vor Einseitigkeit, da sie die Phänomene nicht isoliert, sondern in ihren geschichtlichen Zusammenhängen darstellt, also z.B. zeigt, wie jede Bewegung eine Gegenbewegung hervorruft. In einer Zeit des Fanatismus und des Parteienhasses erscheint Thrändorf die erzieherische Wirkung solcher Einsichten besonders bedeutungsvoll[40]. Deshalb möchte er die letzten beiden Jahre der höheren Schule voll für die neuzeitliche Kirchengeschichte nutzen, zumal mit den gegenwartsnächsten Epochen die idealen, der psychologischen Eigenart jener Altersstufe bestens entsprechenden Inhalte zur Verfügung stehen[41].

Die Neuzeit zeichnet sich dadurch aus, daß die Stufe der persönlichen Überzeugungsreligion und Gewissensverantwortung nun nicht mehr nur von einzelnen Heroengestalten erreicht wird. Den ersten Schritt in diese Richtung bringt der Pietismus des 17. und 18. Jahrhunderts[42], eine „reformatorisch-fortschrittliche"[43] Bewegung, und niemand erkennt das Neue an ihm besser als die Orthodoxie, die ihn scharf bekämpft. Denn die Betonung der Herzensfrömmigkeit und des gemeinsamen Bibelstudiums dient auch zur Befreiung der Laien von der Vorherrschaft der Theologen und ihrer Lehrgesetzlichkeit[44]. Das Dokument, das exemplarisch für die ganze Bewegung steht und daher von Thrändorf als zentraler Unterrichtsgegenstand im Sinne

---

[39] „Während es sich hier nur um geschichtliche Kenntnisnahme handelt, gilt es dort, sich völlig einzuleben" (1896a,100).

[40] Vgl. 1890a,123; 1894b,155u.162

[41] Vgl. zum Pietismus (erste Regungen des persönlichen religiösen Lebens) 1904,139 und zur Aufklärung (Prozeß des Mündigwerdens) 1890a,130; 1912a,52ff.

[42] Die Erweckungsbewegung des 19. Jahrhunderts ist dagegen z.T. ein Rückfall in die Lehrgesetzlichkeit (1904, 137; „pietistischer Orthodoxismus" 1916,306).

[43] 1912a,2

[44] Vgl. 1904,136 und 1912a,2

des Repräsentativsystems[45] eingesetzt wird, ist Speners Schrift „Pia Deside-ria".

Die klassische Epoche des Mündigwerdens in der Entwicklung der euro-päischen Völker ist jedoch die Aufklärung, von der die Schüler meistens nur eine Karikatur kennenlernen, z. B. die Auswüchse der rationalistischen Pre-digt, aber nichts von ihrem Geist und ihren Leistungen[46]. Dabei verdient sie schon wegen der Parallele in der persönlichen Entwicklung des Individuums, dem Prozeß des Mündigwerdens in der Reifezeit, didaktische Beachtung. Für den Religionsunterricht bietet sie zusätzlich die Chance, die Zweifel, die bei jedem denkenden jungen Menschen auftreten und die zur Ablösung des naiven Kinderglaubens notwendig sind, an ihren geschichtlichen Ursprungs-orten zur Sprache zu bringen und dadurch den Schülern ihre Überwindung zu erleichtern[47]. Wichtigstes Thema des kirchengeschichtlichen Unterrichts ist dabei der endgültige Zusammenbruch des antiken Weltbilds und der mit diesem zusammenhängenden Dogmen, letztlich das Ende des Autoritäts-glaubens, an dessen Stelle der reflektierte, dem modernen Denken gegenüber verantwortete Glaube und die Idee der Gewissensfreiheit treten, letztere als „echte Konsequenz der Reformation"[48]. Deshalb muß Lessing als zentrale Persönlichkeit im Mittelpunkt stehen[49], neben ihm als weiterer Typus der Aufklärung Friedrich der Große[50]. Doch mehr als ihm gilt Thrändorfs Inter-esse der Pädagogik dieses Zeitalters. Sie zeichnet sich nicht nur durch bei-spielhafte pädagogische Einfühlung und große Liebe zum Kind aus, was allein schon ein „hervorragend christlicher und für das Zeitalter der Aufklä-rung so charakteristischer Zug"[51] wäre. Vielmehr kann man von ihr, etwa bei F. E. v. Rochow, lernen, daß christliche Jugenderziehung die Aufgabe der ganzen Gemeinde ist und sich darum keiner von dieser Verantwortung dispensieren darf.

Trotzdem wird im Unterricht nach wie vor die Kritik der gravierenden Schwächen der Aufklärung wie z. B. des oberflächlichen Zweckrationalis-mus, des selbstherrlichen Vernunftglaubens und des damit verknüpften un-

---

[45] S. u. Abschnitt 1.7 Anm. 38

[46] „Seit den Tagen der Reaktion können die Vertreter des offiziellen Kirchentums nicht genug tun im Herabsetzen und Schmähen dieser Periode" (1912,20).

[47] 1890 a, 98 u. 131

[48] 1890 a, 129

[49] 1888 a, 114 f. Auch Lessings größter Irrtum, daß er das Christentum seiner Zeit mit dem Christentum an sich identifizierte, muß klar zur Sprache kommen (1888 a, 103; Erläuterungen 1890,20). Zur Einführung in die historisch-kritische Bibelwissenschaft im Anschluß an Lessing und Reimarus s. o. Abschnitt 1.5.1.

[50] Thrändorf hebt seine Pflichttreue und die Förderung der Toleranz hervor (1890 a, 106), hält aber auch den „ausgeprägten irreligiösen Standpunkt" (Erläuterungen 1891,23) für erörterungs-bedürftig.

[51] 1891 b, 20; vgl. auch: „Der Herr der Kirche wird die Zeit eines Rochow, Pestalozzi, Falk nicht als eine kirchlich tote, unfruchtbare Periode verurteilen"(1890 a, 105).

geschichtlichen Denkens an erster Stelle stehen[52], am besten in der Form, daß man die Überwindung der Aufklärung im 19. Jhd. ebenfalls geschichtlich darstellt. Noch mehr als Kant[53] gehört die Romantik an diese Stelle der pädagogischen Kirchengeschichte. Gegen die trockene Verstandesherrschaft setzt sie Phantasie und Gefühl. Sie entdeckt die Geschichte neu und damit auch die geschichtlich gewachsene Religion und die Kirche als Gemeinschaft. Der Typus dieser Entwicklungsstufe ist für Thrändorf Schleiermacher[54], dessen Hauptverdienst in der Wiederentdeckung der Religion als der „Erfahrung des Lebens in Gott"[55] besteht. Von ihr hat er die Reflexion dieser Erfahrung, die Theologie, deutlich unterschieden. Indem er mit der Differenzierung beiden Größen ihr Recht sichert und zugleich ihre Grenze aufzeigt, bietet er den Schülern die beste Einführung in das Christentum des 19. Jahrhunderts. Im Anschluß an seine Reden können sie, ohne bestimmte Prämissen und Ergebnisse unkritisch übernehmen zu müssen[56], Zugang zur modernen Theologie, insbesondere zu ihren historischen Disziplinen[57] gewinnen. Vor allem aber lernen sie einsehen, daß gemeinsames christliches Handeln auch von unterschiedlichen theologischen Standpunkten[58] aus möglich ist[59].

Thrändorf erachtet es ohne Zweifel als das entscheidende Problem des 19. Jahrhunderts, ob der christliche Glaube Motivationen und Maßstäbe für die Gestaltung der modernen Welt zu geben vermag, die durch Naturwissenschaft, Technik, Industrie und die von ihnen bewirkten gesellschaftlichen Umwälzungen geprägt ist. Im Gegensatz zu Fr. Naumann[60] bejaht er diese Frage grundsätzlich, obwohl er sich der Schwierigkeiten einer kompetenten Übersetzung der christlichen Botschaft in die moderne Welt voll bewußt ist. Nicht nur das Schicksal der Kirche, sondern das des ganzen Volks und vielleicht der Völker Europas hängt mit davon ab, ob es gelingt, das Kernproblem der Gegenwart, die soziale Frage, im christlichen Geiste zu lösen.

---

[52] 1890a,131

[53] Er ist vor allem für die Ethik didaktisch relevant (1912a,107ff.).

[54] 1897a,132

[55] 1894b,165

[56] Anlaß zur exemplarischen kritischen Auseinandersetzung bietet z.B. Schleiermachers Pantheismus. Er „hat mit dem religiösen Denken Goethes große Verwandtschaft. wenn ich also die Schüler anleite, über jenen selbständig nachzudenken, mache ich sie auch gegenüber dem überwältigenden Einflusse des Dichterfürsten freier. Das scheint mir aber bei dem übertriebenen Goethekultus unserer Tage von großer Wichtigkeit zu sein" (1897a,134).

[57] 1894b,164 (wo Thrändorf freilich Schleiermachers Bedeutung für die neutestamentliche Forschung überzeichnet)

[58] „damit sind die verschiedenen theologischen Systeme durchaus nicht für wissenschaftlich gleichwertig erklärt" (1897a,134).

[59] So weist Schleiermacher auf „das Einigende, das Friedenstiftende in der evangelischen Kirche" hin (1894b,165).

[60] Vgl. die Auseinandersetzung mit diesem durch den Aufsatz 1906a.

Darum bringt Thrändorf den Schülern vor allem die Pioniere[61] der christlichen Nächstenliebe in der industrialisierten Welt nahe, die anschaulich zeigen, wie christlich-soziale Gesinnung nicht nur karitative Hilfe leistet, sondern gegen die Ursachen der Ausbeutung und der sozialen Konflikte ankämpft. Diese Männer sind so wichtig und beeindruckend, daß Thrändorf auch in der Volksschule nicht auf sie verzichten kann. In den höheren Schulen will er darüber hinaus die weltanschaulichen Hintergründe des Kapitalismus, Sozialismus usw. aufhellen, denn in der Auseinandersetzung um die soziale Frage kumuliert zugleich der Weltanschauungskampf der Gegenwart.

1.7 Die Selbsttätigkeit des Schülers als methodisches Grundprinzip

1.7.1 Vorbemerkung über Selbsttätigkeit und Formalstufen

Die Herbart-Zillersche Pädagogik ist hauptsächlich durch die Lehre von den formalen Stufen des Unterrichts bekanntgeworden und wird bis heute meist nur im Zusammenhang mit ihnen genannt. Dies widerspricht freilich der Absicht Zillers und seiner Schüler, bei denen die beiden Lehrplantheorien der Konzentration und der kulturhistorischen Stufen einen viel höheren Stellenwert haben und außerdem die unabdingbare Voraussetzung für die Formalstufenmethode bilden. Doch den Zeitgenossen leuchtete, was durchaus verständlich ist, nur die letztere ein. Sie wurde in der Volksschulpädagogik des ausgehenden 19. Jahrhunderts so gut wie allgemein anerkannt und angewandt. Nicht zuletzt wegen der unreflektierten, d.h. selbstverständlichen und oberflächlichen Rezeption der Formalstufen schlug die Stimmung jedoch bald ins Gegenteil um: Seit den Tagen der Reformpädagogik am Anfang des 20. Jahrhunderts assoziiert man mit jenem Begriff in der Regel einen stumpfsinnigen, technischen Unterrichtsablauf nach immer demselben Schema, das für alle Fächer und Lernsituationen gilt und Lehrern wie Schülern wenig Freiheit läßt. Jene verbreitete und aus der globalen Rückschau auf die Schulwirklichkeit des ausgehenden 19. Jahrhunderts nicht ganz unberechtigte Beurteilung macht bereits an dieser Stelle den Hinweis notwendig, daß den Formalstufen bei Thrändorf ein gänzlich entgegengesetzter Ansatz zugrundeliegt: Es ist das Prinzip der Selbsttätigkeit, das seine gesamten Überlegungen zur Lernorganisation und damit auch die Voraussetzungen und den Kontext für die Anwendung der formalen Stufen bestimmt[1].

---

[61] J.H. Wichern, die Produktivassoziationen des englischen christlichen Sozialisten Kingsley und die gleichartigen Versuche Gustav Werners, die Zeiß-Stiftung E. Abbés, usw. (1898a,76ff.).

[1] Anders als Ziller, der das Prinzip der Selbsttätigkeit zwar stark betont, aber nicht in einen unmittelbaren Zusammenhang mit der Formalstufenmethode gebracht hat (Vgl. T. Ziller 1884,251; 1886,250ff.).

1.7.2 Selbsttätigkeit als methodisches Grundprinzip

Thrändorf sieht in seiner Bestimmung der Aufgabe und des Ziels des Religionsunterrichts gleichzeitig eine wichtige Vorentscheidung über die Prinzipien der Lernorgansisation. Wenn es darum geht, an den religiös-sittlichen Erfahrungskreis des Schülers anzuknüpfen und ihn durch neue Erfahrungen zu erweitern, dann können diese nicht beliebig vom Lehrer erzeugt werden. Vielmehr muß der Schüler selbst seine eigenen Erfahrungen machen, er ist folglich als Subjekt und nicht nur als Objekt beteiligt. Für die Lernorganisation ergibt sich hieraus bereits als erste Konsequenz, daß sie diesen Sachverhalt und damit die Persönlichkeit des Schülers respektieren muß. Ihm gebührt die Priorität vor der Methode, d. h. diese hat sich auf ihn einzustellen, nicht er auf sie[2]. Des weiteren kann Thrändorf das Lernziel „Interesse", dessen Subjekt ja ebenfalls der Schüler ist, beschreiben als „von einer Sache innerlich so angezogen werden, daß man das Verlangen hat, immer tiefer in sie einzudringen und sich von ihr durchdringen zu lassen"[3]. Dem Interesse korrespondiert also eine aktive Haltung des Schülers, eine passive wäre genau das Gegenteil von Interesse. Der Religionsunterricht ist auf Aktivität angewiesen, weil es in ihm um mehr als bloße Kenntnisse geht, die sich verbal vermitteln und rein rezeptiv speichern lassen. Deshalb sind die für ihn geeigneten Methoden auf jeden Fall solche, die die Selbsttätigkeit des Schülers ermöglichen und fördern. „Darum ist Selbsttätigkeit des Schülers auf allen Stufen Hauptsache, und die Lehrkunst besteht darin, diese Selbsttätigkeit in Gang zu bringen"[4]. Wie die zweite Hälfte des Zitats zeigt, ist sich Thrändorf sehr wohl bewußt, daß die Selbsttätigkeit erst erlernt werden muß und dem Schüler anfangs oft mehr Schwierigkeiten und weniger Freude bereitet als andere Arbeitsweisen, die nur eine rezeptive Haltung verlangen[5]. Dennoch lohnt sich die aufgewendete Mühe. Selbsttätigkeit schafft, wenn der Schüler nicht überfordert wird, Selbstvertrauen[6], eine unverzichtbare Voraussetzung für dauerhaftes Interesse[7], vor allem hinsichtlich der Fähigkeit, sich einem Gegenstand mit Ausdauer zuzuwenden und an ihm selbständig, evtl. in mehreren Anläufen unter Erprobung verschiedener Wege, neue Einsichten zu gewinnen. „Bei eigener Arbeit lernt der Schüler nicht bloß die Sache, um die es sich augenblicklich handelt, viel gründlicher und sicherer, er lernt noch viel mehr: er *lernt lernen*, lernt auf eigenen Füßen stehen, lernt

---

[2] 1885a,8; 1912d,3

[3] 1912,65

[4] 1912,97

[5] Erläuterungen 1904,43

[6] 1878b,211. Statt Selbstvertrauen sagt Thrändorf „Kraftgefühl" und spricht unter Vorwegnahme eines modernen Ansatzes davon, daß sich der Schüler „als Entdecker neuer Gedanken erlebt" (1878b,211; ähnlich 1879,10). Zum „entdeckenden Lernen" vgl. H. Neber 1985 (Lit.).

[7] 1878b,211. Später kehrt er das Verhältnis gelegentlich um, z.B. 1925,240.

suchen und forschen, und das ist wohl für sein späteres Leben die Hauptsache"[8]. Selbsttätigkeit schafft also Selbständigkeit, nicht zuletzt auch Selbständigkeit des Urteils und der religiösen und ethischen Entscheidung. Nur so besteht eine gewisse Hoffnung, daß der Schüler das während der Schulzeit geweckte Interesse nicht verlieren wird und die selbsterarbeiteten Überzeugungen weiterhin Einfluß auf ihn ausüben[9]. Man könnte darum auch im Sinne Thrändorfs sagen: Selbsttätigkeit ist die didaktische Voraussetzung der Freiheit, ohne die sich keine Persönlichkeit und auch kein Glaube, wenigstens kein evangelischer, entfalten kann. Darum wird hier beim Grundprinzip der Lernorganisation wiederum das religiöse Motiv erkennbar, das diese ganze religionspädagogische Konzeption in starkem Maß bestimmt: die im Evangelium geschenkte Freiheit der Kinder Gottes didaktisch mindestens ansatzweise zu verwirklichen[10].

Von dieser Position aus ist leicht einzusehen, daß Thrändorf in der im 20. Jahrhundert aufkommenden Arbeitsschulmethode nichts grundsätzlich Neues erblicken kann. Vor allem in seinen letzten Lebensjahren stellt er immer wieder klar: „Indem wir, die wir von Herbart-Ziller ausgingen, Weckung des Interesses und daraus hervorgehende Selbsttätigkeit des Schülers als unser Ziel ansahen und erstrebten, haben wir im Geiste der Arbeitsschule gewirkt, längst ehe diese Bezeichnung aufkam und als neueste Methode angepriesen und gefeiert wurde"[11].

1.7.3 Die Formalstufenmethode

Thrändorfs Kritik am herkömmlichen Religionsunterricht, die für ihn ja einen wesentlichen Impuls seiner Reformbestrebungen bildet, richtet sich in erster Linie gegen die verfehlte „katechetische" Methode. Noch bevor er ihre psychologischen und theologischen Wurzeln Verbalismus und Lehrgesetzlichkeit[12] klar durchschaut, führt er den eklatanten Mißerfolg des Religionsunterrichts vor allem auf die Wirkung der sogenannten „Kunstkatechese"[13] zurück. Diese versucht auf rein begrifflich-abstraktem Weg das Bekenntnis der Kirche zu lehren durch logisches, meist sogar nur grammatikalisches Zergliedern von Geschichten, Lehrsätzen und Begriffen und durch das Entwickeln neuer Sätze, nämlich der zu demonstrierenden Katechismus- und

---

[8] 1912,98 (Hervorhebung von Thrändorf)

[9] 1885a,12

[10] S.o. Abschnitt 1.1.2; 1.2.2; 1.3.4; 1.3.6; 1.5.1; 1.6.1.

[11] 1925,240 (gegen F. Niebergalls Kritik), ähnlich 1923b,93.

[12] S.o. Abschnitt 1.3.3

[13] Thrändorf geht offenbar davon aus, daß dieser Begriff allgemein geläufig ist. Er setzt ihn stets in Anführungszeichen, gibt aber nie einzelne Belege an. Zum Inhaltlichen ist vor allem der Aufsatz 1881 zu vergleichen (ähnlich schon T. Ziller 1876,141ff. = 1892,164ff.).

Bibelsprüche, auf dem Weg des logischen Kettenschlusses. Ob der Schüler mit den Begriffen einen Inhalt verbindet, spielt keine entscheidende Rolle. Er muß nur formal mit ihnen umgehen und einzelne Steinchen für das Mosaik, das der Lehrer zusammenfügt und dessen Bauplan er allein durchschaut, liefern können. Obwohl schon Pestalozzi solche Taschenspielerkunststücke als „papageienartiges Nachsprechen unverstandener Töne" und „leeres Strohdreschen"[14] vernichtend kritisiert hatte[15] , werden sie noch in der zweiten Hälfte des 19. Jahrhunderts durch Universitäten und Seminare immer neuen Generationen von Pfarrern und Lehrern beigebracht, was sich Thrändorf erst allmählich als eine merkwürdige Verquickung von Sokratik und Neuorthodoxie erklären kann: Die rationalistischen Pädagogen wollten mit Hilfe der sokratischen Methode aus den Kindern auf logisch-begrifflichem Wege die angeborenen allgemeinen Vernunftwahrheiten herausholen, die Kunstkatechese mit derselben Methode die kirchliche Lehre. Das Motiv für dieses an sich unsinnige Vorgehen ist nicht allein in dem Orthodoxie und Aufklärung gemeinsamen Intellektualismus zu sehen, sondern vor allem in der geschichtlichen Situation der Reaktionszeit nach 1849, als Staat und Kirche miteinander das Bürgertum und den Liberalismus wieder niederzuzwingen versuchten, der Staat mit seiner Polizeigewalt und die Kirche durch das nun lehrgesetzlich vorgeschriebene Bekenntnis, das die Theologie in der Nachfolge des in der Romantik neu aufgebrochenen Geschichtsbewußtseins wiederentdeckt hatte. Die Kunstkatechese als „Mißgeburt, die der alternde Rationalismus mit der Reaktionstheologie gezeugt hat"[16] ist das schulische Pendant dieser Bestrebungen, denen hauptsächlich an formaler äußerer Zustimmung, weniger an innerer Überzeugung und gar nichts an Selbständigkeit und Mündigkeit gelegen ist.

Während die herkömmlichen Methoden, die Kunstkatechese und noch mehr die in den höheren Schulen praktizierte Leitfaden- und Doziermethode[17], alle der Aktivität des Schülers viel zu geringen Raum lassen, ja über-

---

[14] 1881,11 f. nach H. Pestalozzi: Wie Gertrud ihre Kinder lehrt (Riedelsche Ausgabe).

[15] Thrändorf faßt Pestalozzis Kritik in 3 Punkten zusammen:
„1. übt einen unberechtigten Druck auf den individuellen Gedankengang des kindlichen Geistes aus.
2. vergißt, daß sich ein abstrakter Gedankenkreis in der Kindesseele nur aufgrund reicher Erfahrungen auferbauen kann.
3. Verfrühung des Urteils und ein Scheinwissen, das schlimmer ist als Nichtwissen" (1881,12).

[16] 1912,31; ähnlich schon 1893 c,161

[17] Vgl. 1884,53. Es macht keinen Unterschied, wenn dem Leitfaden eine moderne, liberale Dogmatik zugrundeliegt (1889 b,2 zu A. Ritschls „Unterricht", 1896 b,127 f. zu O. Pfleiderer u.a.) oder ob man auf Dogmatik ganz verzichtet und die Kirchengeschichte leitfadenmäßig behandelt, denn auch dann „fällt gerade das Anschauliche, das Konkret-Persönliche und damit das Teilnahme- und Interesseweckende weg" (1894,23; ähnlich 1888 a,107 und Erläuterungen 1907, 48 f.).

haupt seine Persönlichkeit und Erfahrungswelt zu wenig beachten und deshalb kaum Interesse zu wecken vermögen, zeichnet sich das an den Zillerschen Formalstufen[18] orientierte Lehrverfahren nach Thrändorfs Ansicht dadurch aus, daß es jenen Grundsätzen am besten Rechnung trägt und darum den Vorzug verdient[19]. Vor allem die Selbsttätigkeit des Schülers kann sich hier voll entfalten. Thrändorf hebt ausdrücklich hervor, daß er die Formalstufenmethode in erster Linie um des Prinzips der Selbsttätigkeit willen einsetzt und sie sogar von diesem ableitet: Der Geist, „der diese Form geschaffen hat, dieser Geist läßt sich kurz beschreiben als Erziehung zur Selbsttätigkeit und Selbständigkeit"[20]. Allerdings gilt es, diesen Geist zu erfassen und das Verfahren elastisch zu handhaben. Ausgangspunkt darf nicht das Stufenmodell sein, sondern nur die konkrete Unterrichtssituation in der Klasse. Nach den jeweiligen besonderen Bedingungen muß das Grundschema variiert, diese oder jene Stufe ausgelassen, eine andere mehrfach durchlaufen werden, usw.[21] Denn die Formalstufen sind zwar an den natürlichen psychischen Gesetzmäßigkeiten orientiert, aber auch diese lassen eine breite Skala individueller Variationen zu. Daher kann es für den Unterricht ebenfalls keine allgemeingültigen Schablonen geben. Mit solchen Argumenten kämpft Thrändorf gleichzeitig gegen den Vorwurf, die Formalstufen würden Lehrer und Schüler in ein starres mechanisches Schema pressen[22], was nur für die zahlreichen äußerlichen Nachahmer der Herbart-Zillerschen Pädagogik zutrifft, die deren Ansatz und Motive nicht erfaßt haben[23].

Ein Unterricht, der die formalen Stufen frei und in situationsgerechten

---

[18] Ziller hat aus Herbarts Formalstufen, die ganz allgemein die Struktur eines Lernprozesses angeben wollten, die Konsequenzen für den schulischen Unterricht gezogen. Bei ihm beschreiben sie den Aufbau einer selbständigen methodischen Einheit, die nicht mit einer Schulstunde identisch sein muß. Ihren Ablauf stellt er sich als Abstraktionsprozeß vor, durch den aus konkret-anschaulichen Inhalten allgemeingültige Begriffe gewonnen werden. Ziller zerlegt darüber hinaus die erste Herbartsche Stufe (Klarheit) in zwei Teile (Analyse und Synthese, s. u. Abschnitt 1.7.4.2f.). Er spricht meistens von 4 Stufen (z.B. 1892,291 u.ö.), während seine Schüler in der Regel Analyse und Synthese als selbständige Stufen auffassen und so zur Zahl 5 kommen.

[19] Thrändorf wendet sich energisch gegen die Gleichgültigkeit in Methodenfragen („es führen viele Wege nach Rom") und plädiert mit Pestalozzi dafür, mit aller Kraft die optimale naturgemäße Methode zu ergründen (1883a,21f.; 1885a,20f.).

[20] 1912,106; ähnlich 1902a,337.

[21] Vgl. Erläuterungen 1896,49; Erläuterungen 1903,14; Th. Vogt 1904,251.

[22] Dieser Vorwurf wird nicht erst von der Reformpädagogik, sondern bereits etwa ab 1880, als die Formalstufen allmählich allgemeine Anerkennung und oft recht schematische Anwendung finden, immer wieder erhoben, vgl. 1885a,19.

[23] „Es gibt genug Leute, die den Vorwurf der Schablonenhaftigkeit verdienen; es sind das die, welche fertig zu sein meinen, wenn sie Reins Schuljahre flüchtig gelesen und einen Blick in Zillers Vorlesungen getan haben. Wenn ich die Präparationen dieser ‚Kenner der Zillerschen Methode' sehe, muß ich bekennen: Das ist wirkliche, echte Schablonenarbeit" (1885a,19f.).

Modifikationen anwendet, vermag dagegen tiefes und dauerhaftes Interesse zu wecken und dadurch selbständige Urteile, Gefühle und Willensdispositionen zu ermöglichen, weil er stets von der Lebenswirklichkeit ausgeht und der Selbsttätigkeit freien Raum läßt. Darin liegt, wie Thrändorf von Jahr zu Jahr deutlicher erkennt, der wahre Wert der Methode. Ziller faßte sie zu eng, als er in ihr nur einen formalisierten Abstraktionsprozeß sah[24]. Thrändorf hält deshalb zeitlebens an den Formalstufen fest, obwohl ihm sehr bald klar wird, daß es im Religionsunterricht in erster Linie nicht auf Begriffe, sondern auf Erfahrungen ankommt[25]. Aus dieser Einsicht ergibt sich für ihn lediglich eine Verlagerung der Akzente: Die erste und zweite Stufe, wo es um Vertiefung in den konkreten Unterrichtsinhalt geht, gewinnen an Gewicht, die dritte bis fünfte verlieren andererseits erheblich an Bedeutung[26]. Immerhin hat Thrändorf damit die Formalstufentheorie aber nicht unwesentlich modifiziert und ihre weitere Ausgestaltung innerhalb der Herbartianer maßgeblich beeinflußt[27].

1.7.4 Die einzelnen Stufen der methodischen Einheit

1.7.4.1 Die Zielangabe als Einleitung der Unterrichtseinheit

Thrändorf beginnt eine normale Unterrichtseinheit wie Ziller[28] mit der Angabe eines Zieles durch den Lehrer[29]. Während bei der Kunstkatechese nur letzterer weiß, wohin die Reise geht, soll der Schüler hier über das bevorstehende Arbeitsvorhaben informiert und dadurch zur Mitwirkung angeregt werden. Deshalb darf die Zielangabe nichts vorwegnehmen, was er sich selbst erarbeiten kann[30]. Ebenso soll sie alles vermeiden, was dem Lerninhalt die Spannung raubt. Im Gegenteil, ihre Funktion ist es, diese zu steigern und den Schüler zur Auseinandersetzung zu motivieren. Der Prozeß verläuft dabei in doppelter Richtung: Das vorangestellte Ziel soll einerseits die Erfahrungen, die er zu der in Frage stehenden Sache bereits gemacht hat, in ihm

---

[24] Erläuterungen 1891,37; E. Thrändorf 1893 c,166

[25] S. o. Abschnitt 1.3.4. Der Gegensatz zu Ziller ist freilich kein absoluter, denn auch bei diesem sind die im Unterricht gewonnenen Begriffe Mittel der Charakterbildung, also in hohem Maße affektiv, d. h. mit Gefühls- und Willensmomenten besetzt, die beim Abstraktionsprozeß nach formalen Stufen nicht verlorengehen dürfen.

[26] Erläuterungen 1903,14; E. Thrändorf 1912,102; andeutungsweise auch schon Erläuterungen 1886,36.

[27] Besonders Th. Vogt 1904 und K. Just 1905 berücksichtigen Thrändorfs Modifikation der Formalstufen, vgl. vor allem Erläuterungen 1904,33 f. u. 48.

[28] Zu Abschnitt 1.7.4.1—6 vgl. T. Ziller 1886,100 ff. und 1892,163 f.

[29] Es handelt sich mehr um eine motivierende Inhalts- als um eine Zielangabe. Dagegen kommen Thrändorfs Erziehungs- und Unterrichtsziele dem heutigen Lernzielbegriff erheblich näher (s. o. Abschnitt 1.3.6 und 1.2.2).

[30] 1881 b,26

wieder hervorrufen und andererseits sein Interesse auf das bevorstehende Neue, ihm noch nicht Bekannte lenken. Deshalb muß die Zielangabe „Altes und Neues nebeneinander enthalten"[31].

1.7.4.2 Die erste Stufe (Analyse)

Die Analyse thematisiert die Erfahrungswelt des Schülers. Was er im Hinblick auf die zu behandelnde Fragestellung an Erfahrungen und Vorkenntnissen mitbringt, soll ihm nun bewußt werden. Darum gewinnen hier auch die Personen, mit denen er zusammenlebt, und die heimatliche Umgebung an Bedeutung. Doch weil das gewonnene Erfahrungs- und Vorstellungsmaterial meist nur für Vermutungen, nicht aber für eine Lösung des Problems ausreicht, wird durch diese analytische Sichtung gleichzeitig die Aufnahmebereitschaft für neue Informationen erhöht und die Erwartung weiter angespannt. Insofern ist die Analyse als „Blick ins eigene Herz, der den Schüler befähigen soll, die anderen zu verstehen"[32], für den Unterricht die ideale Grundlage, der Thrändorf sowohl in seiner eigenen Praxis als auch in den veröffentlichten Entwürfen große Aufmerksamkeit schenkt. Er kennt freilich auch die Gefahr, daß eine zu ausführliche Analyse sich leicht in eine Fülle zusammenhangloser Details verflüchtigt und nur Verwirrung stiftet. Deshalb rät er dem Lehrer, die Schüler zwar frei sich äußern zu lassen, aber selbst stets das Ziel im Auge zu behalten und nicht von sich aus Anlaß zu Abschweifungen zu geben[33].

1.7.4.3 Die zweite Stufe (Synthese)

Wenn die apperzipierenden Vorstellungen und Erfahrungen am Ende der Analyse bereitstehen und dadurch zugleich die Erwartung gegenüber dem neuen Unterrichtsinhalt geweckt wurde, kann dieser selbst dargeboten werden. Damit beginnt die zweite Stufe, die Synthese. Auch hier gilt: Was der Schüler sich selbst erarbeiten kann, soll ihm nicht vom Lehrer vorgesetzt werden[34]. Daher stehen alle Formen der Selbsttätigkeit wie Beobachtungen, Unterrichtsgänge, Experimente und vor allem die Quellenlektüre an erster Stelle. Um der Intensität des „idealen Umgangs" willen „muß die Vergangenheit möglichst lebendig und unmittelbar zum Schüler reden"[35]. Deshalb soll er, sobald er lesen kann, die biblischen Geschichten nicht mehr durch den

---

[31] 1879,40 (in Thrändorfs Präparationen allerdings nicht konsequent durchgeführt)
[32] 1885 a,6
[33] 1881 b,27
[34] 1885 a,8
[35] 1888 a,117; ähnlich 1884,55 und 1893 a,145.

Lehrer erzählt bekommen[36], sondern sich selbst in sie vertiefen. Aus diesem Grund gibt Thrändorf bereits als Sechsundzwanzigjähriger ein Lesebuch für das dritte Schuljahr[37] heraus, das in erster Linie die Patriarchengeschichten enthält. Es ist das erste Lese- und Quellenbuch der Zillerschen Schule und zeigt das besondere Interesse, das Thrändorf von Anfang an an dieser Arbeitsform hat. Noch wichtiger und charakteristischer ist jedoch, daß er den kirchengeschichtlichen Unterricht, das Zentrum des Religionsunterrichts an höheren Schulen, auf der Quellenlektüre aufbaut. Der Schüler soll aus einer unmittelbaren Beziehung heraus, wie sie durch die Begegnung mit Selbstzeugnissen[38] der bedeutendsten religiös-sittlichen Persönlichkeiten hergestellt wird, einen ähnlichen Erkenntnisprozeß erleben wie der klassische Gesprächspartner[39].

Doch die Erarbeitung bzw. Darbietung des Neuen einschließlich eventuell notwendiger Korrekturen oder Erläuterungen und zusammenfassender Wiederholung[40] stellt nur die erste Hälfte der Synthese dar, die einen Überblick über die Fakten, z. B. bei einer biblischen Geschichte über den äußeren Gang der Handlung, erreichen soll. Wichtiger ist die zweite Hälfte, die Thrändorf zunächst „Konzentration" und ab 1887 „Vertiefung"[41] nennt. Der Schüler soll nun tiefer in das Verständnis hineinwachsen, innere Ursachen und

---

[36] Mit Ziller (vgl. z. B. T. Ziller 1892,193 f.), der allerdings erst am Ende seines Lebens diese Position einnimmt. Vorher konnte er im Anschluß an Dörpfeld sagen: „In der Volksschule tritt die historische Erzählung im allerweitesten Umfange an die Stelle der Lektüre (T. Ziller 1864,479 = 1884,512).
Der darstellende Unterricht, den die Zillersche Schule aus Andeutungen Herbarts („bloß darstellender Unterricht" J. F. Herbart Werke 10,163) entwickelte und den Thrändorf bei Schulanfängern der Lehrererzählung vorzieht (vgl. die Entwürfe im Unterstufenband Thrändorf/ Meltzer 1899), wird im Kapitel über A. Reukauf (s. u. Abschnitt 2.6.4–5) behandelt, da sich dieser viel ausführlicher als der vorwiegend mit älteren Schülern befaßte Thrändorf damit auseinandersetzt.

[37] S. o. Abschnitt 1.1 Anm. 18

[38] Bei den als für die Gegenwart bedeutsam erkannten Epochen oder Persönlichkeiten muß aus dem vorhandenen Quellenmaterial im Unterricht eine strenge Auswahl getroffen werden. Thrändorf vollzieht sie nach dem „Repräsentativsystem" (1888a,109 nach K. v.Hase), das in etwa dem Prinzip des exemplarischen Lernens entspricht (vgl. B. Gerner 1974). Er möchte also nicht Lebensbilder oder biographisch angeordnete Quellenstücke bieten, sondern die Hauptgestalten der Kirchengeschichte in jenen klassischen Aussagen zu den Schülern sprechen lassen, die ihre Persönlichkeit und Geist ihrer Epoche exemplarisch darstellen, z. B. für den Pietismus Speners „Pia Desideria" oder für die Reformation Luthers Hauptschriften aus der schöpferischen Periode (vgl. 1888a,118 f.).

[39] „Der Zögling befindet sich ja in einer ganz ähnlichen Lage wie der, welcher den Gedanken zum erstenmale dachte, auch er muß das Kleinod der neuen Erkenntnis erst erringen und er wird es am festesten besitzen, je ernster er gestrebt und gekämpft hat" (1888a,118).

[40] Ziller hat dafür ein festes Schema (vgl. T. Ziller 1886,255 f.) von vorläufiger Zusammenfassung in Einzelabschnitten (rohe Totalauffassung), Ergänzungen, Berichtigungen und Erläuterungen sowie abschließender Zusammenfassung (erweiterte und berichtigte Totalauffassung). Thrändorf bezieht sich gelegentlich auf dieses Schema, schreibt es aber nirgends vor.

Zusammenhänge erkennen. Für den erziehenden Religionsunterricht ist die Vertiefung von größter Bedeutung, weil sich hier der eigentliche „ideale Umgang" ereignet. Wenn die Schüler sich wirklich in die handelnden Personen vertiefen und so deren Gedanken und Motive erschließen, bilden sich bei ihnen die angestrebten religiös-sittlichen Gefühle und es werden Interesse und Teilnahme geweckt. Methodisch will Thrändorf dies mit Hilfe von „Konzentrationsfragen" erreichen, die den tieferen Gehalt des Unterrichtsgegenstands aufschließen sollen. Der Lehrer stellt sie einzeln, um jeweils ein offenes Gespräch über den betreffenden Punkt einzuleiten[42]. Den älteren Schülern im kirchengeschichtlichen Unterricht teilt Thrändorf später die Fragen schon vor der Erarbeitung, sozusagen als Arbeitsaufträge für die Quellenarbeit mit und macht damit ebenfalls gute Erfahrungen[43].

Mit der Vertiefung ist, wie Thrändorf im Laufe der Zeit immer deutlicher erkennt, bereits der Höhepunkt der methodischen Einheit erreicht[44]. Die folgende dritte bis fünfte Stufe haben nur mehr formale Bedeutung. Sie dienen der Ordnung und gedächtnismäßigen Sicherung der Lerninhalte und können ggf. ganz wegfallen.

1.7.4.4 Die dritte Stufe (Assoziation)

Mit der dritten Stufe, der Assoziation, beginnt der Abstraktionsprozeß, dem der jüngere Thrändorf unter dem Einfluß Zillers noch große Bedeutung beimaß[45]. Wie bei der Gesamtcharakteristik der Formalstufen ausgeführt, wird er an diesem Punkt später erheblich zurückhaltender[46], doch er behält die dritte bis fünfte Stufe in ihrer eingeschränkten, hauptsächlich ordnenden Funktion stets bei.

---

[41] Vgl. 1886,49ff. mit 1887,262ff. Im Unterrichtswerk bezeichnet er die beiden Hälften der Synthese meist nur mit IIa und IIb. Doch zuweilen, vor allem wenn historisch-kritische Erläuterungen nötig sind, bringt er diese Sacherklärungen unter IIb und die Vertiefung unter IIc, z.B. vielfach in 1912d.

[42] 1881b,27; 1896c,44

[43] 1890a,133

[44] S.o. Abschnitt 1.7.3, besonders Anm. 26

[45] „Wollte man bei der vertiefenden Einzelbetrachtung stehenbleiben, so würde man ins Detail versinken ; daher ist es notwendig, daß auf die Vertiefung die Besinnung folgt; der Schüler muß sich von der religiösen Erfahrung zum allgemeinen Glaubenssatz erheben" (1885a,13). „Vertiefung" und „Besinnung" spielen auf Herbarts Einteilung des Lernprozesses an, freilich nicht ganz korrekt, denn bei Herbart gehört auch die Assoziation noch zur Vertiefung (fortschreitende Vertiefung gegenüber der Klarheit als ruhender Vertiefung, dann folgen System und Methode als ruhende und fortschreitende Besinnung, vgl. J.F. Herbart Werke 2,40). Vermutlich identifiziert Thrändorf irrtümlich Herbart mit Ziller, der zwischen Apperzeption (Analyse, Synthese) und Abstraktion (Assoziation, System, Methode) unterscheidet, vgl. T. Ziller 1892,290f. u. 296f.).

[46] In der 3. Auflage (1896c,50) lautet der in Anm. 45 zitierte Satz: „Bei der vertiefenden Einzelbetrachtung wird man aber, obgleich *sie das eigentlich Lebenweckende und daher Wesent-*

Auf der Assoziationsstufe geht es darum, aus den früher behandelten Stoffen mehrere Beispiele zu finden, die mit dem in der Synthese kennengelernten Fall Ähnlichkeiten[47] aufweisen, und sie mit diesem zu vergleichen. Der Selbsttätigkeit der Schüler ist hier ein weites Feld eröffnet, denn die Analogien können nicht nur aus dem Religionsunterricht, sondern auch aus anderen Bereichen kommen. Insofern dient die Assoziation gleichzeitig der engeren Verbindung der Fächer im Sinne des Konzentrationsgedankens, was dem Religionsunterricht ganz besonders zugutekommt, denn gerade der religiöse Erfahrungs- und Vorstellungskreis darf, wenn er erziehend wirken soll, nicht isoliert bleiben, sondern muß mit der gesamten Lebenswirklichkeit vielfältig verknüpft werden.

1.7.4.5 Die vierte Stufe (System)

In der Assoziation wird „das Wesentliche aus der Fülle der Anschauungsstoffe"[48] hervorgehoben. Es braucht dann nur noch formuliert zu werden. Dies geschieht auf der Systemstufe. Zunächst drücken die Schüler den Gedanken mit eigenen Worten aus, dann suchen sie mit Hilfe des Lehrers eine kurze klassische Form desselben, ein Bibelwort oder einen Katechismussatz, ein Sprichwort oder ein Dichterzitat. Das Ergebnis wird ins Systemheft eingetragen, das im Laufe der Schuljahre zum Schulkatechismus[49] anwächst. Auch die höheren Schulen haben ihn zu übernehmen und durch die aus dem kirchengeschichtlichen Unterricht einschließlich seiner vertiefenden immanenten Repetition[50] der biblischen Geschichte gewonnenen Ergebnisse zu ergänzen[51].

Ein Indiz für die Schwierigkeiten, die es Thrändorf bereitet, sich vom engen Zillerschen Verständnis der Formalstufen als Abstraktionsprozeß freizumachen, ist seine Ansicht über die Art der auf der Systemstufe gewonnenen Begriffe. Noch 1898[52] meint er, daß sein Schulkatechismus allgemeine

---

liche am Religionsunterricht ist (Hervorhebung von Thrändorf) doch nicht stehen bleiben können, man würde sonst ins Detail versinken " (Fortsetzung unverändert). In der 4. und 5. Auflage (1903 bzw. 1912) ist der Satz getilgt, an seine Stelle treten die am Ende des Abschnitts 1.7.4.3 referierten Gedanken.

[47] 1912,105 fügt Thrändorf hinzu: „oder entgegengesetzte Züge".

[48] 1912,105

[49] S.o Abschnitt 1.4.3.3

[50] S.o. Abschnitt 1.4 Anm. 63

[51] Daneben läßt Thrändorf die rein historischen Merkstoffe aus der Kirchengeschichte in ein zweites Heft, eine Art kirchengeschichtlichen Leitfaden eintragen, der aber im Gegensatz zu den üblicherweise so bezeichneten gedruckten oder diktierten Heften von den Schülern selbst gestaltet wird (Erläuterungen 1897,49 und 1904,47 f.).

[52] Erläuterungen 1898,14; gegen E. Wilk und K. Just, der ihm rät, „die alten Schalen abzuwerfen" (Erläuterungen 1898,15).

Begriffe enthalte und nur das kirchengeschichtliche System aus individuellen bestehe. Erst zu Anfang des 20. Jahrhunderts sieht er ein: „Die Begriffe von Gott, unserem Vater, und Jesus, unserem Heiland, vom Reiche Gottes und der heiligen christlichen Kirche als der Gemeinde der Heiligen, das alles sind nicht Allgemeinbegriffe, sondern Individualbegriffe"[53], denn sie können nicht aus einer Anzahl von Einzelexemplaren und Unterarten gewonnen werden. Daher sind dem Religionsunterricht nur Individualbegriffe angemessen, die sich aus den im „idealen Umgang" gewonnenen Erfahrungen bilden.

1.7.4.6 Die fünfte Stufe (Methode bzw. Funktion)

Auf der fünften Stufe, die Thrändorf ab 1880 meist mit Vogt als „Funktion"[54] bezeichnet, kommt es „darauf an, die im System gewonnene Erkenntnis als geistige Kraft funktionieren zu lassen"[55]. Der Schüler soll das Gelernte auf ein anderes Problem beziehen und anwenden können. Solche Transferübungen dienen gleichzeitig zur Kontrolle, ob der Lerninhalt wirklich erfaßt worden ist. Die beste Anwendung wäre natürlich ein spontanes, wirkliches Handeln, doch dieser Glücksfall wird in der Schule nur selten eintreten[56]. Daher empfahl schon Herbart als Ausweg das „phantasierende Handeln"[57], bei dem die Schüler in Gedanken Lösungen für ethische Probleme suchen. Thrändorf sieht von Anfang an[58] die mannigfachen Gefahren, die mit solchen Übungen verbunden sind. Zunächst glaubt er jedoch, nicht darauf verzichten zu können, weil sie „in der der Schule allein möglichen Weise"[59] das wirkliche Handeln vorzubereiten vermögen. Bald aber wächst, besonders bei älteren Schülern, seine Scheu, diesen religiöse oder ethische Bekenntnisse abzuverlangen, „denn das könnte sehr leicht zu Heuchelei oder zu religiösem

---

[53] 1903,88 = 1912,102

[54] Th. Vogt 1880,135. Der Zillersche Begriff „Methode" ist für Vogt und Thrändorf nicht eindeutig, weil er sowohl das Lehrverfahren insgesamt als auch eine einzelne formale Stufe bezeichnet.

[55] 1885a,16; ähnlich auch in den späteren Auflagen, zuletzt aber nicht mehr allein auf die Systemstufe bezogen.

[56] In der Dissertation heißt es: „Auch das Gebiet des wirklichen Handelns ist dem erziehenden Unterricht keineswegs so völlig verschlossen, als man gewöhnlich anzunehmen geneigt ist" (1879,44). Thrändorf fügt aber hinzu, daß Zwang nur die entgegengesetzte erzieherische Wirkung erzielt.

[57] J.F.Herbart Werke 2,99. H.Scheffler scheint diesen Begriff erst W.Rein zuzurechnen (H.Scheffler 1977,121 mit der dazugehörigen Anm.59 ebd.,280).

[58] Vgl. 1879,44

[59] 1885a,16. Der Widerspruch zu dem in Anm.56 zitierten Satz erklärt sich wohl daraus, daß Thrändorf in seiner Dissertation die private Zillersche Seminarschule vor Augen hat, hier aber aus der Auerbacher Perspektive die durchschnittlichen Schulverhältnisse.

[60] 1890a,134

Phrasentum führen"[60]. Aus diesem Grund läßt er in den höheren Schulen auf der Methodestufe lieber Gedichte interpretieren[61] oder Aufsätze über historische Probleme schreiben, zumal sich hier weitere Möglichkeiten zu fächerübergreifender Zusammenarbeit auftun, vor allem zwischen Religions- und Deutschunterricht[62].

---

[61] Am häufigsten greift Thrändorf in seinen Unterrichtsentwürfen auf Geibel zurück, daneben auf Schiller, Goethe, Lessing, Gerok u. a.
Theoretisch werden alle in begrifflicher oder anderweitig geordneter Form vorliegenden Inhalte von ihm als Anwendung (d. h. auf der 5. Stufe methodischer Einheiten) des geschichtlichen Unterrichts verstanden (Erläuterungen 1886,35 f.) und können deshalb nicht nach Formalstufen behandelt werden (so auch schon T. Ziller 1886,106 und 1892,291 f.). Thrändorf beschränkt sich demzufolge z. B. bei biblischen Redestücken wie der Bergpredigt oder einem Gleichnis auf eine modifzierte Analyse und Synthese, die häufig mit einer Zusammenfassung oder Anwendung abschließt (1885,39; Erläuterungen 1886,59).

[62] 1890 a,133

2. August Reukauf, der erfolgreichste Ausgestalter der Herbart-Zillerschen Religionspädagogik

2.1 Leben und Werk

2.1.1 Reukaufs theologische und pädagogische Entwicklung

Die Verbindung von Theologie und Pädagogik, die für Ernst Thrändorf charakteristisch ist, kennzeichnet in ganz analoger Weise auch den fast um eine Generation jüngeren August Reukauf. Der wichtigste, im Vergleich zu den Gemeinsamkeiten freilich zweitrangige Unterschied besteht darin, daß Reukauf nicht nur in der Lehrerbildung, sondern vor allem in leitenden Positionen des Schulwesens tätig ist und sich von daher für eine Fülle verschiedenartigster pädagogischer Probleme interessiert[1], während Thrändorf strenger auf die Religionspädagogik konzentriert bleibt.

August Reukauf, der aus einer alten thüringischen, hauptsächlich bäuerlichen Familie stammt[2], ist am 5. August 1867 in Meiningen als Sohn eines Beamten und späteren Rendanten des Landstädtchens Salzungen geboren. Er erhält zunächst Privatunterricht, dann besucht er die Bürgerschule in Salza und 1879–1886 das Gymnasium in Meiningen. Nach dem Abitur studiert er in Jena, Straßburg, Berlin und Leipzig Theologie, Philosophie und Pädagogik. In seinem anläßlich der Promotion verfaßten Lebenslauf zählt er eine lange Reihe akademischer Lehrer auf[3], die ihn in diesen 6 Semestern 1886–1889 beeinflußt haben: die Professoren Holtzmann, Nowack und Windelband in Straßburg, Paulsen und Pfleiderer in Berlin sowie Eucken, Liebmann, Lipsius, Lorenz, Stickel und vor allem Rein in Jena. Bemerkenswerterweise nennt er für Leipzig keinen einzigen Namen. Denn Ziller ist zu jener Zeit bereits tot, der sechsundachtzigjährige Drobisch längst emeritiert und für die Leipziger Theologie scheint sich Reukauf aufgrund der in Straßburg und Berlin erhaltenen Prägung ebensowenig interessiert zu haben wie Thrändorf. 1889 legt er in Meiningen das erste theologische Examen ab und arbeitet bis 1891 als Oberlehrer an der Übungsschule des von

---

[1] Aufschlußreich ist ein Vergleich ihrer Beiträge zu Reins Enzyklopädischem Handbuch der Pädagogik:
Reukauf: Klassische Epen und Dramen, Leseabende, Überfüllung der Schulklassen
Thrändorf: Fromm/Frömmigkeit, Konfessionelle Schule, Religionsunterricht

[2] Vgl. das Alterswerk 1937a und die Ergänzung 1939

[3] 1892,114

Rein geleiteten pädagogischen Universitätsseminars in Jena. In diese Zeit fällt das zweite theologische Examen, das er 1890 wiederum in Meiningen ablegt, und die Arbeit an der Dissertation „Philosophische Begründung des Lehrplans des evangelischen Religionsunterrichts an Höheren Schulen" bei W. Rein, die 1892 im Druck erscheint. Sie ist theologisch hauptsächlich den Lehrern O. Pfleiderer und R. A. Lipsius verpflichtet[4], pädagogisch liegt sie ganz auf der durch Rein vermittelten Herbart-Zillerschen Linie, besonders der Religionspädagogik Thrändorfs[5], zu dem er „als dem erfahrenen Meister" in seinen „pädagogischen Lernjahren"[6] emporblickt. Kurz darauf veröffentlicht er die Schrift „Abnorme Kinder und ihre Pflege"[7], die bereits die Spannweite seiner pädagogischen Interessen zeigt. Noch vor dem Erscheinen beider Werke verläßt er allerdings Jena und wird Rektor der Volks- und Fortbildungsschule in Lauscha, wo er 6 Jahre bleibt. Weitere 6 Jahre wirkt er anschließend 1897–1903 als Oberlehrer am Landeslehrerseminar in Hildburghausen, wo er zusammen mit Freunden und Kollegen sein umfangreiches Unterrichtswerk „Evangelischer Religionsunterricht"[8] in Angriff nimmt und sich um die Verbreitung der Herbart-Zillerschen Pädagogik im Herzogtum Sachsen-Meiningen bemüht[9].

1903 wird er schließlich an seine wichtigste Wirkungsstätte berufen, nach Coburg, wo er die Leitung der städtischen Schulen übernimmt[10] und während des ersten Jahrzehnts fraglos im Zenit seiner Schaffenskraft steht. Neben dem Hauptamt und einer weitgespannten Verbandsarbeit[11] entfaltet er eine umfangreiche literarische Aktivität. Die wichtigsten Werke und zugleich die aufschlußreichsten Dokumente über sein theologisches und pädagogisches Denken in jener Zeit bilden die 1906 erschienene zweite und die 1914 erschienene dritte Auflage der Didaktik[12], beide jeweils gegenüber der Vorauflage in der Darstellung der Grundlagenprobleme stark erweitert. Sie

---

[4] In erster Linie beruft er sich auf die bei den Herbartianern wegen ihrer Abhängigkeit von Hegel wenig beliebte Religionsphilosophie O. Pfleiderers (vgl. die scharfe Kritik bei O. Flügel 1880,48ff.), versucht aber beim Religionsbegriff eine Synthese mit der Position der Herbartianer M. W. Drobisch und V. Volkmann (vgl. 1892,8ff.).

[5] S. u. Abschnitt 2.2 ff.

[6] 1927,VII (aus der Rückschau)

[7] 1893 ([2]1902)

[8] S. u. Abschnitt 2.1.2

[9] Durch Vorträge (vgl. Erläuterungen 1898,5) und durch Mitarbeit in dem von W. Rein gegründeten und geleiteten Verein der Freunde Herbartischer Pädagogik in Thüringen, der im Herzogtum Meiningen sein Zentrum hat und dem dort z. B. alle Kreisschulinspektoren angehören (Erläuterungen 1899,7), seit 1899 als dessen Schriftführer.

[10] 1913 erhält er in dieser Funktion den Titel „Schulrat" (1931,68).

[11] Neben den pädagogischen Vereinen der Herbartianer ist hier der ebenfalls von W. Rein präsidierte „Bund für Reform des Religionsunterrichts" zu nennen, zu dessen Vorstand Reukauf wie Thrändorf von Anfang an gehört (vgl. W. Rein 1912,208).

[12] 1906 bzw. 1914

zeigen, daß Reukauf den in der Jugend eingeschlagenen Weg konsequent weitergeht. Die „freie"[13] Theologie seiner Lehrer, unter denen O. Pfleiderer die stärkste Wirkung ausübt[14], bestimmt ihn sein ganzes Leben hindurch, nicht zuletzt wegen der in ihr ausgeprägten Affinität zwischen systematischer und historischer Theologie. Mit dieser Position verbindet sich die Philosophie des „objektiven Idealismus" R. Euckens und F. Paulsens, den Reukauf für den „bedeutendsten neueren Philosophen"[15] hält. Herbart gilt ihm dagegen nur als „Klassiker der Pädagogik"[16], dessen philosophische und psychologische Anschauungen weitgehend überholt sind. In der Ethik[17] und der Psychologie[18] tritt Reukauf für eine Synthese zwischen Neuidealismus und Herbartianismus ein, in anderen philosophischen Fragen folgt er allein dem ersteren. Trotzdem ist und bleibt Reukauf insofern in erster Linie Herbartianer, als die Herbart-Zillersche Pädagogik nicht eine zusätzliche Komponente neben den genannten theologischen und philosophischen Einflüssen bildet, sondern die Basis und den Rahmen seiner religionspädagogischen Konzeption, in den er die teilweise heterogenen sonstigen Elemente hineinstellt. So kann sein Standpunkt in verschiedenen praktischen Fragen, etwa in schulorganisatorischer Hinsicht[19], öfter wechseln, ohne daß sich deswegen die grundsätzliche Einstellung ändern müßte. Vor allem aber gelingt es Reukauf wegen der fest umrissenen und doch elastischen Anlage seiner Konzeption, stets für neue Entwicklungen offen zu bleiben, z. B. für die von der Kunsterziehungsbewegung inspirierte erlebnisbetonte Religionspädagogik R. Kabischs[20] oder für die Arbeitsschulbewegung[21].

---

[13] Reukauf kann seine theologische Position abwechselnd als „frei", „freigläubig", „moderne Theologie" und im Gegensatz zu Thrändorf auch als „liberal" bezeichnen (z. B. Erläuterungen 1900,22 ff.).

[14] Vgl. 1909 a,27 ff. und 1914,5 ff.

[15] 1914,6 Anm. 4

[16] 1914,142 Anm. 1

[17] Zwischen der absoluten Ethik Herbarts und der evolutionistisch-utilitaristischen Ethik Paulsens hält Reukauf eine Synthese auf höherer Ebene für möglich (1914,32; etwas anders und ausführlicher 1923,24 ff.).

[18] Die psychologischen Grundanschauungen teilt Reukauf mit den neuidealistischen Denkern W. Wundt, G. Fechner und F. Paulsen, weshalb er sich auch häufig der religionspsychologischen und religionspädagogischen Weiterführung Wundts durch R. Kabisch anschließt (vgl. 1914,11 ff.35 ff.148.158 ff. usw.). Die intellektualistische Psychologie der Herbartianer lehnt er ab, wobei er aber mit O. Flügel (vgl. O. Flügel 1899) Herbart selbst von jenem Vorwurf ausnimmt und Verbindungslinien zu Wundt feststellt (1909 a,61 f.). Die entwicklungspsychologischen Stufen übernimmt er dagegen von den Herbartianern, vor allem von Th. Vogt, teilweise im Rückgriff auf Herbart (s. u. Abschnitt 2.3.1 und 2.5.1).

[19] S. u. Abschnitt 2.2.4 und 2.3.2. Ein wichtiges Zwischenstadium zwischen den Auflagen der Didaktik 1906 und 1914 stellt die Schrift 1909 a dar.

[20] S. o. Anm. 18

[21] Vgl. 1915,X und vor allem 1926 bzw. 1927 mit dem signifikanten Titel bzw. Untertitel „Der evangelische Religionsunterricht als Erlebnis- und Arbeitsunterricht".

Nach dem Zusammenbruch des Kaiserreichs und der Eingliederung des Herzogtums Sachsen-Coburg nach Bayern wird Reukauf 1920 zum Nachfolger R. Staudes als Leiter des Lehrerseminars[22] und zum Oberstudiendirektor ernannt. Obwohl es ihm in manchen Punkten schwerfällt, bemüht er sich, die veränderten äußeren Verhältnisse des Religionsunterrichts zu akzeptieren[23]. Seine grundsätzlichen pädagogischen, theologischen und philosophischen Anschauungen ändern sich jedoch gegenüber der mittleren Periode nur wenig. Wie sehr die Herbart-Zillersche Pädagogik auch für den älteren Reukauf die Grundlage der religionsdidaktischen Konzeption bildet, zeigt sich vor allem in seiner Neubearbeitung der Formalstufentheorie von 1926/27[24]. In seinen letzten Lebensjahren, die bereits in das Dritte Reich fallen, beschäftigt sich Reukauf kaum noch mit pädagogischen und theologischen Fragestellungen, sondern betreibt vorwiegend Familienforschung[25]. Er stirbt am 13. April 1941[26].

2.1.2 Das Unterrichtswerk „Evangelischer Religionsunterricht"

Reukaufs Name ist vor allem bekanntgeworden durch das von ihm zusammen mit E. Heyn[27] herausgegebene Unterrichtswerk „Evangelischer Religionsunterricht – Grundlegung und Präparationen"[28]. Neben den beiden Herausgebern haben sich sechs weitere Mitarbeiter beteiligt[29], was erhebliche Vorteile gegenüber den älteren herbartianischen Konkurrenten[30] bringt: Die Bände erscheinen schneller hintereinander und sowohl die didaktische Theorie als auch die praktischen Bedürfnisse der Volksschule und der höheren Schulen[31] können umfassender berücksichtigt werden. So entsteht inner-

---

[22] 1931,43 f.

[23] Vgl. 1923,63; 1926,51 f.72.84.105 f.108 ff. u. ö.; 1927,217. Unmittelbar nach Kriegsende hatte er noch einen eigenen Entwurf (1919a) zur Neugestaltung des Religonsunterrichts vorgelegt, in dem er die bisher von ihm vertretenen Ansichten noch etwas „nach der freiheitlichen Seite hin" veränderte (1919a,51).

[24] S. u. Abschnitt 2.7

[25] Vgl. 1937, 1937a und 1939

[26] Laut mündlicher Auskunft seines Sohnes Dipl.Ing. W. Reukauf in Unterhaching.

[27] Ernst Heyn, Oberlehrer (später mit Titel „Professor") an der Sophienschule in Hannover (verstorben 1926).

[28] Untertitel nach dem 1. Weltkrieg geändert in „Grundlegung und Handbücher"

[29] Namen s. u. Anm. 32. H. Meltzer, der ursprünglich die alttestamentlichen Unterrichtsentwürfe übernommen hat, scheidet nach einiger Zeit wieder aus, um sich am Werk seines Schwagers E. Thrändorf zu beteiligen (vgl. A. Reukauf 1911,179 f.; 1906,XIV = 1914,XIII). Bedingt durch diese und manch andere Schwierigkeit dauert es nach der konstituierenden Sitzung des Mitarbeiterkreises Ostern 1897 noch 3 Jahre, bis die ersten Bände erscheinen können.

[30] R. Staude ist Einzelautor, Thrändorf/Meltzer arbeiten zu zweit.

[31] Wie die Titel von Band 1 und 2 zeigen, ist ursprünglich nur an die Volksschule gedacht. Doch die Oberstufenbände und hier besonders die Arbeiten des Gymnasiallehrers E. Heyn eignen sich besser für höhere Schulen.

halb von sieben Jahren das Gesamtwerk mit zehn umfangreichen Bänden[32]. Band I und II bilden die „Grundlegung" des Werkes. Der erste, die Didaktik, ist zweifellos Reukaufs wichtigstes Buch überhaupt. Vor allem die dritte Auflage von 1914 bietet die umfassendste Darstellung seiner theologischen, pädagogischen und religionspädagogischen Ansichten. Lediglich die Methodenfragen sind ausgeklammert. Sie finden erst in Reukaufs später Neubearbeitung des in erster und zweiter Auflage von W. Bittorf verfaßten Bandes II ihre abschließende Lösung. Die Präparationsbände III-X sind alle, besonders diejenigen für die Oberstufe von Nr. VII an, der historisch-kritischen Bibelwissenschaft verpflichtet und gehen ausführlich auf exegetische Probleme ein[33]. Den Präparationen für den Lehrer entspricht das von Reukauf und Heyn für die Hand des Schülers zusammengestellte „Evangelische Religionsbuch", das gleichzeitig in verschiedenen, nach Schularten differenzierten ein- bis sechsbändigen Ausgaben erscheint und über mehr als drei Jahrzehnte immer wieder neue Auflagen erlebt[34].

Als Anhang zum Unterrichtswerk „Evangelischer Religionsunterricht" schreibt Reukauf darüber hinaus zwischen 1912 und 1919 eine dreiteilige „Evangelische Jugendlehre"[35] als Anleitung zur Zusammenfassung der religiös-sittlichen Unterweisung im letzten Schuljahr der Volksschule, im kirchlichen Konfirmandenunterricht und im „Lebenskundlichen Unterricht" der Fortbildungsschule[36].

---

[32] I. A. Reukauf 1900 ([2]1906, [3]1914)
II. W. Bittorf 1904 ([2]1908, [3]1927 bearb. von A. Reukauf)
III. J. Hofmann / W. Bittorf 1900 (insgesamt 10 Auflagen)
IV. G. Bauer 1901
(6 Auflagen, ab [3]1906 bearb. von A. Reukauf)
V. G. Gille 1901 (insgesamt 7 Auflagen)
VI. G. Döll 1900 (insgesamt 8 Auflagen)
VII. E. Heyn 1901 (insgesamt 7 Auflagen)
VIII. E. Heyn 1902 (insgesamt 7 Auflagen)
IX. A. Reukauf / H. Winzer 1903 (4 Auflagen)
X. E. Heyn 1906 und 1908

[33] H. Meltzer kritisiert an den Oberstufenbänden sogar die Überfülle exegetischen Spezialwissens, die sich nachteilig auf Übersichtlichkeit und Kaufpreis auswirkt (H. Meltzer 1904, 127 ff. u. 133 f.), während sich das Schulbuch „Evangelisches Religionsbuch" hier positiv abhebt (a. a. O., 134).

[34] Nach E. Heyns Tod ab 1928 bearbeitet von Reukauf/Schliebitz/Forck/Wensel/Zassenhaus

[35] (1)1912, (2)1915, (3)1919

[36] S. u. Abschnitt 2.8.3

2.2 Die Erziehungsschule – Konfessionsschule oder nationale Einheitsschule?

2.2.1 Das Ziel der Erziehung

Über das Gesamtziel der Erziehung ist sich Reukauf mit allen Herbart-Zillerschen Pädagogen einig. Mit ihnen sieht er es im religiös-sittlichen Charakter bzw. in der religiös-sittlichen Persönlichkeit[1]. Deshalb stellt er, ähnlich wie Thrändorf, eigentlich nur in der Dissertation ausführliche Überlegungen über das Ziel der gesamten Erziehung an, später setzt er es einfach als selbstverständlich und unverändert gültig voraus[2] und verteidigt es höchstens gegen abweichende Meinungen.

Hinsichtlich der ethischen Komponente des allgemeinen Erziehungsziels schließt sich Reukauf direkt an Herbarts Ableitung der „Charakterstärke der Sittlichkeit"[3] an, für den religiösen Aspekt versucht er dagegen eine eigene religionsphilosophische Begründung. In einer Kombination der Herbartschen Philosophie, vorwiegend der Religionsphilosophie M. W. Drobischs, mit Gedanken seiner theologischen Lehrer O. Pfleiderer und R. A. Lipsius stellt er dabei Analogien zwischen der Gottesbeziehung und dem zwischenmenschlichen ethischen Verhältnis fest. Entsprechend dem gemeinsamen Ursprung in Gott, der uns „als das Urbild des ethischen Wesens, als der Gute schlechthin"[4] erscheint, läßt sich auch im menschlichen Willen ein gemeinsamer Ort von Religion und Sittlichkeit angeben. Denn die Idee des Wohlwollens[5] bezeichnet nicht nur eine ethische Willensbestimmtheit, sondern darüber hinaus „auch den Kern des religiösen Verhältnisses in seiner Immanenz", der inhaltlich als „Frömmigkeit, Gottinnigkeit, Liebesgemeinschaft mit Gott"[6] zu bestimmen ist. Damit sieht Reukauf den Nachweis erbracht, „daß der Wert des religiösen Verhältnisses analog dem ethischen auf voller unmittelbarer Gewißheit der Beurteilung seinem innersten Kern nach beruht"[7] und somit die Charakterstärke der Religiosität als komplementäres Ziel zu Herbarts „Charakterstärke der Sittlichkeit" hinzutreten muß, was dann zusammengenommen das allgemeine Erziehungsziel des religiös-sittlichen Charakters bzw. der religiös-sittlichen Persönlichkeit ergibt.

---

[1] Reukauf sagt in der Regel „religiös-sittlich", während bei Ziller und Thrändorf „sittlich-religiös" vorherrscht.

[2] Vgl. z. B. 1895,321; 1904,16; 1906,114; 1923,60

[3] 1892,7 f. nach J. F. Herbart Werke 2,28 u. ö.

[4] 1892,9

[5] Sie ist eine der 5 praktischen Ideen der Sittlichkeit, mit denen Herbart den kategorischen Imperativ seines Königsberger Vorgängers Kant inhaltlich entfaltet (vgl. J. F. Herbart Werke 2,361 ff.)

[6] 1892,10

[7] 1892,10

2.2.2 Erziehungsschule und erziehender Unterricht

Genauso fest wie das Erziehungsziel stehen für Reukauf die organisatorischen Konsequenzen, die die Herbart-Zillersche Pädagogik aus diesem gezogen hat. Mit Ziller und Thrändorf unterscheidet er zwischen dem Unterricht als der mittelbaren und der Zucht als der unmittelbaren Charakterbildung[8] und wie seine beiden Gewährsleute hält er die Möglichkeiten, die der Unterricht bietet, für weitaus wichtiger[9]. Denn auch für Reukauf versteht es sich von selbst, daß bloße Wissensvermittlung nicht genügt, sondern Unterricht grundsätzlich, vor allem in den entscheidenden gesinnungsbildenden Fächern[10], interesseweckender und damit erziehender Unterricht sein muß. Die Schule, die ihn erteilt, ist folglich notwendigerweise als Erziehungsschule charakterisiert[11], und zwar gilt dies sowohl für die Volksschule als auch für die höheren Schulen, denn die Charakterbildung ist in der Regel nicht vor dem 19. Lebensjahr abgeschlossen. Aus diesem Grunde müssen außerdem den Volksschülern, die ja schon mit 14 Jahren entlassen werden, nach der Schulzeit geeignete Erziehungseinrichtungen und Entfaltungsmöglichkeiten angeboten werden[12].

2.2.3 Das Familienprinzip nach F. W. Dörpfeld

Bei allen Überlegungen zur Aufgabe der Erziehung sowie zur Struktur und Organisation der Erziehungsschule darf ein grundlegender Faktor nicht außer acht gelassen werden: die Familie. Bereits bei Herbart bildet sie den Ausgangspunkt und zugleich den wichtigsten Träger aller Erziehungsprozesse[13]. Der energischste Vorkämpfer des Primats der Familie ist aber im Kreis der Herbartianer und darüber hinaus in der gesamten Pädagogik der zweiten Hälfte des 19. Jahrhunderts der rheinische Lehrer und Herausgeber

---

[8] 1892,36 mit Berufung auf T. Ziller 1884a,393f. und E. Thrändorf 1879,53f.

[9] An der genannten Stelle 1892,36 geht er auf Maßnahmen der Zucht überhaupt nicht ein. Erst 1923,43ff. stellt er genauere Überlegungen dazu an (im Anschluß an K. Just 1920).

[10] S.u. Abschnitt 2.2.5

[11] Daran hält Reukauf auch noch gegenüber dem Programm der Arbeitsschule fest: „Eine tiefer eindringende Untersuchung ergibt, daß der Gedanke der Arbeitsschule nur ein Mittel der Erziehung, nicht ihr Ziel zu kennzeichnen vermag, daß das wesentlichste Element neuzeitlicher Schulgestaltung doch immer noch am besten in dem Wort Erziehungsschule zum Ausdruck zu bringen ist" (1926,118).

[12] S.u. Abschnitt 2.8.1−4. Reine Fachschulen haben jedenfalls erst dann Sinn, wenn die Erziehungsschule ihr Werk getan und die Charakterbildung zu einem gewissen Abschluß gebracht hat, vgl. 1892,26 (mit E. Thrändorf 1879,7f.; die bei Reukauf genannte Seitenzahl ist wie zahlreiche andere Belegangaben der Dissertation 1892 unrichtig) und 1895,321.

[13] Vgl. J. F. Herbart Werke 3,4. Herbart denkt freilich auf dem Hintergrund seiner Erfahrungen als Hauslehrer vor allem über die individuelle pädagogische Beziehung zwischen Erzieher und Zögling nach, während ihn die Schule nur am Rande interessiert.

des „Evangelischen Schulblatts" F. W. Dörpfeld, dessen Gedanken vor allem durch die Vermittlung W. Reins[14] großen Einfluß auf Reukauf ausüben. Er greift daher öfter und ausführlicher als Thrändorf auf sie zurück.

Für Dörpfeld ist die Familie „Vollinteressent"[15] an der Erziehung, während Staat, Kirche und bürgerliche Gemeinde nur „Teilinteressenten" sind und deshalb in erster Linie die Aufgabe haben, die Familie bei ihrer Erziehungstätigkeit zu unterstützen. Der konkrete Ort, an dem dies geschehen soll, ist die Schule. Als „Hilfsanstalt der Familie"[16] muß sie hauptsächlich deren Eigenverantwortung und Selbstverwaltung unterstehen. Daher soll sich jeweils eine Gruppe von Familien, die in räumlicher Nachbarschaft zusammenlebt und sich über das globale Erziehungsziel einig ist, zu einer „Schulgemeinde" zusammenschließen und eine Schule betreiben[17]. Das lebendige Vorbild, das Dörpfeld bei alledem vor Augen hat, sind die bereits seit drei Jahrhunderten bestehenden, sich selbst verwaltenden Schulgemeinde-Schulen des Bergischen Landes[18], die weit mehr als Herbarts Theorie seine Konzeption beeinflussen.

Reukauf betrachtet das Dörpfeldsche Familienprinzip zeitlebens als unverrückbar feststehendes pädagogisches Ideal[19]. Auch die aus ihm abgeleitete Schulverfassungstheorie übernimmt er lange uneingeschränkt[20]. Doch seit 1909 sieht er in zunehmendem Maße gleichzeitig die Schwierigkeiten, die ihrer Verwirklichung entgegenstehen. Denn die geschichtliche Entwicklung, die fast überall in Deutschland dem Staat und den Kommunalbehörden mit der finanziellen Verantwortung weitgehende Rechte im Schulwesen gebracht hat, läßt sich nicht zurückdrehen, schreitet umgekehrt immer mehr in Richtung auf eine völlige Zentralisierung und Vereinheitlichung fort. Daher fordert Reukauf, das Familienprinzip in kleinen Schritten allmählich stärker zur Geltung zu bringen, ohne die geschichtlich gewachsenen Verhältnisse umzustürzen[21]. D.h. unbeschadet der staatlichen Oberaufsicht und der kommunalen Trägerschaft, die billigerweise auch das Recht zur Anstellung

---

[14] Rein vertritt seit seiner Tätigkeit in Barmen 1871/72, die ihn in engen persönlichen und wissenschaftlichen Kontakt mit Dörpfeld bringt, dessen Familienprinzip und Schulverfassungstheorie (Vgl. W. Rein 1906,535 ff.; 1926,190).

[15] F. W. Dörpfeld Schriften 8/1,28

[16] 1909 a,100 nach F. W. Dörpfeld Schriften 8/1,29

[17] Als Leitungsgremien sollen dabei der Schulvorstand (2 Väter, 1 Lehrer, 1 Pfarrer) und eine parlamentsähnliche „Schulrepräsentation" (F. W. Dörpfeld Schriften 8/1,110 f.) fungieren, letztere vor allem für finanzielle Entscheidungen und Lehrerwahl, während die pädagogische Schulaufsicht bei fachlich kompetenten Staatsbeamten bleibt. Ähnlich stellt sich Dörpfeld die überörtliche Organsiation von Kreis-, Bezirks-, Provinz- und Landesschulgemeinden vor.

[18] Vgl. W. Potthoff 1972,50 ff.

[19] Für die spätere Periode vgl. 1926,44

[20] Vgl. 1892,28 und 1906,16 ff.

[21] 1909 a,105

der Lehrer einschließt, sollen überall Schulvorstände, Schulpflegschaften und Elternbeiräte konstituiert werde, in denen die Eltern bei der Gestaltung der Schulen mitarbeiten und mitbestimmen können. Wenn es auf diese Weise gelingt, in den Familien das Verantwortungsbewußtsein für die Schule zu wecken bzw. zu stärken, sind als weitere Schritte dann Bezirks- und Provinzschulsynoden usw.[22] möglich.

2.2.4 Das Problem der Konfessionalität der Erziehungsschule

Auch die Frage, ob und wieweit die Schule, die ja als Erziehungsschule auf einheitliche Erziehungsziele angewiesen ist, konfessionell geprägt sein muß, erhält bei Reukauf durch den von F. W. Dörpfeld vorgezeichneten schulorganisatorischen Problemzusammenhang ihre konkrete Zuspitzung. Reukauf setzt sich mit ihr über vier Jahrzehnte intensiv auseinander, denn der ständige Wandel der politischen und gesellschaftlichen Verhältnisse veranlaßt ihn zu immer neuen Modifikationen seiner Antwort.

Die aus dem Familienprinzip abgeleitete Dörpfeldsche Schulgemeinde setzt einen Konsens zwischen den Eltern und den „Teilinteressenten" über das Gesamtziel der Erziehung voraus, geht also praktisch von der Konfessionsschule aus. Der junge Reukauf nimmt in seiner Dissertation denselben Standpunkt ein, wobei er gleichzeitig Thrändorfs Bestimmung des Konfessionsbegriffs[23] aufgreift. Demzufolge fordert er für evangelische Schulgemeinden die freie evangelische Konfessionsschule. Er kann in diesem Zusammenhang das Erziehungsziel der Schule einfach als „evangelischer Charakter"[24] bestimmen und direkt aus dem Familienprinzip begründen[25]. Für Gebiete, in denen die Bevölkerung verschiedenen Konfessionen[26] angehört und wo wegen der äußeren Verhältnisse nicht jede von diesen voll ausgebaute eigene Schulen unterhalten kann, hält Reukauf paritätische Schulen für die pädagogisch beste Lösung. Genau wie Thrändorf fordert er für sie, daß neben dem Religionsunterricht auch der Geschichtsunterricht nach Konfessionen getrennt erteilt wird[27].

Diese in der Dissertation gewonnenen Einsichten bestimmen Reukaufs Denken etwa 15 Jahre lang. Dann erfolgt am Ende des ersten Jahrzehnts des

---

[22] 1914,71

[23] S. o. Abschnitt 1.2.4

[24] 1892,28

[25] 1892,31; ähnlich 1906,17

[26] Gemeint sind die katholische und die evangelische. Den Unterschied zwischen Lutheranern und Reformierten hält Reukauf im Gegensatz zum jungen Thrändorf von Anfang an nicht für so groß, daß man sich nicht auf ein gemeinsames Erziehungsziel einigen könnte (1892,31).

[27] 1892,45f. nach E. Thrändorf in Erläuterungen 1888,40. 1906,18 gibt Reukauf diese Forderung auf.

20. Jahrhunderts insofern ein Umschwung, als er die Gegensätze zwischen der evangelischen und der katholischen Konfession nicht mehr so absolut sieht. Statt dessen hebt er mehr und mehr die Gemeinsamkeiten hervor, wobei der nationale Aspekt einen exponierten Rang erhält[28]. Der besondere Charakter des deutschen Katholizismus[29] gibt Reukauf nämlich Grund zu der Hoffnung, daß mindestens in Deutschland „einstmals die gemeinsamen religiös-sittlichen Überzeugungen, die zentralen Ideen der Verkündigung Jesu auch eine Einigung der Christenheit herbeiführen werden"[30]. Deshalb hält er es schon jetzt durchaus für möglich, daß sich evangelische und katholische Familien in konfessionell gemischten Gebieten über die konkreten Ziele einer christlichen Erziehung ihrer Kinder einigen und zu einer gemeinsamen Schulgemeinde zusammenschließen[31]. 1909 fordert er daher die Abschaffung des Zwangs zur Konfessionsschule[32]. Zwar erscheint ihm nach wie vor die evangelische konfessionelle Schule im Sinne Thrändorfs mit einem freiheitlichen erziehenden Religionsunterricht als die beste unter den augenblicklich zu realisierenden Möglichkeiten. Aber in katholischen Konfessionsschulen, die unter dem Einfluß der Amtskirche, also mehr unter dem rönischen als unter dem deutschen Geist stehen, ist eben ein solcher pädagogischer Religionsunterricht nicht gewährleistet. Deshalb sollte der Staat alles tun, um in konfessionell gemischten Gebieten die Errichtung von Simultanschulen[33] zu begünstigen, die in der Regel schon jetzt mehr Möglichkeiten für eine einheitliche nationale Erziehung bieten[34].

Bereits vier Jahre später sieht sich Reukauf freilich aus Enttäuschung gezwungen, seinen Standpunkt erneut zu revidieren. „Die gewaltsame Unterdrückung aller Regungen des Modernismus in der katholischen Weltkirche" und „das klägliche Versagen des deutschen Katholizismus in den Jahren der Borromäus-Enzyklika und des Modernisteneides"[35] haben für die nähere

---

[28] Gewährsmann ist hier vor allem F. Paulsen, vgl. das lange Zitat 1909 a, 48 f.

[29] In ihm sind wie im Protestantismus die Gedanken Jesu, die Gottes- und Nächstenliebe und damit die persönliche Frömmigkeit und Sittlichkeit viel stärker ausgeprägt. Als Repäsentanten dieser inneren Wiedergeburt nennt Reukauf in erster Linie J. M. Sailer und J. Salat, daneben F. v. Baader, J. Möhler und I. v. Döllinger (1909 a, 45).

[30] 1909 a, 46 (im Original gesperrt, desgl. die Fortsetzung: „Und wir müssen auch das Unsere tun, daß wir dieser Einheit näher kommen".)

[31] 1909 a, 115; zur Frage des interkonfessionellen Religionsunterrichts s. u. Abschnitt 2.3.2.

[32] 1909 a, 126. Der ganze Gedankengang ist stark von W. Rein und seiner Forderung einer religiösen und nationalen Einheitsschule bestimmt, vgl. W. Rein 1905 a, 232 ff.

[33] „Simultanschule" ist weiter gefaßt als der von Reukauf ursprünglich gebrauchte Begriff „paritätische Schule" (1892, 44: getrennter Religions- und Geschichtsunterricht, weitergehende Simultanschulen werden hier noch abgelehnt).

[34] Die Simultanschule „gewöhnt die Kinder der verschiedenen Religionsbekenntnisse daran, einzusehen, wie viele Bildungsgüter trotz der konfessionellen Spaltung dem gesamten Volk gemein sind" (1909 a, 127).

[35] 1914 a, VI

Zukunft alle Hoffnungen auf die einheitliche nationale christliche Erziehungsschule zunichte gemacht. Daher gewinnt „das Ideal der freien evangelischen Schule, das zwischendurch gegen dasjenige einer allgemeinen interkonfessionellen Schule mit gemeinsamem Religionsunterricht zurückgetreten war"[36], wieder an Wert. Für die rein oder überwiegend evangelischen Gebiete fordert er demzufolge die freie evangelische Konfessionsschule ohne Gewissenszwang und kirchliche Herrschaft[37], für die konfessionell gemischten Gebiete stellt er die Simultanschule, die durch staatliche Aufsicht über alle Fächer gegen Unwissenschaftlichkeit, Intoleranz und Staatsfeindschaft ankämpft, pointiert als die relativ brauchbarste Schulform heraus[38]. In beiden Typen aber sieht er gleichberechtigte Wege in Richtung auf die erhoffte nationale Einheitsschule: „Hier sollte man deshalb in Lehrerkreisen nicht unnütz streiten, sondern sich eins fühlen im Aufblick zu dem höchsten, letzten Ziel, der schließlichen Einigung des Volks in einem echt deutschen, romfreien und wahrhaft evangelischen Christentum"[39].

Die Entwicklung nach 1918 nährt anfangs Reukaufs Hoffnungen auf eine überkonfessionelle christliche deutsche Schule von neuem[40], verstärkt aber andererseits seine Befürchtungen hinsichtlich der Gefahr einer rein weltlichen religionslosen Schule. Deshalb findet er sich in der Weimarer Zeit allmählich mit den tatsächlichen Gegebenheiten ab und beschränkt seine schulpolitischen Überlegungen immer mehr auf die Fragen des Religionsunterrichts[41].

2.2.5 Die Konzentration der Unterrichtsfächer

Die Idee der Konzentration wird von Reukauf genau wie von Thrändorf[42] mehr als theoretisches denn als praktisches Prinzip betrachtet. Sie nimmt bei ihm noch weniger Raum ein als bei diesem, weil er wegen seines jüngeren Lebensalters nicht mehr unmittelbar in die internen Auseinandersetzungen

---

[36] 1914,XIV

[37] Der Kampf gegen die geistliche Schulaufsicht ist ein durchgehendes Leitmotiv in Reukaufs schulpolitischem Denken. Er ist „wichtiger als der Kampf um Simultanschule und konfessionelle Schule" (1914,90 Anm. 2). Reukauf verweist häufig auf die Schrift des Würzburger Lehrers und späteren Vorstandsmitglieds des Bundes für Reform des Religionsunterrichts J. Beyhl 1903, „die von jedem Lehrer und – jedem Geistlichen gelesen werden sollte" (1906,21 Anm. 3) und daneben auch auf die Erfolge der kirchenfreien pädagogischen Schulaufsicht über den Religionsunterricht in Thüringen (s. u. Abschnitt 2.3 Anm. 45).

[38] 1914a,73f. u. 81; 1914,87f.

[39] 1914,90 (im Original gesperrt)

[40] 1919a,43

[41] 1926,43ff. ist die von Reukauf bevorzugte Schulform trotz der Überschrift „Die Stellung von Staat, bürgerlicher Gemeinde und Kirche zur Schule und zum Religionsunterricht" nur implizit aus den Darlegungen über letzteren zu erschließen.

[42] S.o. Abschnitt 1.2.3

der Zillerschen Schule um jene Theorie verstrickt ist, sondern von vornherein von seinem Lehrer Rein die neuere und freiere Auffassung übernimmt, die er ohne größere Modifikationen sein Leben lang beibehält. Den Grundgedanken, daß zur Bildung einer homogenen Persönlichkeit kontinuierlich aufeinander abgestimmte Lernprozesse und Erziehungseinflüsse notwendig sind, hält Reukauf ungeachtet des pädagogischen Standorts für unmittelbar einleuchtend[43], die konkrete Entfaltung mit den Mitteln der Herbartschen Psychologie indessen für zeitgebunden und vergänglich[44], denn sie wird weder der Eigenständigkeit der Unterrichtsfächer noch den Bedürfnissen der Kinder gerecht. Reukauf folgt darum den Herbartianern, die Zillers Einseitigkeit korrigiert haben und zitiert vor allem immer wieder seinen Lehrer Rein[45], der in den einzelnen Fächern „eine Anzahl von Reihen, die nebeneinander herlaufend die verschiedenen Seiten der Kulturtätigkeit eines Volkes darstellen"[46] sieht. Für Reukauf hat die Konzentrationstheorie insofern Bedeutung, als sie die zentrale Rolle des Religionsunterrichts und seiner Inhalte innerhalb des schulischen Fächerkanons sicherstellt[47], obwohl sich als formaler Mittelpunkt für die Konzentration besser der Geschichtsunterricht eignet[48]. Vor allem aber gilt die praktische Konsequenz, die schon Rein gezogen hat: „Beseitigung aller unnützen Zerteilungen eines und desselben Lehrgebiets"[49]. Diese Forderung versucht Reukauf auf dem Gebiet des Religionsunterrichts, der ja zu seiner Zeit in bis zu fünf selbständig nebeneinander herlaufende Unterfächer zerrissen ist, zeitlebens zu verwirklichen[50] und sieht darin die dringlichste Anwendung der Konzentrationsidee.

---

[43] 1914,184

[44] Insbesondere übt er Kritik an der Verengung des Konzentrationsbegriffs durch Ziller (1892,58 Anm. 3; Erläuterungen 1899,45; A.Reukauf 1901,257; 1906,270; 1914,336), dessen Anschauungen er mit W. Rein (Erläuterungen 1887,56) als „Klebekonzentration" bezeichnet (1901,257; 1906,270; 1914,336).

[45] Vgl. A. Reukauf 1901,270 f.; 1906,270 f.; 1914,337 f.

[46] W. Rein 1897,495

[47] 1892,33 ff.41.74

[48] „An den vaterländischen Geschichtsunterricht schließen sich die übrigen Stoffe naturgemäß viel besser an als an den Religionsunterricht, der in ganz fremde Länder und in ein fremdes Volk hineinversetzt" (1901,324).

[49] 1901,271 sowie 1906,271 und 1914,337 nach W. Rein (s.o. Anm. 46)

[50] Für den älteren Reukauf vgl. 1926,104 ff. (auf bayerische Verhältnisse bezogen) und 1927,221 ff.

2.3 „Persönlichkeitsbildung durch Vermittlung von Persönlichkeits-offenbarungen" (Aufgabe und Ziel des Religionsunterrichts)

2.3.1 „Idealer Umgang" als Hauptaufgabe desReligionsunterrichts

Die Aufgaben und Ziele, die Reukauf dem schulischen Religionsunterricht zuweist, entsprechen voll und ganz den Ergebnissen Thrändorfs[1], wenn auch Reukauf bei ihrer Bestimmung vielfach eigene Wege geht und sich bemüht, andere und teilweise sogar konträre philosophische, psychologische und theologische Standpunkte zu integrieren. Als Grundvoraussetzung steht für ihn dabei unveränderlich fest, daß der Religionsunterricht nur als erziehender Unterricht seine Aufgabe erfüllen kann. Deshalb weist er unermüdlich alle anderweitigen religionspädagogischen oder schulpolitischen Konzeptionen zurück, was für ihn nicht nur als gern und oft angewandtes Mittel zur Vergewisserung und Präzisierung seines eigenen Standpunktes dient[2]. Vielmehr weiß er von Anfang an, daß es bei diesen Auseinandersetzungen um die Existenzberechtigung des Religionsunterrichts überhaupt geht. Sie ist schon 1892 umstritten[3] und wird erst recht in den Schulkämpfen des beginnenden 20. Jahrhunderts radikal in Frage gestellt, vor allem seit 1903 in Bremen[4] und seit 1907 in Hamburg. Ein Teil der Gegner strebt die „weltliche" bzw. „religionslose " Schule an mit einem am französischen[5] oder amerikanischen Beispiel ausgerichteten Moralunterricht[6], dem in dem Schweizer F. W. Foerster[7] außerdem ein wissenschaftlich ernstzunehmender Vertreter erwachsen war. Reukauf gesteht zu, daß Foerster und auch die Bremer auf eine Fülle konkreter ethischer Probleme und einschlägiger literarischer Texte aufmerksam machen, die in der Schule viel gründlicher behandelt werden müssen[8].

---

[1] S. o. Abschnitt 1.3.4−6

[2] Vgl. 1892,41 ff.; 1906,2 ff.; 1909 a,11 ff.64 ff.74 ff.; 1914,46 ff.73 ff.; 1914 a,60 ff.; 1919 a,21 ff.; 1923,14 ff.20 ff.70 ff. u. ö.; 1926,39 f.

[3] 1892,2

[4] Vgl. P. C. Bloth 1961

[5] Am französischen Moralunterricht kritisiert Reukauf die trockene, katechismusartige Behandlung ethischer Grundsätze und spricht von einem „Museum ausgestopfter Tugenden" (1923,16 nach F. W. Foerster).

[6] In der Dissertation werden diese Versuche noch mit der Charakteristik „oft sehr zweifelhafter Art" (1892,42) abgetan, doch nach dem Bremer Schulstreit, in dem sich die überwiegende Mehrheit der dortigen Lehrerschaft für einen religionslosen, hauptsächlich an Beispielen aus der Weltliteratur orientierten Sittenunterricht aussprach, erscheint eine intensivere Auseinandersetzung geboten.

[7] F. W. Foerster fußt u. a. auf Pestalozzi und versteht seine Moralpädagogik nicht als Ersatz, sondern als Ergänzung des Religionsunterrichts. Sein Hauptwerk „Jugendlehre" (1904, danach viele weitere Auflagen) hat Reukauf „über die Frage des Moralunterrichts ein ganz anderes Urteil" (1909 a,79) gewinnen lassen.

[8] Ob und wann dafür ein eigenes Fach sinnvoll ist oder ob jene Stoffe auf Deutsch-, Geschichts- und Religionsunterricht aufgeteilt werden sollen, läßt Reukauf 1909 noch offen, tendiert aber mehr zur zweiten Lösung (1909 a,80). 1914 dominiert noch einmal die entschiede-

Aber er wendet sich scharf gegen alle Versuche, darin einen zureichenden Ersatz für den Religionsunterricht zu sehen. Denn die Ethik, besonders das praktische Handeln, bedarf der Verankerung in der Religion. Ein Utilitarismus, wie ihn die Bremer Lehrer vertreten, ist aus pädagogischer Sicht ausgesprochen schädlich.

Doch noch mehr als diese Auseinandersetzungen kennzeichnet der entwicklungspsychologische Ansatz Reukaufs Didaktik des Religionsunterrichts. Aus dem Verlauf der religiösen und ethischen Entwicklung[9] beim Kind und beim Jugendlichen versucht er Aufschlüsse über die Möglichkeiten des Religionsunterrichts zu gewinnen, der diese Prozesse kanalisieren soll. Dabei orientiert er sich zunächst an den entwicklungspsychologischen Stufenschemata der Zillerschen Schule[10]. Später und vor allem im Hinblick auf die religiöse Entwicklung berücksichtigt er zusätzlich neuere Arbeiten der deutschen[11] und besonders der angelsächsischen[12] Religionspsychologie sowie einschlägige autobiographische Zeugnisse aus der Romanliteratur[13], ohne jedoch die von Th. Vogt übernommene dreistufige Grundstruktur aufzugeben[14]. Die Fülle des Materials erlaubt es ihm, die Kriterien für den Aufbau eines an der Erfahrungs- und Vorstellungswelt der jeweiligen Altersstufe orientierten Religionsunterrichts herauszuarbeiten[15], an entscheidenden Wendepunkten wie etwa dem Beginn der Schulzeit sogar bis ins Detail. Als konstante und damit wichtigste Möglichkeit des Unterrichts ergibt sich für Reukauf aus alledem jedoch genau wie für Thrändorf die Gewinnung religiöser und sittlicher Erfahrungen durch den „idealen Umgang" mit den bedeutenden Persönlichkeiten der biblischen und der christlichen Geschichte[16].

---

ne Ablehnung des Moralunterrichts (1914,70f.), nach 1918 ist er dagegen von der Notwendigkeit einer solchen Ergänzung des Religionsunterrichts in steigendem Maße überzeugt. Entscheidend bleibt jedoch, daß auch in der weltlichen Schule der Moralunterricht die religiösen Fundamente des menschlichen Handelns nicht bestreitet, sondern im Sinne F. W. Foersters oder P. Barths mitreflektiert (1923,61.73.79; zum lebenskundlichen Unterricht s.u. Abschnitt 2.8.3).

[9] Beide hält er stets streng auseinander. Vgl. zur sittlichen Entwicklung 1892,11ff.; 1906,106ff., 1914,110ff.; zur religiösen Entwicklung 1892,18ff.; 1906,110ff.; 1914,157ff.

[10] Grundlegend ist die Dreistufengliederung Th. Vogts (Erläuterungen 1884,40ff.), daneben zieht Reukauf auch K. Lange und B. Hartmann heran, vgl. die Synopse 1906,103ff.

[11] In der mittleren Periode hauptsächlich die Werke H. Schreibers (z.B. Der Kinderglaube, 1909), später vor allem E. Spranger: Psychologie des Jugendalters, 1924.

[12] Ab 1914 (vgl. 1914,147ff.) W. James: Die religiöse Erfahrung (deutsch 1907), E.D. Starbuck: Religionspsychologie (deutsch 1909), J. Sully: Untersuchung über die Kindheit (deutsch [3]1910), usw.

[13] Reukauf benutzt hier die Sammlung G. Bäumer / L. Dröscher 1908 ([2]1912).

[14] Für die zweite und dritte (Vogtsche) Stufe der sittlichen Entwicklung gebraucht Reukauf die Herbartschen Begriffe „objektiver" und „subjektiver" Charakter (J.F. Herbart Werke 10,178f.), vgl. z.B. A. Reukauf 1892,15ff. und 1906,108.

[15] S.u. Abschnitt 2.5.1−4

[16] Der ältere Reukauf bezieht darüber hinaus die religiösen Erlebnisse ganzer Gemeinschaften mit ein (1927,27).

Daher kann er die Aufgabe des schulischen Religionsunterrichts mit der Formel „Persönlichkeitsbildung durch Vermittlung von Persönlichkeitsoffenbarungen"[17] zusammenfassen.

Zu demselben Ergebnis kommt er auch noch auf einem anderen Weg, nämlich durch Überlegungen zum Problem der Lehrbarkeit der Religion, die er seit den Diskussionen auf der Versammlung der Freunde der „Christlichen Welt" im Jahr 1900 in Eisenach, an denen er persönlich teilgenommen hat[18], in allen Gesamtdarstellungen seiner religionspädagogischen Konzeption durchführt. Es liegt auf der Hand, daß er dabei alle Versuche entschieden ablehnt, die den Religionsunterricht auf die Übermittlung von Kenntnissen beschränken wollen, und grundsätzlich an der Lehrbarkeit der Religion und damit an der Möglichkeit eines Unterrichts „in" Religion statt eines bloßen Unterrichts „über" Religion[19] festhält, denn diese Möglichkeit ist im „idealen Umgang" bzw. der „Vermittlung von Persönlichkeitsoffenbarungen" gegeben und es wäre töricht, auf sie zu verzichten[20]. Nach dem Erscheinen des Buches „Wie lehren wir Religion?" von R. Kabisch im Jahr 1910 fühlt sich Reukauf durch dessen Darlegungen zur Lehrbarkeit der sittlichen und religiösen Vorstellungen, Gefühle und Willenshandlungen[21], an deren Gedankengang er sich in der Folgezeit eng anschließt[22], in seiner Auffassung voll bestätigt.

Gegenüber diesen Beschreibungen der Aufgabe des Religionsunterrichts treten die Zielbestimmungen bei Reukauf deutlich in den Hintergrund. Das letzte intentionale Ziel ist für ihn wie für alle Herbart-Zillerschen Pädagogen

---

[17] 1914,58 f.182.194.201. Die Formulierung ist inhaltlich identisch mit dem Begriff „idealer Umgang" (1914,181 f.), soll aber dessen theologische Relevanz besonders hervorheben, vgl. die Hinweise auf die Lehre von der efficacia verbi divini (1909 a,62) und auf O. Pfleiderers Offenbarungsbegriff (1914,182).

[18] Vgl. seinen Bericht 1901 a

[19] Formulierung in Antithese zu P. Natorp 1905,491: „Unterricht nicht in, sondern über Religion". Einen solchen Unterricht (auch die landläufige Katechese, die „die Religion aus einer Gewissenssache zu einer Wissenssache gemacht" hat, gehört hierher, vgl. 1906,3) hält Reukauf nicht nur wegen der Beschränkung auf die kognitive Oberfläche für pädagogisch sinnlos, sondern schlicht für unmöglich, weil die persönliche Einstellung des Lehrers und damit die affektive Dimension stets mit einfließt und sich auch beim Schüler unwillkürlich Werturteile einstellen (vgl. 1909 a,66 und 1914,50 ff.).

[20] 1909 a,66 f. Hinzukommt, daß sich die Befürworter des angeblich „objektiven" Religionsunterrichts immer wieder in Widersprüche verwickeln (vgl. 1909 a,67 und 1914,50 f. zu P. Natorp; 1909 a,54 f. zu F. M. Schiele, H. Vollmer u. a.) oder schlicht einem Mißverständnis unterliegen und eigentlich einen erziehenden Religionsunterricht wollen (vgl. 1914,51 ff. zu A. E. Krohn und U. Peters). Erst recht kann bei einer vorgefaßten negativ-religionskritischen Einstellung wie der Ellen Keys (Gutachten in F. Gansberg 1906,85) und ihrer Bremer Gesinnungsfreunde von Objektivität keine Rede sein (vgl. 1909 a,76; 1914,77; 1919 a,26).

[21] Vgl. R. Kabisch 1912,45 ff.

[22] Vgl. 1914,35 ff. und 1926,32 ff. Die von Kabisch übernommenen Gedanken sind nicht immer einzeln gekennzeichnet.

identisch mit dem Gesamtziel der Erziehung, der religiös-sittlichen Persönlichkeit bzw. dem religiös-sittlichen Charakter[23]. Von ihm unterscheidet
Reukauf vor 1914 zusammen mit den meisten Herbartianern das konkrete
Unterrichtsziel „Interesse"[24]. Danach verwischen sich bei ihm einerseits die
Grenzen zwischen Aufgaben- und Zielbestimmung immer mehr[25], andererseits zieht es Reukauf in der Folgezeit vor, mit den reformpädagogisch
inspirierten Religionspädagogen an die Stelle des Interesses[26] die „Weckung
religiöser Gefühle"[27] bzw. die „Weckung religiösen und sittlichen Lebens"[28]
zu setzen.

2.3.2 Konfessioneller oder interkonfessioneller Religionsunterricht?

Mit den Konzepten des „objektiven" Religionsunterrichts verbindet sich in
der Regel die Forderung, die konfessionelle Trennung in diesem Fach zu
beseitigen. Für Reukauf stellt sich das Problem auch schon im Zusammenhang mit der Frage nach der Konfessionsschule[29], weshalb wir zu beiden
Themen stets analoge, in den verschiedenen Phasen seines Lebens immer
wieder modifizierte Stellungnahmen vorfinden.

Zu Beginn seines Berufswegs vertritt Reukauf, wie erwähnt, den Thrändorfschen Konfessionsbegriff, der ihn für alle Schulen einen konfessionell
getrennten Religions- und Geschichtsunterricht fordern läßt[30]. Die Annähe-
rung, die er dann am Ende des ersten Jahrzehnts des 20. Jahrhunderts
zwischen den Konfessionen konstatiert, läßt ihm einen interkonfessionellen
Religionsunterricht durchaus möglich erscheinen. Denn auch die pädagogischen Vorbedingungen sind erfüllt: „Es liegt erstens eine überkonfessionelle religionsgeschichtliche Wissenschaft vor, die den Stoff zu diesem Unterrichtsfach zu liefern vermag, es liegt ferner eine überkonfessionelle pädagogische Wissenschaft vor, die ihn zu ordnen und zu bearbeiten anweist"[31].

---

[23] S. o. Abschnitt 2.2.1

[24] 1904,19; 1906,127; 1909 a,63; 1914,201

[25] „Hauptziel des Religionsunterrichts in der Volksschule sei Persönlichkeitsbildung durch
Vermittlung von Persönlichkeitsoffenbarungen, Pflege von Interesse an den großen Persönlichkeiten aus der Geschichte der Offenbarung Gottes" (1914,201).

[26] Die Kritik in 1926,82f. an Thrändorfs Zielbestimmung richtet sich gegen eine Formulierung, die Reukauf früher selbst ebenfalls gebraucht hat (1904,19; 1906,27; 1909 a,63), außerdem
tut sie Thrändorf unrecht (s. o. Abschnitt 1.3.6, 1.6.1 und 1.6.4).

[27] 1914,175 nur für den grundlegenden Religionsunterricht; 1927,10 unter Berufung auf die
Kunsterziehungsbewegung.

[28] 1923,68

[29] S. o. Abschnitt 2.2.4

[30] 1892,43

[31] 1909 a,85. Reukauf führt neben seinem Lehrer W. Rein die Theologen E. Troeltsch, E. Sul-
ze und P. Graue als Gewährsleute für seine Position an (1909 a,84f.; 1914,54 zusätzlich O.
Baumgarten).

Außerdem gibt es ein historisches Vorbild: Im Herzogtum Nassau wurde zu Beginn des 19. Jahrhunderts vom Reformationsjubiläum 1817 an ein „allgemeiner" Religionsunterricht als Hauptunterricht gehalten[32]. Ganz ähnlich möchte Reukauf den interkonfessionellen Religionsunterricht als Grundlage verstehen, auf der sich, mit dem letzten Schuljahr beginnend, der konfessionelle bzw. kirchliche Unterricht aufbaut[33].

Die kurz darauf eingetretene Enttäuschung[34] seiner ökumenischen Hoffnungen veranlaßt Reukauf dann wieder zu einer vorsichtigeren Beurteilung des Problems. Er verlagert jetzt den Schwerpunkt seiner Argumentation dahingehend, daß er die Unterschiede zwischen dem interkonfessionellen und dem freiheitlich-evangelischen Religionsunterricht bis an die Grenze des Identifizierens[35] beider relativiert. Genau betrachtet gibt er damit 1914 die Hoffnung auf den interkonfessionellen zugunsten des richtig verstandenen evangelischen Religionsunterrichts für die absehbare Zukunft auf. Auch im Blick auf die Nachkriegszeit läßt sich seine Position so zusammenfassen, daß der inter- bzw. überkonfessionelle[36] Religionsunterricht nur das praktisch unerreichbare Ideal darstellt, „dem zunächst im evangelischen Religionsunterricht zugestrebt werden soll"[37].

2.3.3 Die Aufsicht über den Religionsunterricht

Eine der wichtigsten, wenn nicht gar die entscheidende Voraussetzung für eine erfolgreiche Reform des Religionsunterrichts ist für Reukauf die Neuregelung der Aufsichtsfrage. Die Aufhebung der geistlichen Schulaufsicht[38]

---

[32] 1909a,81 f. Dazu Thrändorf in einer Rezension: „Die Hoffnung auf einen ‚vorkonfessionellen Religionsunterricht' kann ich nicht ganz teilen. Das Beispiel von Nassau hat für uns keine Beweiskraft mehr, denn die Zeiten der Aufklärung, die an eine Normalvernunft glaubte und mit dieser eine für alle vernünftigen Menschen gültige Religion finden zu können meinte, sind vorüber" (E. Thrändorf 1911,283; zur nassauischen Simultanschule vgl. auch D. Stoodt 1985,68).

[33] Vgl. 1909a,89, wo der „vorkonfessionelle, biblische Religionsunterricht" der Unterbau des Religionsunterrichts genannt wird. Zum Konfirmandenunterricht s. u. Abschnitt 2.8.2.

[34] S. o. Abschnitt 2.2.4

[35] Beide wurzeln in der neuprotestantischen Frömmigkeit, beide wollen (wenn man den pädagogisch wertlosen „objektiven" interkonfessionellen Religionsunterricht außer acht läßt) Persönlichkeitsbildung durch Vermittlung von Persönlichkeitsoffenbarungen, beide entsprechen den Kriterien der Wissenschaftlichkeit, Duldsamkeit und Staatstreue (1914,57ff.; 1926,48f.). Gegentypus ist der autoritär-katholische Unterricht, dem der herkömmliche lehrgesetzliche und der autoritäre modern-dogmatische Religionsunterricht auch dann zuzuordnen sind, wenn sie sich evangelisch nennen (1914,57).

[36] Nach 1918 gebraucht Reukauf beide Bezeichnungen abwechselnd ohne erkennbaren Bedeutungsunterschied, vgl. 1919a,29 mit 1923,84 und 1926,46ff.

[37] 1919a,29. In dieser noch vor Verabschiedung der Weimarer Verfassung entstandenen Schrift erscheint das Ideal kurzfristig etwas näher gerückt (1919a,44), entschwindet aber in der Folgezeit wieder in unerreichbare Ferne (1926,49).

[38] S. o. Abschnitt 2.2.4, besonders Anm. 37

hält er gerade im Religionsunterricht aus pädagogischen, theologischen und schulpolitischen Gründen für dringend erforderlich. Denn dort, wo die Amtskirche, selbst wenn ihre generelle Schulhoheit langsam abbröckelt, die Leitung des Religionsunterrichts behält, stellt sie in der Regel ihre eigenen kirchenpolitischen Interessen hoch über die pädagogischen Notwendigkeiten und verteidigt trotz aller verheerenden Folgeerscheinungen[39] den rückständigen lehrgesetzlich-dogmatischen Memorierunterricht zäh und erfolgreich gegen alle Reformversuche[40]. Außerdem entwürdigt die kirchliche Aufsicht über den Religionsunterricht sowohl den Lehrer als auch den Pfarrer. Dem einen mutet sie zu, sich von pädagogisch mangelhaft vorgebildeten Personen beaufsichtigen zu lassen, der andere wird durch diese Aufgabe zur „Schulpolizei"[41] degradiert und von seinen eigentlichen kirchlichen Aufgaben abgehalten.

Deshalb fordert Reukauf für den Religionsunterricht genau wie für alle anderen Fächer, „daß von unten bis oben fachmännische Schulaufsicht durchgeführt wird"[42] von staatlichen Schulaufsichtsbeamten, die fachwissenschaftlich und fachdidaktisch gründlich vorgebildet sind[43] und als „echt evangelische Christen"[44] eng mit der Kirche zusammenarbeiten, ohne von deren Amtsträgern abhängig zu sein. Reukauf kann darauf hinweisen, daß in seiner thüringischen Heimat diese Lösung schon lange mit Erfolg praktiziert wird[45]. Dennoch warnt er vor allzu schnellen Veränderungen, die in Ländern mit starkem kirchlich-konservativem Einfluß einen Kulturkampf heraufbeschwören könnten. Um des Schulfriedens willen, der auf alle Fälle gewahrt werden muß[46], sind hier Kompromisse unumgänglich[47].

---

[39] Reukauf weist darauf hin, daß der auf die Abschaffung des Religionsunterrichts zielende Radikalismus der Bremer Lehrerschaft durch den ebenso orthodoxen wie unduldsamen Bremer Schulinspektor und seine inquisitorischen Methoden ausgelöst wurde (1909a,14; gemäßigter 1914a,12).

[40] 1906,13f.

[41] 1906,21

[42] 1906,20. Sie allein entspricht sowohl den pädagogischen Erfordernissen der Schule und der Berufsehre des Lehrerstandes als auch dem wahrhaft evangelischen Kirchenverständnis, in dessen Akzentuierung Reukauf voll mit Thrändorf (s.o. Abschnitt 1.2.2 ff.) übereinstimmt.

[43] 1909a,121

[44] 1914,81

[45] In Sachsen-Coburg-Gotha wurde die pädagogische Fachaufsicht über den Religionsunterricht 1864 für das Herzogtum Gotha und 1876 für das Herzogtum Coburg eingeführt, in Sachsen-Meiningen 1906—1908 (1909a,20ff.; 1914,81).

[46] 1909a,10

[47] Vgl. Reukaufs vorsichtiges Urteil über die bayerische Situation in 1926,53.

2.4 Geschichtliche, lehrhafte und erbauliche Inhalte des Religionsunterrichts

2.4.1 Die Dreiteilung der Stoffe des Religionsunterrichts

Reukauf gliedert die Inhalte des Religionsunterrichts zunächst in zwei[1], ab 1900 in drei Hauptgruppen, nämlich in

1. „ethische Stoffe anschaulich geschichtlichen Charakters: biblische Stoffe Alten und Neuen Testaments und Kirchengeschichte"
2. „didaktische Stoffe mehr begrifflichen Charakters: Katechismus, Bibelspruch und Lehrpsalm"
3. „lyrische Stoffe erbaulichen Charakters: Psalmen und Kirchenlieder"[2]

Damit gewinnen die zweite und die dritte Gruppe von der didaktischen Analyse her mehr Eigengewicht als etwa bei Thrändorf, obwohl natürlich auch Reukauf alles andere als eine Dreiteilung des Religionsunterrichts beabsichtigt. Im Gegenteil, aus den bereits dargestellten Elementen seiner Konzeption dürfte klar hervorgehen, daß er einen einheitlichen Unterrichtsgang intendiert, in dem die geschichtlichen Inhalte als die für die Charakterbildung entscheidenden[3] dominieren, während die lehrhaften und erbaulichen an jene angeschlossen werden.

2.4.2 Die ethisch-geschichtlichen Stoffe

Die geschichtlichen Stoffe, die das Rückgrat des ganzen Religionsunterrichts bilden, umfassen die gesamte Geschichte des Reiches Gottes. Im Mittelpunkt steht auch bei Reukauf das Leben Jesu[4], eingerahmt von der Geschichte des Alten Bundes und der Geschichte der christlichen Kirche. Sie ist allerdings, besonders in der Volksschule, auf die deutsche Kirchengeschichte zu beschränken[5]. Damit ergibt sich „ein Aufbau der religiös-sittlichen Gesamtentwicklung gleichsam in zwei Stockwerken übereinander, zunächst im Volk Israel, dann im deutschen Volk"[6]. Vor allem das untere Stockwerk, die biblische Überlieferung, ist für Reukauf Gegenstand eingehender didakti-

---

[1] „die beiden Hauptgruppen historischen und systematischen Unterrichtsstoffs" (1892,60)

[2] 1914,204; vgl. die 10 Jahre ältere Dreigliederung: geschichtliche bzw. epische sowie lehrhafte bzw. didaktische sowie erbauliche bzw. lyrische Stoffe (1904,20).

[3] Dies ist wohl der Grund, weshalb er „epische Stoffe anschaulich geschichtlichen Charakters" (1906,130; „episch" auch an allen früheren Stellen) in „ethische Stoffe anschaulich geschichtlichen Charakters" (1914,204) abändert.

[4] S.u. Abschnitt 2.4.2.2

[5] S.u. Abschnitt 2.4.2.4

[6] 1906,133 = 1914,205

scher Untersuchungen[7]. Dabei bemüht er sich noch mehr als Thrändorf, auf der Höhe der biblisch-theologischen Wissenschaft zu stehen und jeweils die neuesten Forschungsergebnisse zu berücksichtigen, wozu er aufgrund seiner umfassenderen exegetischen Vorbildung die besseren Voraussetzungen mitbringt[8].

2.4.2.1 Das Alte Testament

Im Alten Testament offenbart sich eine viel tiefere religiöse Erkenntnis als sie je im Griechentum und in anderen Religionen erreicht wurde[9]. Zudem hat es als Dokument der stufenweisen Offenbarung Gottes auf Christus hin nicht nur religionswissenschaftlichen, sondern auch hohen pädagogischen Wert[10]. Denn es schafft die kognitiven und affektiven Voraussetzungen für die Erfassung der Person und Bedeutsamkeit Jesu[11], indem es dem Schüler den „idealen Umgang" mit einer Vielzahl höchst unterschiedlicher Persönlichkeiten und damit eine Fülle religiöser und sittlicher Erfahrungen ermöglicht[12].

Mirakelhafte und religiös oder sittlich minderwertige Elemente sind freilich auszuscheiden, was zwangsläufig gegenüber den landläufigen Lehrplänen zu einer Verlagerung der Schwerpunkte führt. Innerhalb der ersten der drei Perioden, in die Reukauf mit E. Heyn die Geschichte Israels einteilt[13], der Zeit von den Anfängen bis Salomo, muß vieles gestrichen werden, statt dessen sollen die beiden anderen Perioden den ihnen gebührenden Raum erhalten. Hinsichtlich der theologischen und didaktischen Würdigung der

---

[7] Vgl. die einschlägigen Abschnitte in den verschiedenen Auflagen der „Didaktik" (1900,188 ff.; 1906,133 ff.; 1914,205 ff.). Nach 1914 scheint Reukauf die exegetisch-didaktischen Reflexionen nicht mehr so intensiv betrieben zu haben (1926,87 ff. finden sich z.B. kaum neue Einsichten gegenüber 1914,205 ff.).

[8] Dementsprechend bieten die Bände von Reukauf/Heyn eine viel größere Fülle exegetischer Exkurse und Anmerkungen als Thrändorf/Meltzer, allerdings auch solche, die für die Unterrichtsvorbereitung eines Lehrers nicht unbedingt nötig und hilfreich sind (vgl. H. Meltzer 1904,127 f. u.133 f.).

[9] J. Wellhausen u.a. haben die Geschichte Israels als ein organisches Werden verständlich gemacht, in dem „ein für die Gesetzmäßigkeit des Wirkens Gottes in Natur- und Menschenleben aufgeschlossener Sinn Gottes Walten erkennen" wird (1906,141 = 1914,212).

[10] Vgl. die Auseinandersetzung mit E. Katzer (zu diesem s.o. Abschnitt 1.5.2) in Gestalt des Aufsatzes A. Reukauf 1894.

[11] 1892,77; 1901,273

[12] Dies gilt selbst dann, wenn es sich nicht um streng geschichtliches Material, sondern um Sagen oder Legenden handelt. So leitet Reukauf gerade aus dem sagenhaften Charakter der von ihm besonders geschätzten Patriarchengeschichten das Recht ab, vom christlichen Standpunkt her auszuwählen und zu interpretieren, wie es schon Jahwist und Elohist von dem ihrigen aus getan haben (1906,44 = 1914,216).

[13] „die Zeit der Hirten, Helden und Könige (1300–933), die Zeit der Propheten (933–586) und die Zeit der jüdischen Gemeinde (586 bis z. Chr. Geburt)" (1914,208; ähnlich 1906,137; nach E. Heyn 1901).

Propheten kann Reukauf dabei einfach Thrändorf folgen, dessen bahnbrechende Leistung für die Behandlung der Propheten im schulischen Religionsunterricht er immer wieder hervorhebt[14]. Bei der dritten Phase, der mit dem Exil beginnenden Zeit der jüdischen Gemeinde, deren pädagogisch wertvollste literarische Zeugnisse Deuterojesaja, Hiob, Daniel und einige Psalmen sind, lehnt er sich wiederum eng an seinen Mitarbeiter E. Heyn an: „Heyn ist der erste gewesen, der diesen Abschnitt der israelitischen Religionsgeschichte scharf von den anderen abgeschieden hat, der erste, der überhaupt Hiob und Daniel für die Behandlung in der Schule nach pädagogischen Grundsätzen zurechtgelegt hat"[15]. Die Volksschule kann freilich aus diesem ganzen Bereich nur eine äußerst knappe Auswahl behandeln, nämlich vorwiegend solche Gedanken und Texte, die an Jesus und das Neue Testament heranführen[16].

2.4.2.2 Das Leben Jesu

„Persönlichkeitsbildung durch Vermittlung von Persönlichkeitsoffenbarungen" bedeutet in erster Linie „Vermittlung einer Persönlichkeitsoffenbarung des geschichtlichen Jesus"[17]. Reukauf versteht darunter ein geschichtliches Bild des Lebens Jesu, wie es die Leben-Jesu-Forschung erarbeitet hat[18]. Er sieht in einer solchen Darstellung den entscheidenden Schritt zur Reform des Religionsunterrichts, ja sogar zur Überwindung der religiösen Krise der Gegenwart: „Wenn irgend etwas uns die der Kirche fast verlorenen Kreise der Gebildeten zurückgewinnen kann, so ist es das geschichtliche Bild Jesu"[19]. Daß bei diesem nicht die dogmatischen, sondern die ethisch-religiösen[20] Züge im Vordergrund stehen müssen, hält Reukauf für wissenschaftlich erweisbar und erwiesen[21]. Aus diesen und den an sie angeschlossenen Überlegungen zum Problem der Quellen des Lebens Jesu zieht er den Schluß, im

---

[14] Z.B. 1906,150 Anm. 1 = 1914,221 Anm. 1. Daneben findet sich aber auch detaillierte Kritik an der Stoffauswahl bei Thrändorf/Meltzer, vgl. A. Reukauf 1901,293 ff.

[15] 1906,137 Anm. 1 = 1914,208 Anm. 1

[16] „Aus dem alttestamentlichen Stoffe dasjenige für den Unterricht herausgreifen, was dem religiösen und sittlichen Gefühl des Christen verwandt ist" (1901,273).

[17] 1914,233 (nicht in den früheren Auflagen)

[18] Vgl. den Aufsatz A. Reukauf 1898

[19] 1906,166 = 1914,233; ähnlich Erläuterungen 1901,34.

[20] Während die dogmatische Betrachtungsweise Jesu von der Trinität ausgeht, ist die ethisch-religiöse diejenige, „die in Jesus vor allem den *Menschen* (von Reukauf gesperrt) erkennt, ohne darum die in ihm wirkende göttliche Macht, den göttlichen Geist zu verkennen" (1906,153 = 1914,225).

[21] Er beruft sich hauptsächlich auf die Leben-Jesu-Forschung, über die er immer wieder ausführlich berichtet (vgl. die in Anm. 19 genannten Belege sowie 1906,154 ff. und 1914,225 ff.), vor allem auf H. Weinel 1912, daneben auf W. Bousset, P. Wernle u.a.; A. Schweitzers Werk erwähnt er jedoch nie.

Religionsunterricht[22] von Markus als dem ältesten Evangelium auszugehen[23] und an geeigneten Stellen die wertvollsten Abschnitte der beiden anderen Synoptiker einzufügen. Auf diese Weise entsteht ein Lebensbild Jesu, das zwar nicht in allen Einzelheiten, aber immerhin in den großen Zügen durch wissenschaftliche Forschungsergebnisse belegt werden kann. Thrändorf gebührt der Ruhm, als erster die Erkenntnisse der Leben-Jesu-Forschung didaktisch umgesetzt zu haben, doch seine Lösung kann wegen der einseitigen Orientierung am Matthäusevangelium nur zum Teil befriedigen[24]. S. Bangs Versuch eines „pragmatischen" Lebens Jesu auf der Grundlage des Johannesevangeliums[25] vermag dies noch weniger. Erst E. Heyns im Jahr 1902 als achter Band des Reukauf-Heynschen Unterrichtswerks erschienene „Geschichte Jesu" genügt allen diesen Kriterien. Sie ist „dasjenige Werk, das zuerst die Ergebnisse der neuen Leben-Jesu-Forschung folgerichtig und wohlbedacht für die Schule auswertete"[26].

Mit E. Heyn stimmt Reukauf nicht zuletzt in der seiner Meinung nach schwierigsten Problematik der Jesusüberlieferung, der Wunderfrage, überein. Er meint, „daß Gott durch die Naturgesetze sich gebunden habe und in der Welt nur durch das Naturgesetz wirke[27]. Deshalb geht es im Religionsunterricht vor allem darum, die Schüler „zu einer verständigen und doch Gottes Wirken verehrenden Deutung"[28] anzuleiten, ohne dem einzelnen Lehrer oder Schüler bestimmte exegetische Hypothesen in gesetzlicher Weise als Dogmen vorzuschreiben.

2.4.2.3 Die Urgemeinde und der Apostel Paulus

Neben dem Leben Jesu führt Reukauf als zweiten neutestamentlichen Schwerpunkt des Religionsunterrichts die Apostelzeit an. Die Jerusalemer Urgemeinde ist wichtig wegen der in ihr erstmals auftretenden christlichen Gemeindestrukturen[29]. Doch im Mittelpunkt der Periode steht der Apostel

---

[22] Oberstufe der Volksschule bzw. entsprechende Jahrgänge der höheren Schulen (vorher in der Mittelstufe „Geschichten aus dem Leben Jesu" gemäß G. Döll 1900, s. u. Abschnitt 2.5.4).

[23] Seit 1897; vorher unter dem Einfluß Thrändorfs: „Matthäus oder Markus" (A. Reukauf 1894a, 616).

[24] Reukauf weist darauf hin (1906, 167 Anm. 1 = 1914, 234 Anm. 2), daß Thrändorf, vorwiegend unter dem Einfluß des Heynschen Werks (E. Heyn 1902) diesen Mangel später beseitigt hat.

[25] A. Reukauf 1894a, 613 ff.

[26] 1926, 94

[27] Erläuterungen 1900, 22

[28] 1914, 187. Faktisch bietet Reukauf (und ebenso Heyn) allerdings oft rationalistische Interpretationen, z. B. bei der Brotvermehrung, die von Thrändorf/Meltzer symbolisch gedeutet wird (vgl. Erläuterungen 1900, 31; modifiziert in A. Reukauf 1926, 95).

[29] „Taufe und Abendmahl, Gottesdienst, Armenpflege" (1906, 182 = 1914, 249)

Paulus[30], der Mann, der die christliche Religion aus den Fesseln der Gesetzlichkeit befreite. Deshalb verdient er auch in der Volksschule eine ausführliche Würdigung. Wie Thrändorf[31] möchte Reukauf ein Lebensbild des Apostels geben, bei dem der Missionar und homo religiosus in den Vordergrund und der in vielen Stücken einseitige Theologe in den Hintergrund tritt. Die Quelle für das Lebensbild, in dem natürlich die Grundzüge der Lehre des Apostels dennoch nicht fehlen dürfen, bilden seine Briefe, auch als kritisches Korrektiv zum Paulusbild der Apostelgeschichte.

2.4.2.4 Die Kirchengeschichte

Da Reukauf hauptsächlich an der Volksschule interessiert ist, widmet er der Kirchengeschichte bei weitem nicht die Aufmerksamkeit wie Thrändorf, dessen Konzeption der „pädagogischen Kirchengeschichte" er in den Grundzügen von Anfang an übernimmt[32]. Sein Bemühen gilt in erster Linie der Beschränkung des umfangreichen Stoffs auf ein für einfachere Schulverhältnisse sinnvolles Maß[33]. Zillers Vorschlag, die Kirchengeschichte ganz in den Geschichtsunterricht zu integrieren, lehnt er allerdings ab[34] und fordert auch für die wenig gegliederten Volksschulen, daß mindestens „die Geschichte der Alten Kirche, die der Reformation und eine Schilderung der Aufgaben der christlichen Kirche in der Gegenwart"[35], vorwiegend am Beispiel exemplarischer Persönlichkeiten, im Religionsunterricht zur Sprache kommt.   .

2.4.3 Die lehrhaft-begrifflichen Lerninhalte

2.4.3.1 Der Katechismus

Die Überlegungen zu den lehrhaft-begrifflichen Unterrichtsgegenständen gelten, wie nicht anders zu erwarten, in erster Linie dem Katechismus, dem theologisch wie pädagogisch umstrittensten Inhalt, gegen den sich nicht zufällig der größte Teil der Kritik am herkömmlichen Religionsunterricht

---

[30] Vgl. besonders A. Reukauf 1903; daneben 1900,57 ff.; 1906,171 ff.; 1914,238 ff.

[31] „Das einzige ältere Werk, das auch die paulinischen Briefe für die Volksschule nutzbar gemacht hat, sind die Präparationen von Thrändorf" (1914,251 Anm. 1; zu Thrändorf s. o. Abschnitt 1.4.3.2).

[32] Vgl. 1892,91 ff. (Verweise auf Thrändorf erst ab S.95, obwohl von Anfang an auf dessen Gedanken Bezug genommen wird).

[33] Vgl. Reukaufs Kurzfassung (A. Reukauf 1908) des zweibändigen Werks E. Heyn 1906 bzw. 1908 und die parallel erarbeiteten kleineren Ausgaben C und D des Lesebuchs zur Kirchengeschichte (Ausgaben A und B von E. Heyn).

[34] 1906,184 = 1914,251. Für rein evangelische bayerische Landschulen läßt Reukauf 1926,98 eine Ausnahme zu.

[35] 1906,186 = 1914,253

richtet[36]. Reukauf geht bei seiner didaktischen Analyse freilich nicht nur von solchen Feststellungen aus, sondern mehr von dem besonderen Charakter des Kleinen Katechismus als Bekenntnisschrift der evangelischen Kirche. In ihr muß Luthers Katechismus als geschichtliche religiöse Urkunde geehrt und geachtet werden, denn der Glaube lebt von der Kontinuität mit der Vergangenheit. Damit ist jedoch nicht gesagt, daß der Katechismus inhaltlich in allen Stücken für die Gegenwart verbindlich wäre. Im Gegenteil, hier gibt Reukauf der theologischen Kritik, etwa den von Thrändorf in seinen Erstlingsaufsätzen gegen den Dekalog vorgebrachten Einwänden oder den Angriffen auf das Apostolikum[37], sogar weitgehend recht. Man muß hinter den Wortlaut auf die zugrundeliegenden Intentionen zurückgehen, denn viele der Formulierungen sind überholt und müssen ergänzt oder ersetzt werden im Sinne des Evangeliums Jesu bzw. im Sinne des neueren Protestantismus[38].

Aus dem offensichtlichen Spannungsverhältnis zwischen Zustimmung und partieller Ablehnung, das Reukaufs Würdigung des Katechismus als Bekenntnisschrift charakterisiert, sind auch die unterschiedlichen Akzentuierungen der didaktischen Konsequenzen im Laufe seines Lebens zu erklären. Zuerst möchte er mit W. Rein und R. Staude[39] die im biblischen Geschichtsunterricht gewonnenen Ergebnisse nicht im lutherischen, sondern in einem eigenen Schulkatechismus zusammenfassen[40] und ersteren nur im Zusammenhang mit der Reformationsgeschichte erwähnen. Ähnlich wie bei Thrändorf und anderen geht jedoch auch bei ihm die Einsicht in die Problematik eines Schulkatechismus Zillerscher Art Hand in Hand mit der steigenden Wertschätzung des Gemeindebekenntnisses[41], weshalb er auf der Höhe seines Wirkens Thrändorfs Lösung[42] übernimmt und die im geschichtlichen Religionsunterricht erarbeiteten Zusammenfassungen und Ergebnisse um den Kleinen Katechismus herum gruppiert[43]. Bei einer solchen Behandlung lassen sich gleichzeitig die notwendigen Ergänzungen im Sinne des Evangeliums Jesu[44] ohne Schwierigkeiten einfügen.

---

[36] S. o. Abschnitt 1.3.2f. und 2.3.1

[37] Vgl. dazu 1906,192f. = 1914,258f.

[38] Beide sind hier für Reukauf nahezu identisch, vgl. 1906,196u.202 = 1914,262u.268.

[39] Gemeint ist Staudes Position in seiner Eisenacher Zeit (s. u. Abschnitt 3.3.3).

[40] 1894a,617ff.; vgl. den Rückblick 1906,220 = 1914,285.

[41] Schon die Andeutungen 1892,91 lassen diese Tendenz erkennen.

[42] S. o. Abschnitt 1.4.3.3

[43] Vgl. 1906,220ff. = 1914,285ff. „Die einzelnen Teile sollen als begriffliche Erlebnisse (!) aus dem geschichtlichen Unterricht herauswachsen" (1906,222 = 1914,287; an der zweiten Stelle sogar gesperrt!). Die identischen Formulierungen von 1906 und 1914 erweisen die dazwischen im Zusammenhang mit dem Plädoyer für einen interkonfessionellen Religionsunterricht vertretene Position (Beschränkung auf Vaterunser als gemeinsames christliches Glaubensbekenntnis sowie Dekalog und sittliche Weisungen Jesu als Grundsätze der christlichen Moral: 1909a,88) als vorübergehende Episode.

[44] Vgl. 1906,224 = 1914,289 und 1906,208ff. = 1914,273ff. Reukauf beruft sich nicht nur auf systematische Theologen wie A. v. Harnack und O. Pfleiderer, sondern auch auf die christozen-

2.4.3.2 Die übrigen lehrhaft-begrifflichen Lerninhalte

Zur lehrhaft-begrifflichen Gruppe gehören weiterhin Bibelsprüche, Gleichnissse, Lehrreden, Lehrpsalmen usw. sowie Bibelkunde und Kirchenjahr. Sie alle sind nach dem Grundsatz der Vereinheitlichung des Religionsunterrichts im Sinne der innerfachlichen Konzentration[45] an der jeweils passenden Stelle den ethisch-geschichtlichen Stoffen anzugliedern. Die wichtigste Gruppe der aufgezählten Reihe bilden dabei die Bibelsprüche. Sie sollen die Ergebnisse der Behandlung geschichtlicher Themen in kurzer, prägnanter Form zusammenfassen und so „die erkannte Glaubenswahrheit, in klassische Form geprägt, zum dauernden Besitz machen"[46]. Insofern erfüllen sie eine ähnliche Funktion wie der Katechismus, können aber genauso einen Katechismusabschnitt zusammenfassen. Reukauf tritt dafür ein, die Zahl der auswendig zu lernenden Sprüche drastisch zu reduzieren[47], was freilich strengste Auswahl nach festen Kriterien voraussetzt. Ihm kommt es vor allem darauf an, nur solche Sprüche in den Kanon der Memorierstoffe aufzunehmen, die neben einer ebenso klassischen wie kindgemäßen Form auch dem inhaltlichen Kriterium des „Lebenswertes"[48] genügen, also sich dem Herzen und Gewissen gleichermaßen einprägen wie dem Gedächtnis. Damit greifen sie freilich über den Bereich der rein lehrhaft-begrifflichen Stoffe hinaus und berühren sich mit der dritten Gruppe, den lyrisch-erbaulichen[49].

2.4.4 Die lyrisch-erbaulichen Stoffe

Von ihrer Bedeutung her dürfte diese Gruppe eigentlich nicht erst an dritter Stelle genannt werden, denn die Choräle und Psalmen gewinnen durch ihre dichterische Form „Überlegenheit gegenüber allen Prosastoffen"[50]. Sie sprechen, vorausgesetzt daß es sich um kindgemäße Texte handelt, die Schüler unmittelbar an[51] und sind daher für die Charakterbildung wichtiger als die rein begrifflichen systematischen Lerninhalte. Jedoch sollen sie genau wie diese nicht selbständig behandelt, sondern stets in den geschichtlichen Religionsunterricht eingeschlossen werden.

---

trische Katechismusbehandlung bei G. v. Rohden 1890 und S. Bang 1904, ohne dieser in allen Stücken zuzustimmen.

[45] S. o. Abschnitt 2.2.5

[46] 1906,230 = 1914,298

[47] Reukauf hält die vom Evang. Oberkirchenrat Berlin 1902 verfügte Kürzung auf etwa 100 Sprüche für die gesamte Volksschulzeit für sinnvoll, übt aber Kritik an der dort getroffenen Auswahl (1906,232 ff. = 1914,299 ff.).

[48] 1927,161; vorher sagt Reukauf „Ewigkeitswert" (1906,231 = 1914,299).

[49] Ähnliches gilt auch schon für den Katechismus, bei dem es auf „das gemütvolle Verstehen der Glaubensgedanken" (1906,226 = 1914,291) ankommt.

[50] 1927,139

[51] „dem unmittelbaren religiösen Erleben näher" (1926,158)

Von besonderer Eindringlichkeit sind die Kirchenlieder, da bei ihnen der poetisch-erbauliche Text noch durch die Melodie unterstrichen wird. Deshalb haben sie seit der Reformationszeit nicht nur die evangelische Frömmigkeit, sondern überhaupt das deutsche Volksgemüt entscheidend mitgeprägt, weshalb sie zweifellos auch in den Religionsunterricht aller Schulen und ganz besonders der Volksschule gehören. Als Kriterium für die unerläßliche Auswahl aus dem reichen Schatz der evangelischen Choräle kann dabei einfach das Urteil des Volkes gelten: Was sich im Laufe der Jahrhunderte beim Volk durchgesetzt hat, „das naiv fühlend in seinen Lieblingsliedern auch die Perlen der geistlichen Poesie herausgefunden hat"[52], das ist sicher auch im religionspädagogischen Interesse für die Schule das beste. Doch selbst unter diesen Perlen muß der Memorierstoff auf ein absolutes Minimum beschränkt werden[53]. Hinsichtlich des Anschlusses an den geschichtlichen Religionsunterricht empfiehlt er für den Normalfall, das Lied als erbaulichen Höhepunkt an das Ende einer geschichtlichen Unterrichtseinheit zu stellen. Der „natürlichste Anschluß" wäre zwar, wie Reukauf im Laufe seines Lebens immer deutlicher erkennt[54], die „Einfügung des Lieds in das Leben des Dichters"[55], doch sie wird erst im Rahmen der Kirchengeschichte am Ende der Schulzeit möglich. Daher müssen in der Regel entsprechende Situationen aus der biblischen Geschichte gefunden, manchmal auch erfunden werden[56].

Zu den Kirchenliedern treten die biblischen Dichtungen, allen voran die Psalmen, von denen Reukauf eine ganze Reihe für die Volksschule „trefflich geeignet" hält[57]. Für ihre Auswahl und die Einordnung in den geschichtlichen Religionsunterricht gelten dieselben Gesichtspunkte wie bei den Chorälen.

2.5 Der Lehrplan des Religionsunterrichts

2.5.1 Entwicklungsstufen und Kulturstufen

Die Gestaltung des Lehrplans ist die religionsdidaktische Fragestellung, mit der sich Reukauf am längsten und intensivsten auseinandersetzt[1]. Wie schon bei der Bestimmung der Aufgabe des Religionsunterrichts, ja sogar in noch stärkerem Maß, orientiert er sich hier an der religiösen und sittlichen Ent-

---

[52] 1906,235 = 1914,302
[53] Vgl. die Liste von 13 Liedern in 1906,236 = 1914,303 f.
[54] Vgl. 1904,53 mit 1906,235 = 1914,302 und 1927,141.
[55] 1927,141
[56] Vorbild ist hier das weitverbreitete Werk von W. Reins langjährigem Jenaer Mitarbeiter F. Lehmensick 1907 (⁴1920), das Reukauf allerdings erst in den späten Arbeiten anführt.
[57] 1914,301; vgl. das skeptischere Urteil 1906,234.

[1] Vgl. die Dissertation 1892, die Abhandlung 1901, das Lehrplankapitel in der „Didaktik" (1900,106 ff.; 1906,238 ff.; 1914,305 ff.), die ausführlichen Lehrplanentwürfe in der „Methodik" (1908,1 ff.; 1927,253 ff.) sowie die einschlägigen Abschnitte in den meisten anderen Arbeiten.

wicklung des Kindes und des Jugendlichen. Im Gegensatz zu den anderen herbartianischen Pädagogen und Psychologen differenziert er jedoch die religiöse und die sittliche Entwicklung in zwei getrennte Stufenreihen[2]:

Sittliche Entwicklung

1. (Kindesalter)
Entstehung der Vorstellung von Verbotenem und Erlaubtem; sittliche neben eudämonistischen Gefühlen. Eine wenn auch von einzelnen sittlichen Gefühlen begleitete, in der Hauptsache aber noch *erzwungene* oder *blinde Unterwerfung* unter die Autorität der Erzieher.

2. (Knabenalter)
Verschmelzung sittlicher Gefühle durch das Gedächtnis des Willens zu allgemein-gültigen sittlichen Grundsätzen. Festigung im Wollen durch stete Gewöhnung an sittliches – oder unsittliches! – Handeln. – Ausbildung einer *objektiven Charakterseite* und bewußte, *willige Unterwerfung* unter die fremde Autorität des Erziehers oder der Sitte.

3. (Jünglingsalter)
Vertiefung des sittlichen Gefühlslebens, Ausbildung einer subjektiven Charakterseite (ethische Individualisierung), Beurteilung des eigenen Handelns vom Standpunkt der ethischen Maximen, oft bloß für einzelne Gebiete sittlichen Handelns (Doppelnaturen), oft widersittliche Maximen (Egoismus, Eudämonismus). Versuch, die Ideale in der Welt zur Herrschaft zu bringen (ethische Sozialisierung). – Herausbildung eines *subjektiven Charakters. Individualisierung* und *Sozialisierung der sittlichen Ideen.*

Religiöse Entwicklung

1. (Kindesalter)
Auffassung Gottes als Einzelpersönlichkeit, oft mit sehr sinnlichen Zügen, allmählich Übertragen sittlicher Züge auf Gott (Vatername).- Entstehung eines *phantasiemäßigen Autoritätsglaubens* und *blinden Vertrauensverhältnisses* zu Gott.

2. (Knabenalter)
Auffassung Gottes als höchster sittlicher Macht, meist Isolierung des religiösen Gedankenkreises, aber willige Teilnahme am kultischen Handeln. Herrschaft eines *gewohnheitsmäßigen Autoritätsglaubens* mit dem Mittelpunkt einer *sittlichen Gottesvorstellung* und *williges Autoritätsverhältnis* zu Gott.

3. (Jünglingsalter)
Erstarkung der „philosophischen" Denkweise, Begründung einer religiösen Weltanschauung. Glauben aus freier Überzeugung, meist durch das Stadium des Zweifels hindurchgehend (oft auch Herrschaft des Skeptizismus und Atheismus). Unmittelbares, oft mystisches Sich-in-Beziehung-Setzen zu Gott. Willensänderung (Wiedergeburt). Wirksamkeit in der Welt für seinen Glauben. *Glauben aus freier Überzeugung, Streben nach steter Verwirklichung des religiösen Verhältnisses der Lebensgemeinschaft mit Gott*[3]

---

[2] „Was endlich die Stufen der kindlichen Entwicklung anlangt, so glaube ich der erste gewesen zu sein, der die religiöse Entwicklung des Kindes auf bestimmte Stufen abzugrenzen versucht und die religiöse Entwicklung losgelöst hat von der sittlichen Entwicklung" (Erläuterungen 1901,29).

[3] Zusammenstellung nach 1906,266f. = 1914,332f. (Hervorhebung wie im Original), zu den Begriffen „subjektiver Charakter" und „objektiver Charakter" vgl. J. F. Herbart Werke 3,5ff.

Dieser doppelte Dreischritt findet nach der Theorie der kulturhistorischen Stufen seine Entsprechung in der sittlichen und religiösen Gesamtentwicklung. Da Reukauf die Kulturstufentheorie von Anfang an in der modifizierten Form übernimmt, die sich unter Th. Vogts Führung im Verein für wissenschaftliche Pädagogik herausgebildet hat, übt er an Ziller doppelte Kritik: Er setzt erstens mit Nachdruck an die Stelle des Parallelismus lediglich eine Analogie bzw. Kongenialität zwischen Einzel- und Gesamtentwicklung[4]. Zweitens ist letztere genau wie bei Vogt und Rein keineswegs die Entwicklung der gesamten Menschheit, denn für diese läßt sich wegen der unterschiedlichen Höhe der verschiedenen Kulturen kein gemeinsamer Nenner finden. Man kann jeweils nur die Entwicklung in *einem* Volk zum Vergleich heranziehen. Im Falle des Religionsunterrichts kommen hier in erster Linie das israelitische und das deutsche Volk in Frage, für die sich sowohl bei der sittlichen als auch bei der religiösen je drei der individuellen Entwicklung analoge Stufen unterscheiden lassen, die Reukauf sehr genau beschreibt[5]. Im israelitischen Volk sind es je zwei alttestamentliche, bei der sittlichen und der religiösen Entwicklung leicht unterschiedlich abgegrenzte Stufen mit der neutestamentlichen jeweils als dritter, im deutschen Volk zweimal der Dreischritt (1.)Zeitalter der Bekehrung der germanischen Volksstämme, (2.)deutsche Kirche des Mittelalters und (3.)Reformation.

2.5.2 Die eingeschränkte Bedeutung der Kulturstufentheorie für den Lehrplan des Religionsunterrichts

Die beschriebenen analogen Reihen der religiösen und sittlichen Einzel- und Gesamtentwicklung bilden für Reukauf allerdings noch nicht den Grundriß eines Lehrplans für den Religionsunterricht. In der Volksschule steht dem schon die Tatsache entgegen, daß die dritte Stufe des selbständigen subjektiven Charakters bzw. des Glaubens aus freier Überzeugung bereits außerhalb der Schulzeit liegt. Darum kann die Kulturstufentheorie auch in der modifizierten Form nur mit zusätzlichen weiteren Einschränkungen beim Aufbau des Lehrplans berücksichtigt werden. Reukauf reduziert sie in seiner Dissertation zum „Hilfsprinzip"[6] des Gesetzes der Propädeutik[7]. Später nennt er sie zwar ein „treffliches Grundprinzip für die gesamte Lehrplanordnung"[8], meint damit aber nicht mehr als die Reduktion zum historisch-genetischen

---

[4] 1892,83; 1906,265 = 1914,331.

[5] Vgl. 1906,266f. = 1914,332f.

[6] 1892,88 nach J. Capesius 1889,169f. (Reukauf gibt die Stelle nicht als Beleg an, bezieht sich aber vorher mehrfach auf den Aufsatz von J. Capesius); ähnlich 1901,303 (nach K. Lange).

[7] Dieses fordert, daß der vorangehende Lerninhalt für den nachfolgenden möglichst viele Apperzeptionshilfen enthalten soll (vgl. 1892,88).

[8] 1906,280 = 1914,346

Prinzip W. Reins[9]. In der Auseinandersetzung mit E. Katzers Einwand, ein christliches Kind könne und dürfe nicht auf vorchristliche Entwicklungsstufen zurückgeführt werden, stellt er zudem klar, daß es niemals um das vollständige Eintauchen in eine vergangene Kulturstufe gehen könne[10], wie Ziller es forderte[11]. Die biblischen Personen erscheinen im Religionsunterricht immer schon in christlicher Beleuchtung, zumal dem geschichtlichen ja ein vorbereitender Religionsunterricht vorausgeht[12], der die Kulturstufen von vornherein so stark relativiert, daß jeweils „gleichzeitig die Kulturstufe der Gegenwart zum Verständnis gebracht wird"[13].

Die wichtigste praktische Konsequenz aus der Einschränkung des Kulturstufenprinzips ergibt sich jedoch für den Lehrplan dadurch, daß Reukauf schon sehr früh[14] nicht mehr an der Forderung eines nur einmaligen Durchlaufens der geschichtlichen Stoffe festhält. Ein derartig aufgebauter Lehrplan bleibt zwar sein Ideal, das sich aber nur in pädagogischen Ausnahmesituationen wie privaten wissenschaftlichen Versuchsschulen durchführen läßt. Die normale Volksschule muß dagegen den Weg durch die Geschichte zweimal abschreiten, weil sonst die Sitzenbleiber[15] überhaupt nicht zu den Höhepunkten der Religionsgeschichte geführt werden könnten und auch die Notwendigkeit einer geordneten Wiederholung einschließlich der Berichtigung entstandener Irrtümer dies erfordert. Die immanente Repetition[16], die von den Verfechtern des einmaligen Durchgangs mit Recht gefordert wird, darf nicht planlos nach dem Belieben des einzelnen Lehrers betrieben werden und vor allem muß in den späteren Schuljahren Gelegenheit zu einer kritischen Neubetrachtung ursprünglich naiv rezipierter sagenhafter und mythischer Inhalte gegeben sein. Dies alles ist aber, wenn man nicht in die „konzentrischen Kreise" zurückfallen will[17], nur möglich, wenn die religiössittliche Entwicklung von den Patriarchen bis zur Gegenwart in ihren Hauptstufen zweimal durchlaufen wird.

Den so entstehenden „Normallehrplan" glaubt Reukauf um die Jahrhundertwende wissenschaftlich ebenso zwingend begründen zu können wie den

---

[9] Vgl. die Zitate und Referate aus W. Rein 1897 bei A. Reukauf 1901,269; 1904,23; 1906,267f. = 1914,334f.

[10] 1894,487; Erläuterungen 1898,24

[11] T. Ziller 1892,214f.

[12] S. u. Abschnitt 2.5.3

[13] 1906,275 = 1914,341

[14] Nach der Angabe 1901,303 soll dies bereits zu Beginn der Tätigkeit in Lauscha (1891) geschehen sein, in der Dissertation 1892,65f.75.89ff. vertritt er allerdings noch das einmalige Durchlaufen der jüdisch-christlichen Religionsgeschichte.

[15] Vgl. 1898a,186ff. und 1901,308f.

[16] S.o. Abschnitt 1.4 Anm. 63

[17] Ein Vorwurf, mit dem sich auch Reukauf auseinandersetzen muß (z.B. 1901,304), obwohl er jenes Prinzip oft und ausführlich zurückweist (1892,65f.; 1904,20ff.; 1900,66ff.; 1906,238ff.; 1914,305ff.; 1926,100ff.; u.ö.).

Idealplan[18]. Schon ein paar Jahre später denkt er hierüber allerdings wesentlich bescheidener und spricht nur noch von einem „Kompromißlehrplan"[19] zwischen wissenschaftlichen und praktischen Erfordernissen, der freilich für fast alle Schulverhältnisse geboten erscheint[20].

2.5.3 Der vorbereitende Religionsunterricht

Reukauf gebraucht die Bezeichnungen „Vorkurs" bzw. „vorbereitender Religionsunterricht" jeweils in doppelter Bedeutung. An nicht wenigen Stellen[21] meint er damit das erste Ansprechen religiöser und sittlicher Empfindungen mit Hilfe von Märchen u.ä. als Vorbereitung für das Verständnis der biblischen Geschichten. In der Regel aber versteht er darunter den gesamten Religionsunterricht, der dem historisch-genetisch aufgebauten geschichtlichen Religionsunterricht vorausgeht, der also neben den genannten Stoffen auch biblische Geschichten, freilich noch nicht in ihren kulturgeschichtlichen Zusammenhängen, umfaßt[22]. Der Vorkurs dauert so lange, bis die Schüler soviel geographisches und geschichtliches Bewußtsein für ferne Länder und vergangene Zeiten entwickelt haben, daß er in den eigentlichen geschichtlichen Religionsunterricht übergehen kann. Reukauf setzt diese Zäsur mit Rein[23] zu Beginn des vierten Schuljahrs an[24] und übernimmt sogar, freilich nach mehr als zehnjährigem Zögern[25], die 1906[26] von seinem Lehrer vorgeschlagene Verschiebung auf den Beginn des fünften Schuljahrs. Hinsichtlich der Inhalte des Vorkurses geht er dagegen nicht mit Rein[27], sondern im Anschluß an recht unterschiedliche Vorbilder[28] eigene Wege. Vorzüglich geeignet zur Weckung des sittlichen und auch des religiösen Interesses sowie zur Schulung der sprachlichen Fähigkeiten[29] erscheinen ihm dabei die Mär-

---

[18] Diesem Versuch dient neben der „Didaktik" (1900) vor allem die Abhandlung 1901.

[19] 1906,XVu.315 (= 1914,377)

[20] In der Spätzeit relativiert Reukauf die Unterscheidung von Ideal-, Normal- und Kompromißlehrplan dahingehend, daß sie als „ziemlich gleichwertig angesehen werden können" (1926,112), oder er ersetzt sie durch eine pauschale Zusammenfassung (1927,253f.).

[21] Vgl. z. B. 1904,24f.; 1906,316 = 1914,378; 1926,109; 1927,254.

[22] Bei T. Ziller (und mit der in Anm. 27 beschriebenen Modifikation auch bei W. Rein) sind die beiden Bedeutungen der Bezeichnung „Vorkurs" bzw. „vorbereitender Religionsunterricht" noch identisch, erst bei Reukauf treten sie auseinander.

[23] Vgl. W. Rein 1897,497f.

[24] 1901,288ff.; für den der höheren Schule vorausgehenden Vorkurs vgl. auch schon 1892,89.

[25] Vgl. 1914,346 mit 1919a,31

[26] W. Rein 1906,544ff.

[27] Rein betrachtet Märchen, Robinson und deutsche Sagen hauptsächlich als Unterbau des Geschichtsunterrichts. Den Religionsunterricht ersetzen in den ersten 3 bzw. (ab 1906) 4 Jahren Erbauungsstunden und Schulfeiern (W. Rein 1906,544).

[28] H. Landmann (s.u. Anm. 30), H. Meltzer (s.u. Anm. 36), R. Kabisch (s.u. Anm. 31), E. Thrändorf u.a.

[29] Sie muß der Behandlung der biblischen Geschichten unbedingt vorangehen, denn „nur zu

chen, besonders in der Auswahl und Anordnung H. Landmanns[30]. Sie bilden deshalb den Hauptinhalt des ersten Schuljahrs[31], in dessen letztem Quartal von der Weihnachtszeit bis Ostern die Weihnachtsgeschichte und einige andere einfache Erzählungen aus dem Leben Jesu folgen. Sie werden allein „mit Hilfe des heimatlichen Anschauungsmaterials"[32] unterrichtlich[33] behandelt, wobei Reukauf im Gegensatz zu Thrändorf auch schon Abstraktionsprozesse einfachster Art durchführen läßt[34]. Um die Jahrhundertwende will er die Jesusgeschichten noch das ganze zweite Schuljahr hindurch weiterführen[35], da er mit H. Meltzer[36] starke Bedenken gegen Robinson als Thema des Religionsunterrichts hegt[37]. Doch bald darauf erkennt er, auch aufgrund eigener praktischer Erfahrungen[38], den hohen religiös-sittlichen Bildungswert dieses Stoffs und gibt deshalb drei Viertel des zweiten Schuljahrs für ihn frei, während die Jesusgeschichten[39] wiederum ins letzte Quartal rücken. Im dritten Schuljahr dominieren die Patriarchengeschichten, die Reukauf anders als Ziller, Thrändorf und Rein wegen ihres Sagencharakters noch zum vorbereitenden Religionsunterricht rechnet und demgemäß in die heimatliche Vorstellungswelt der Schüler einbaut[40]. Den Abschluß bilden wie in den Vorjahren Jesusgeschichten, diesmal mit dem Schwerpunkt Passion und Ostern. Als Reukauf schließlich 1919 gemäß seinem in den Kriegsjahren modifizierten Standpunkt das vierte Schuljahr ebenfalls in den Vorkurs einbezieht, schlägt er dafür „entweder ein einfaches Leben Jesu oder einen Religionsunterricht nach Dresdner Plan"[41] vor.

oft werden die biblischen Geschichten in der Unterklasse geradezu entweiht" (1901,285 = 1906,286 = 1914,173).

[30] Vgl. H. Landmann 1906,765

[31] Von 1906 an möchte ihnen Reukauf zur Förderung der heimatkundlichen Vorstellungen, die in den Märchen vorausgesetzt werden, „einige der kurzen Heyschen Fabeln im Anschluß an die schönen Kehr-Pfeifferschen Bilder" (1906,290 = 1914,353) voranstellen. Ab 1914 (1914,175 ff.; ähnlich 1927,258 ff.) fordert er daneben für das erste Vierteljahr einen erfahrungsorientierten religiösen und sittlichen Gelegenheitsunterricht im Sinne R. Kabischs (vgl. R. Kabisch 1912,103 ff.).

[32] 1901,286

[33] Erbauungsstunden im Sinne der Seminarschulen Zillers und Reins lehnt Reukauf ab: „Erbauung ist nicht möglich, bevor die Geschichten verstanden sind" (1901,280 und alle Auflagen der „Didaktik").

[34] 1901,286 f.

[35] Nach dem Idealplan; der Normalplan bietet als Hauptinhalt des 2. Schuljahrs die Patriarchengeschichten.

[36] Vgl. H. Meltzer 1897,27

[37] Vgl. die nicht ganz übereinstimmenden Voten in Erläuterungen 1898,24 f. und 1900,33 sowie A. Reukauf 1901,290.

[38] Vgl. 1906,292

[39] „besonders über Jesus als Helfer und Heiland" (1906,299 = 1914,361)

[40] „Das Land, aus dem Abraham zog, ist jenes unbekannte Land jenseits der heimatlichen Berge" (1901,288 = 1906,293 = 1914,355). 1914,356 und 1919a,38 plädiert Reukauf auch für eine Einbeziehung der Urgeschichten als Sagen in knapper und schlichter Form.

[41] 1919a,39. Der „Dresdner Plan" ist der vom Religionsausschuß des Bezirkslehrervereins

Alle genannten Entscheidungen beziehen sich wohlgemerkt auf Reukaufs Idealplan. Für den mehr an der Praxis orientierten Normal- bzw. Kompromißlehrplan setzt er einen nur zweijährigen vorbereitenden Religionsunterricht an, der die Inhalte des dreijährigen aus dem Idealplan mit Ausnahme des Robinsonstoffs in zwei Jahren darbietet[42].

2.5.4 Der geschichtliche Religionsunterricht

Noch mehr als beim Vorkurs sind hier die beiden Grundtypen des Lehrplans zu unterscheiden, der Idealplan mit einmaligem und der Normal- oder Kompromißplan mit zweimaligem Durchlaufen der Hauptstufen der biblischen Geschichte.

Dem Idealplan gibt Reukauf auf der Höhe seines Wirkens folgende Gestalt[43]:

(1.—3. Schuljahr: Vorkurs)

4. Volksgeschichte Israels von Mose bis Saul
5. Zeitalter der Könige, Propheten und der jüdischen Gemeinde
6. Leben Jesu bis zum Petrusbekenntnis
7. Leben Jesu bis zum Schluß, Urgemeinde
8. Geschichte des Paulus, Geschichte der christlichen Kirche

Im Kontext der vorausgesetzten Doppeltheorie des historisch-genetischen Stufenbaus und der Konzentration soll der Plan nicht allein dem Postulat des nur einmaligen Durchlaufens der religiös-sittlichen Entwicklung genügen[44], sondern auch dem der Verknüpfung mit dem Aufbau der anderen Fächer[45].

Im Normalplan, den er bei den Vorarbeiten für das zehnbändige Unter-

---

Dresden-Land bearbeitete Vorschlag „Christlicher Religionsunterricht aufgrund der Zwickauer Thesen" 1913, kein Lehrplan, sondern „eine nach psychologischen Erwägungen geordnete Zusammenstellung von Fragen und Anschauungsgrundlagen, aus der der Religionslehrer auswählen soll" (a.a.O.,6) mit folgenden Themengruppen für das 1.-4. Schuljahr (= Vorkurs): Kind und Eltern, Kind und Geschwister, Kind und Kamerad, Kind und Erwachsene, Kind und Gott.

[42] S. u. Abschnitt 2.5.4

[43] Nach 1906,304 = 1914,365 f.; vgl. die Vorform ohne Propheten und nachexilische Gemeinde in 1892,89 f.102. Die erwähnte spätere Ausweitung des Vorkurses auf 4 Jahre führt lediglich zu einer komprimierten Behandlung der Inhalte des 4.-6. Schuljahrs in nur 2 Jahren (1919 a,53).

[44] Unbeschadet dieses Kriteriums fordert Reukauf wie Thrändorf (s. o. Abschnitt 1.5) eine beständige „immanente Repetition", nicht zuletzt zur erneuten Betrachtung mythischer und sagenhafter Elemente unter historisch-kritischen Aspekten, und darüber hinaus am Ende des fünften und in der Mitte des achten Schuljahrs lehrplanmäßige zusammenfassende Wiederholungen der alttestamentlichen bzw. der ganzen biblischen Religionsgeschichte und der Bibelkunde (1906,306 f. = 1914,368).

[45] Die Tabelle des Ideallehrplans enthält deshalb auch die der jeweiligen Entwicklungsstufe entsprechenden Stoffe des Geschichtsunterrichts (1906,304 = 1914,365 f.).

richtswerk mit vollem Anspruch auf Wissenschaftlichkeit konzipiert, erweist sich die Aufteilung des Lebens Jesu auf das fünfte und siebte Schuljahr bald nicht mehr als befriedigend[46], sodaß Reukauf den ganzen Entwurf von 1906 an nur noch als Kompromißplan bezeichnet[47], dem er den unter seiner Leitung an den städtischen Schulen in Coburg eingeführten Religionslehrplan als gleichberechtigte Alternative zur Seite stellt[48]. Die folgende Synopse zeigt beide Varianten sowie die von Reukauf gegen Ende seines Wirkens vertretene Modifikation des ursprünglichen Normalplans:

Coburger Plan	Unterrichtswerk	Plan von 1927
1. Fabeln und Märchen, Jesusgeschichten (Kindheit, Jesus als Helfer und Heiland)	1. Fabeln und Märchen, Jesusgeschichten (Kindheit, Jesus als Helfer und Heiland)	1. Gelegenheitsunterricht, Fabeln und Märchen, Jesusgeschichten (Kindheit, Jesus als Helfer und Heiland)
2. Urgeschichten, Erzvätergeschichten, Jesusgeschichten (Vertiefung des 1. Schulj., Jesu Leiden und Herrlichkeit)	2. Erzvätergeschichten, Jesusgeschichten (Vertiefung des 1. Schulj., Jesu Leiden und Herrlichkeit)	2. Urgeschichten, Josephsgeschichten, Jesusgeschichten (Vertiefung des 1. Schulj., Jesu Leiden und Herrlichkeit)
3. Mosegeschichten, Richter, Könige (Saul, David, Salomo)	3. Geschichten von Mose und den Richtern[49]	3. Abrahams- und Jakobsgeschichten, Mosegeschichten
4. Geschichten aus dem Leben Jesu in Gruppen[50]	4. Geschichte der Könige, Elia, Untergang der beiden Reiche, Exil und Rückkehr	4. Josua-, Richter-, Königs- und Eliagesch., Untergang der beiden Reiche, Exil und Rückkehr

---

[46] Vgl. 1906,315f. = 1914,378

[47] Gegen Ende seiner Wirksamkeit schätzt Reukauf den Lehrplan des Unterrichtswerks wieder höher ein, wie die übereinstimmenden Vorschläge 1926,109f. und 1927,253ff. zeigen, die in der Synopse in der rechten Spalte als „Plan von 1927" aufgeführt sind.

[48] Vollständiger Abdruck in 1908a, Kurzfassung in 1906,316f. = 1914,378f. In diesem Plan endet der erste Durchgang durch die biblische Geschichte bereits mit dem 4. Schuljahr (wegen der auf die höheren Schulen übertretenden Schüler und wegen der besseren Verknüpfung mit dem Geschichtsunterricht im 5.-8.Schuljahr).

[49] Bis 1906 schließt Reukauf wie Rein die Schöpfung an die Gesetzgebung vom Sinai an, danach stellt er sie mit einem Rückblick über die Erzvätergeschichten den Mosegeschichten voran.

[50] 1914,379 Anm. 1 wird als Verbesserung vorgeschlagen: (2.) Ur- und Erzvätergeschichten, Jesus als Helfer und Heiland; (3.) Mose und Richter, Jesu Leiden und Herrlichkeit; (4.) Könige Israels, Überblick über die Jesusgesch., ausführlicher die Gleichnisse.

5. Geschichte des Alten Bundes (ausführlicher die Propheten)	5. Geschichten aus dem Leben Jesu in Gruppen	5. Geschichten aus dem Leben Jesu in Gruppen
6. Geschichte Jesu	6. Geschichte des Alten Bundes (ausführlicher die Propheten)	6. Geschichte des Alten Bundes (ausführlicher die Propheten)
7. Geschichte Jesu (Forts.), Urgemeinde und Paulus	7. Eine pragmatische[51] Geschichte Jesu, Geschichte der Urgemeinde	7. Geschichte Jesu
8. Kirchengeschichte[52]	8. Das Wirken Pauli und die Geschichte der christl. Kirche	8. Urgemeinde und Paulus, Kirchengeschichte

2.5.5 Der abschließende Religionsunterricht

Im Gegensatz zu Thrändorf, der jede Form eines zusammenfassenden systematischen Religionsunterrichts ablehnt[53], hält Reukauf grundsätzlich an einem solchen Abschluß fest, der jedoch auch bei ihm keine selbständige Größe darstellt, sondern nur eine Zusammenfassung des vorausgegangenen geschichtlichen Unterrichts. Denn die lehrhaft-begrifflichen Stoffe dürfen nicht von den ethisch-geschichtlichen abgelöst werden[54]. Der junge Reukauf vertritt, wie damals auch sein Lehrer Rein[55], die in der Zillerschen Schule übliche Form des abschließenden Katechismusunterrichts[56] im Anschluß an die Behandlung der Reformation. Doch bald darauf geht er unter Berufung auf Thrändorf dazu über, diese Zusammenfassung auf einen kurzen Überblick über den Kleinen Katechismus zu reduzieren[57], daneben aber den abschließenden Religionsunterricht zu einer systematisch geordneten Glaubens- und Sittenlehre auszubauen[58]. Diese hat jetzt statt des Katechismus den gesamten geschichtlichen Religionsunterricht zur Grundlage, sprengt also beispielsweise in der Ethik die engen Grenzen des Dekalogs[59]. Vor allem aber

---

[51] Das Wort ist 1914,375 gestrichen.
[52] In Coburg standen dem Religionsunterricht mit Rücksicht auf den Konfirmandenunterricht im 8. Schuljahr nur 6 Monate zur Verfügung (s. u. Abschnitt 2.8.2).
[53] S. o. Abschnitt 1.4.3.3
[54] S. o. Abschnitt 2.4.3
[55] Vgl. R. Staudes Beitrag in Rein/Pickel/Scheller: Das 8. Schuljahr (R. Staude 1888).
[56] Er bevorzugt die beiden Hefte von K. Just 1896 und 1897, vgl. A. Reukauf 1904,50.
[57] Der Überblick soll zeigen, „daß die 5 Hauptstücke, jedes in anderer Weise, das Evangelium Jesu, das ganze Christentum zur Darstellung bringen" (1906,228).
[58] Sie liegt in ausführlicher Gestalt vor in den 3 Bänden 1912, 1915 und 1919.
[59] Vgl. z. B. 1914,294 und 1927,173 f.

ist sie nicht nur auf den Religionsunterricht der Volksschule beschränkt, sondern erstreckt sich genauso über den nachschulischen Unterricht[60], da die Schüler dort wegen ihres höheren Lebensalters mehr Reife und Verständnis für die zu behandelnden Probleme mitbringen. Entsprechend, ja noch dringender, hält Reukauf für alle höheren Schulen im zweiten Halbjahr des letzten Schuljahrs ein „System der Systeme"[61], d.h. eine Besprechung aktueller Glaubens- und Lebensfragen in ihrem systematischen Problemzusammenhang für notwendig.

2.6 Das entwickelnd-darstellende Verfahren als Normalmethode

2.6.1 Zum Kontext der lernorganisatorischen Überlegungen bei A. Reukauf

Die verschiedenen Möglichkeiten der Lernorganisation werden zwar von Reukauf[1] stets im Rahmen des Formalstufenschemas diskutiert, stellen aber keineswegs nur eine von diesem abhängige Variable dar. Denn die in den folgenden Unterabschnitten referierten Lehrverfahren sind weder eindeutig auf bestimmte Stufen der Unterrichtseinheit fixiert[2] noch ist ihre Beurteilung von der der Formalstufen abhängig. Während Reukauf seine Auffassung über jene gegen Ende seiner Wirksamkeit wesentlich modifiziert[3], bleiben seine Anschauungen über die verschiedenen Unterrichtsmethoden zeitlebens konstant. Die Arbeiten aus der späteren Periode bieten hier lediglich eine weitere Differenzierung seiner schon seit Jahrzehnten vertretenen Position, und zwar aus dem Motiv heraus, das eigene Verfahren gegenüber der später aufgekommenen Erlebnis- und Arbeitsschulpädagogik als sachgemäß zu erweisen und zu zeigen, daß beide eigentlich keine neue Methode gebracht haben, vielmehr ihre Forderungen von den führenden Herbart-Ziller-schen Pädagogen im Grunde längst beachtet wurden. Prinzipien wie die „Freie geistige Tätigkeit" (H. Gaudig) verlangen auch keineswegs neue Methoden, sondern sind mit den von Reukauf aufgezählten zu verwirklichen, am besten mit dem von ihm und seinen Mitarbeitern schon immer bevorzugten entwickelnd-darstellenden Verfahren[4].

---

[60] S.u. Abschnitt 2.8.2f.

[61] Erläuterungen 1914,47; vgl. die Diskussion mit Thrändorf a.a.O.,47ff.

[1] Neben seinen eigenen Arbeiten ist auch W. Bittorf 1904 [2]1908 heranzuziehen, mit dem sich Reukauf ausdrücklich identifiziert (in W. Bittorf 1908,VIII).

[2] S.u. Abschnitt 2.7.5

[3] S.u. Abschnitt 2.7.1ff.

[4] „Arbeitsschulmäßiger Religionsunterricht ist in der Volksschule einfach entwickelnd-darstellender Unterricht" (1926,126).

2.6.2 Die erzählend-erläuternde Methode

Reukauf nennt das erzählend-erläuternde Lehrverfahren „das in der zweiten Hälfte des 19. Jahrhunderts beliebteste"[5]. Es zeichnet sich dadurch aus, daß die Begegnung mit dem Unterrichtsgegenstand und dessen Erläuterung in zwei getrennten Schritten aufeinanderfolgen. Voraus gehen Zielangabe und Vorbereitung bzw. Einstimmung[6], dann folgt die Erzählung des Lehrers, die sich im Gegensatz zur vortragend-darstellenden Methode sehr eng an den überlieferten Text anschließt[7]. Die Nacherzählung[8] durch einen Schüler macht den Lehrer auf die Punkte aufmerksam, auf die er in der sich nun anschließenden Erläuterung besonders eingehen muß. Bei dieser Phase geht es darum, über die Erklärung der äußeren Handlung und der sachlichen Details zu einer psychologischen und religiös-sittlichen Erläuterung vorzudringen[9], wobei die rein kognitiven Elemente um des gefühlsmäßig-ganzheitlichen Eindrucks willen äußerst sparsam zu dosieren sind[10]. Aus demselben Grund darf sich auch kein mechanisches Memorieren anschließen, sondern das Einprägen soll möglichst zwanglos und organisch mit der Erläuterung verschmolzen werden[11].

Dem erzählend-erläuternden Lehrverfahren räumt Reukauf zeitlebens für die Unterstufe der Volksschule einen gewissen Rang ein[12], vor allem dort, wo der biblische oder ein anderer klassisch formulierter Text besonders hervorgehoben werden soll und auf seine Einprägung hingearbeitet wird. Die Methode wird dem Anfänger außerdem leichter fallen als die noch zu beschreibende vortragend-darstellende. Letztere ist aber dennoch als überlegen zu betrachten, denn das Auseinandertreten von Erzählung und Erläuterung

---

[5] 1926,118. Reukauf denkt wohl hauptsächlich an Ziller und Dörpfeld.

[6] Bezug zu den Formalstufen s. u. Abschnitt 2.7.2 und 2.7.5

[7] Vgl. 1927,50ff. Der jüngere Reukauf will die Darbietung abschnittsweise zergliedern (1904,29), der ältere lehnt dies unter dem Einfluß der Reformpädagogik strikt ab und betont „das Gesetz, zunächst einen starken Gesamteindruck zu erzielen" (1927,54).

[8] „eine ‚rohe Totalauffassung', um den klaren Zillerschen Ausdruck zu verwenden" (1927,57).

[9] Reukauf gebraucht regelmäßig die Dörpfeldschen Begriffe (vgl. F. W. Dörpfeld Schriften 2/ 2,110) „Handlung", „Außenwerk" (d.h. geographische, kulturgeschichtliche u. a. Einzelheiten), „psychologisches Triebwerk" (Gedanken, Gefühle, Motive) und „Gesinnungen"(„der religiös-ethische Charakter der Gesinnungen, die in dem Verhalten der betreffenden Personen zu Tage treten",ebd.). Die Struktur der Erläuterung übernimmt er dagegen nicht von Dörpfeld, sondern über Rein und Thrändorf von Ziller (vgl. die Belege in Anm. 8u.11). Nur in dem frühen Beitrag 1904,30f. sind Zillers und Dörpfelds Schema einfach nebeneinandergestellt.

[10] „Es wäre eine schlimme didaktische Sünde, verstandesmäßige Betrachtungen größeren Umfangs anzuschließen" (1917,58).

[11] In der Regel durch eine erneute Nacherzählung, die „erweiterte und berichtigte Totalauffassung" Zillers (T. Ziller 1886,255), die Reukauf „gereinigte Totalauffassung" (1926,120) nennt.

[12] Vgl.1927,60ff.; daneben 1926,121

hat trotz der eingeschalteten Kontrollmöglichkeit durch die Schülernacherzählung mehr Nachteile als Vorteile. Der gravierendste ist, daß es sehr selten gelingt, die Gefühlshöhe der Erzählung in den Erläuterungen durchzuhalten. Außerdem bleibt relativ wenig Raum für die Selbsttätigkeit der Schüler.

2.6.3 Die lesend-erläuternde Methode

Die lesend- erläuternde Methode stellt eine Nebenform der erzählend-erläuternden dar und unterscheidet sich von dieser dadurch, daß als Medium der Stoffvermittlung an die Stelle der Erzählung ein (meist gedruckt vorliegender) Text tritt. Sie ist das Normalverfahren der Zillerschen Schule, also auch bei Rein oder Thrändorf[13], wo sie den Vorzug erhält, weil durch sie die Selbsttätigkeit des Schülers mehr gefördert wird als beim Hören einer Lehrererzählung.

Reukauf unterstreicht die Berechtigung des Motivs der Förderung der Selbsttätigkeit und rühmt es als Vorwegnahme des Arbeitsschulprinzips[14]. Dennoch hält er die Argumentation insgesamt für verfehlt, weil ein mühsam gelesener Text mindestens in der Volksschule blaß bleiben und nicht die Anschaulichkeit und Eindruckskraft einer lebendigen Erzählung erreichen wird[15]. Daher räumt er dem lesend-erläuternden Verfahren erst dann größere Bedeutung ein, wenn die Schüler reif genug sind, um sich die Texte einschließlich ihrer Anschauungs- und Gefühlswerte wirklich selbst zu erarbeiten, also in der Regel erst auf der Oberstufe der höheren Schulen, wo auch Reukauf die lesend-erläuternde Methode für die empfehlenswerteste hält[16].

2.6.4 Die vortragend-darstellende Methode

Sie erscheint als eigenständiges Lehrverfahren erst in Reukaufs Spätschriften. Er trägt damit damit der vor allem von H. Scharrelmann[17], M. Paul[18] und dem Ehepaar Zurhellen(-Pfleiderer)[19] vertretenen Konzeption Rechnung, die auf der Grundlage der Wundtschen Psychologie im Kontext der Kunsterziehungsbewegung und anderer reformpädagogischer Strömungen am Beginn

---

[13] S. o. Abschnitt 1.7.4.3

[14] „Arbeitsschulgedanken lange vor Entstehen der Arbeitsschulbewegung" (1926,119). In dieser Methode kann „das Arbeitsschulverfahren, die freie geistige Tätigkeit am ehesten zur Durchführung kommen" (1927,60).

[15] Vgl. 1926,120 und 1927,60. Bei der Argumentation klingen Gedanken Dörpfelds an, der das Lesen als Mittel der Darbietung vollständig ablehnt (F. W. Dörpfeld Schriften 2/2,117f.).

[16] Etwas positiver urteilt Reukauf 1927,61: „bei günstigen Verhältnissen auch in den Oberklassen der Volksschulen verwendbar".

[17] Vgl. H. Scharrelmann 1902 und 1905

[18] Vgl. M. Paul 1904

[19] Vgl. E. Zurhellen-Pfleiderer / O. Zurhellen 1906

des 20. Jahrhunderts den Religionsunterricht mit Hilfe einer breit ausmalenden gefühlsbetonten Erzähltechnik[20] reformieren wollten. Reukauf führt die Methode allerdings bereits auf Salzmann zurück[21] und sieht in ihr außerdem eine gelungene Ausführung des von Herbart theoretisch umrissenen „bloß darstellenden" Unterrichts[22]. Sie ist gegenüber den beiden vorher beschriebenen Verfahren dadurch charakterisiert, daß die Erläuterung nicht mehr von der Darbietung getrennt, sondern in sie hinein zu einer kunstvollen Einheit verwoben wird, was vom Lehrer ebensoviel Phantasie wie wissenschaftliche Kenntnisse verlangt[23]. Bei der Schilderung des „Außenwerks" muß er sich vor sachlich falschen Modernisierungen[24] hüten, die obendrein pädagogisch sinnlos sind, weil die geheimnisvolle orientalische Welt, in der die biblischen Geschichten beheimatet sind, zusätzliche Spannung erregt. Bei der Ausgestaltung des „psychologischen Triebwerks" kommt es darauf an, die Gefühle der beteiligten Personen und die möglicherweise über die damalige Situation hinaus gültige religöse und sittliche Beurteilung ihrer Handlungen deutlich zu machen, z.B. durch Dialoge oder Selbstgespräche in wörtlicher Rede. Reukauf empfiehlt die vortragend-darstellende Methode bei denjenigen Geschichten und Persönlichkeiten, die „die Höhe der Offenbarung religiösen Lebens bieten"[25]. Denn es ermöglicht eine besonders tiefe, beinahe suggestive Beeinflussung der Vorstellungswelt und des Gemütslebens insbesondere der jüngeren Kinder, für die er diese Methode generell als „die naturgemäßeste"[26] betrachtet. Dagegen treten bei älteren Schülern die Nachteile des Verfahrens stärker hervor: Mehr als bei allen anderen wird die Selbsttätigkeit der Klasse eingeschränkt und es verbreitet sich, gerade wenn der Lehrer die Erzähl- und Darstellungskunst meisterhaft beherrscht, eine oberflächliche Genießerhaltung[27], die die schönen Religionsstunden gerne akzeptiert, aber jede tiefere Auseinandersetzung mit den religiös-sittlichen

---

[20] Auch W. Bittorf spricht im Methodikband des Reukauf-Heynschen Unterrichtswerks noch nicht von vortragend-darstellender Methode, sondern bezeichnet dieses von ihm generell abgelehnte (W. Bittorf 1908,58 ff.) Lehrverfahren der genannten Reformpädagogen als „breit ausgeführte, anschauliche Erzählung" (a.a.O,65).

[21] 1926,121; 1927,28

[22] S.o. Abschnitt 1.7 Anm. 36

[23] 1927,32

[24] Als abschreckendes Beispiel zitiert schon W. Bittorf 1908,60 (und nach ihm A. Reukauf 1926,123) die Aktualisierungen H. Scharrelmanns, bei dem die alttestamentlichen Patriarchen Zigarren rauchen, Isaak seiner Frau aus der Bremer Zeitung über den Burenkrieg vorliest, Straßenbahnen klingeln, Jakob in der Schule sitzenbleibt und später konfirmiert wird als Esau, Elieser Akkordeon spielt, usw. (vgl. H. Scharrelmann 1905,26.32u. ö.).

[25] 1927,39

[26] 1927,38

[27] 1926,124; ähnlich schon W. Bittorf 1908,63 f., der mit Thrändorf (s. o. Abschnitt 1.3.6) auf den Unterschied zwischen interessantem und interesseweckendem Unterricht hinweist.

Persönlichkeiten der Bibel und der Kirchengeschichte verhindert und damit diesen ihre charakterbildende Kraft raubt.

2.6.5 Die entwickelnd-darstellende Methode

Das entwickelnd-darstellende Unterrichtsverfahren wird von Reukauf in erster Linie auf Dörpfeld zurückgeführt, der gegenüber der Zillerschen Schule den Wert des Erzählens betont und darüber hinaus gefordert hatte, daß „Vortrag und Unterredung ein einiges Ganzes bilden, sodaß also das Unterreden den erzählenden Vortrag von Schritt zu Schritt begleitet"[28]. Es darf nicht mit dem sokratischen Entwickeln der „Kunstkatechese"[29] verwechselt werden, die Begriffe und Begriffssysteme aus den Kindern herauspressen wollte, während es hier ausschließlich um anschaulich-konkrete Inhalte geht. Reukauf betont mit Stolz, wie die Mitarbeiter des von ihm zusammen mit E. Heyn herausgegebenen Unterrichtswerks durch den Konsens über ihr „Normalverfahren"[30] zukunftsweisende Pionierarbeit[31] geleistet haben, was vor allem daraus erhellt, daß ein Vierteljahrhundert später die entschiedensten religionspädagogischen Vertreter des Arbeitsschulprinzips mit O. Eberhard[32] an der Spitze auf demselben Weg weitergehen[33].

Didaktische Grundform der Methode ist der Dialog zwischen Lehrer und Schülern, der nicht erst nach der Darbietung des neuen Stoffes einsetzt, sondern bereits bei dessen Erarbeitung[34]. Die Schüler sind an ihr ständig aktiv beteiligt, sie können sich intensiv in die geschichtliche Situation hineinversetzen und mit den handelnden Personen identifizieren bzw. sich durch ethisches Urteil distanzieren. Sie „erleben die Vorgänge in einer Weise, daß sie gleichzeitig die handelnden Personen entweder als begeisternde Vorbilder in ihr Herz aufnehmen oder sich von ihnen mißbilligend abwenden"[35]. Das Prinzip der Selbsttätigkeit kommt also in starkem Maße zur Geltung und,

---

[28] F. W. Dörpfeld Schriften 2/2,108 zitiert bei A. Reukauf 1927,62. Daneben weist er auf das Vordringen der entwickelnd-darstellenden Methode innerhalb der Zillerschen Schule hin, vor allem auf O. Foltz 1903.

[29] S. o. Abschnitt 1.7.3

[30] W. Bittorf 1908,65; von Reukauf später eingeschränkt zum „Normalverfahren für die Mittel- und Oberstufe der Volksschule" (1926,127), da er in der Unterstufe die vortragend-darstellende und in der höheren Schule mit E. Heyn die lesend-erläuternde Methode bevorzugt, die entwickelnd-darstellende jedoch grundsätzlich für überall anwendbar hält.

[31] 1926,124; 1927,71

[32] Vgl. die Sammlung O. Eberhard 1925 (¹1923)

[33] „Mit dem entwickelnd-darstellenden Verfahren eng verwandt, ja bei gar manchen Beispielen ihm völlig gleich ist das Verfahren, das die Vertreter der Arbeitsschule unter der Führung von O. Eberhard verwenden" (1926,124f.). Aus diesem Grund kommt Reukauf zu der in Anm. 4 zitierten Identifikation.

[34] Oft auch schon bei der Formulierung der Zielangabe (1926,125).

[35] 1904,31

wenn die Schüler nicht an den vordergründigen Phänomenen des Außenwerks hängenbleiben[36], sondern sich in das wechselseitige Ineinander von Handlung, Außenwerk, psychologischem Triebwerk und sittlich-religiöser Wertung hineinnehmen lassen, werden dabei sogar schöpferische Kräfte aus den Tiefenschichten der menschlichen Existenz entbunden und nachhaltige ethische und religiöse Erfahrungen ermöglicht[37]. Deshalb und auch aus Gründen der Praktikabilität, weil entwickelnd-darstellende Unterrichtseinheiten in allen Altersstufen möglich sind und sich außerdem vortragenddarstellende, erzählend-erläuternde oder lesend-erläuternde Passagen unschwer einfügen[38] lassen, kann Reukauf zusammenfassend urteilen: „Diese Darbietungsweise ist demnach die wertvollste"[39].

2.6.6 Der Einsatz der verschiedenen Methoden bei den geschichtlichen, lehrhaften und lyrisch-erbaulichen Inhalten

Streng genommen handelt es sich bei den vier beschriebenen Methoden um „Verfahren für die Erarbeitung geschichtlicher Stoffe"[40], weshalb Reukauf sie stets in diesem Bezug[41] darstellt. Doch aus seinen knappen Ausführungen über die unterrichtliche Vermittlung der beiden anderen Gruppen[42] geht klar hervor, daß auch für sie keine anderen als die bereits bekannten Möglichkeiten der Lernorganisation in Frage kommen. Sie gelten also unbeschadet inhaltsspezifischer Modifikationen grundsätzlich für alle Lernprozesse der Erstbegegnung.

Bei den lyrisch-erbaulichen Unterrichtsgegenständen wird in der Praxis aus Zeitgründen meist die erzählend-erläuternde Methode angewandt werden[43], doch Reukauf empfiehlt stärker eine entwickelnd-darstellende Entfaltung aus dem Leben des Dichters oder aus einer biblischen Geschichte, hält

---

[36] Diese Gefahr droht ständig, ebenso „die Gefahr uneinheitlicher, zerfahrener Gedankenführung" (1927,68). Doch die Aufgabe des Lehrers ist es, beiden zu begegnen.

[37] 1926,126; 1927,69f.

[38] Solche Einschübe sind dort nötig, wo den Schülern die Voraussetzungen zum selbständigen Erarbeiten eines Lernschritts fehlen. Darauf weist schon F. W. Dörpfeld (Schriften 2/2,117 zitiert bei A. Reukauf 1927,67f.) hin. Erzwungene Selbsttätigkeit wäre hier blindes Herumraten und „nutzloses Plagen der Kinder" (1927,67).

[39] 1904,31

[40] 1927,71

[41] Gleichzeitig stehen sie im Kontext des Formalstufensystems (s.u. Abschnitt 2.7.5)

[42] Ihre didaktische Funktion als „Anschlußstoffe" (s.o. Abschnitt 2.4.3f.) wirkt sich ebenfalls vorwiegend auf ihre Stellung innerhalb der formalen Stufen aus (s.u. Abschnitt 2.7.5).

[43] Reukauf nennt sie in diesem Zusammenhang auch die „vortragend-erläuternde" Methode, denn Poesie kann man nicht erzählen, sondern nur vortragen. „Glücklich die Schulklasse, deren Lehrer das Lied gleich formvollendet als Lied, also singend vorzutragen vermag" (1927,148).

aber auch die vortragend-darstellende Liedbehandlung F. Lehmensicks[44] trotz einiger Bedenken[45] für möglich.

Während bei so gefühlsbetonten Stoffen die lesend-erläuternde Methode weniger brauchbar erscheint, kann sie es bei den lehrhaft-begrifflichen durchaus werden, z.B. wenn wie etwa in der Bergpredigt „ein klassischer Text vorliegt, der beim einmaligen Lesen sich schon dem Gedächtnis einprägt"[46]. Doch für den Normalfall empfiehlt Reukauf auch hier die entwickelnd-darstellende[47], ersatzweise die vortragend-erläuternde Methode.

2.7 Die Neuformulierung der Formalstufen

2.7.1 Der Anlaß der Neubearbeitung

Während Reukauf die in den vorhergehenden Abschnitten dargestellten Komponenten seiner religionspädagogischen Konzeption alle bereits vor dem Ersten Weltkrieg entfaltet und danach höchstens noch teilweise modifiziert, findet er beim Kernstück seiner Gedanken zur Lernorganisation, der Lehre von den formalen Stufen, erst in den Zwanziger Jahren zu einer selbständigen Synthese. Vorher fühlt er sich offensichtlich nicht zu einer intensiveren Auseinandersetzung über die Grundstruktur der unterrichtlichen Lernprozesse genötigt[1], denn die Herbart-Zillersche Position erscheint ihm an diesem Punkt besonders gut abgesichert, weil die Formalstufen keine Erfindung jener Schulhäupter, sondern die präziseste Beschreibung des natürlichen Lernvorgangs und damit eine anthropologische Konstante sind[2]. Daher verwundert es nicht, wenn sie, im Gegensatz zur Konzentrations- und Kulturstufentheorie, am Ende des 19. Jahrhunderts weit über die Herbartianer hinaus fast in der ganzen Schulpädagogik anerkannt werden[3]. Auch für die Autoren des Reukauf-Heynschen Unterrichtswerks steht ohne Frage das fünfstufige[4] Schema der Zillerschule als Grundgerüst der Präparationen fest.

---

[44] S.o. Abschnitt 2.4 Anm. 56

[45] Z.B. „kann die einführende geschichtliche Schilderung bei Liebhaberei für phantasiemäßige Ausgestaltung so beherrschend auftreten, daß das Lied als Lied in den Hintergrund tritt" (1927,147f.).

[46] 1927,160

[47] Beim Katechismus nennt er sie (aus der biblischen Geschichte) „entwickelnd-aufbauend" (1927,170).

[1] Längere Ausführungen des jüngeren Reukauf zur Theorie der Lernorgansation finden sich lediglich 1904,28ff. Die „Didaktik" (1900, 1906, 1914) führt nur bis zur Begründung des Lehrplans, während die „Methodik" des Reukauf-Heynschen Unterrichtswerks in den ersten beiden Auflagen von W. Bittorf (1904, ²1908) bearbeitet wird.

[2] Vgl. 1901,256

[3] 1901,255

[4] Reukauf bevorzugt die deutschen Bezeichnungen W. Reins (vgl. z.B. A. Reukauf

In den ersten beiden Jahrzehnten des 20. Jahrhunderts ändert sich jedoch die Situation vollständig, da nun die reformpädagogischen Strömungen, insbesondere die Arbeitsschulbewegung, den Ton angeben. Die Herbart-Zillersche Pädagogik wird in der Regel mit der verpönten Lernschule der Restaurationszeit gleichgesetzt und als formalistisches Zwangskorsett abgelehnt, wobei sich die Polemik in erster Linie gegen die Formalstufen richtet. Reukauf, der sich der Berechtigung solcher Vorwürfe nicht entziehen kann[5], gewinnt aus ihnen die Überzeugung, daß eine Um- und Weiterbildung des Herbart-Zillerschen Stufenbaus dringend notwendig geworden ist. Nach mehrjährigen Vorbereitungen[6] kann er sie 1926/27 vorlegen als „eine große Synthesis, eine große Zusammenfassung der in den drei großen methodischen Strömungen der letzten Jahrzehnte sich offenbarenden geistigen Ideen"[7]: der „Ziller-Thrändorfschen Methodenlehre", der „Ideen der Kunsterziehungsbewegung" mit ihrer „Wertschätzung des Gefühlsmäßigen" und der „Ideen der Arbeitsschulbewegung, bei der auf das Willensmäßige das Hauptgewicht fällt".

Das Ergebnis zeigt jedoch, wie sehr die Herbart-Zillersche Theorie nach wie vor das Fundament seiner pädagogischen Überzeugungen darstellt. Denn er hält grundsätzlich am Aufbau der Unterrichtseinheiten nach Formalstufen fest und betont dabei die Kontinuität zu Thrändorf[8]. Die Impulse der Kunsterziehungs- und Arbeitsschulbewegung dienen lediglich insofern als Korrektiv, als er diejenigen Stufenteile, die die Abstraktion und Begriffsbildung fördern sollen, zugunsten der Erlebnis- und Handlungskomponente reduziert. So ergeben sich im Anschluß an Dörpfeld[9] folgende drei Stufen:

Erarbeitung[10]
Würdigung
Anwendung

1904,28 ff.): I Vorbereitung, II Darbietung (bzw. mit Thrändorf IIa Darbietung und IIb Vertiefung), III Vergleichung, IV Zusammenfassung, V Anwendung.
W. Bittorf betont die Beliebigkeit der Zählung und Benennung der Stufen: „Eine reine Wortfrage, die den Kern der Sache durchaus nicht berührt" (W. Bittorf 1908,30).

[5] „Gewiß ist, daß in ihr (der Ziller-Thrändorfschen Methodenlehre) das Verstandesmäßige trotz Thrändorfs gegenteiligen (sic!) Bemühungen zu stark hervortritt" (1927,25).

[6] Vorträge bei den Ferienkursen der Universität Jena und Unterricht in Religionsmethodik am Coburger Seminar. Den Anstoß zur intensiven Auseinandersetzung gibt nicht zuletzt W. Bittorfs Ausscheiden aus dem Mitarbeiterkreis des Unterrichtswerks (vgl. A. Reukauf 1927,VII).

[7] 1927,25

[8] „Der von mir aufgestellte Stufenbau ist nach meiner Überzeugung nichts anderes als die aus dem Wesen des Gesinnungsunterrichts sich ergebende Weiterbildung der Thrändorfschen Stufenfolge" (1927,104).

[9] Dörpfeld faßt die Herbart-Zillerschen Formalstufen in 3 Hauptstufen „Anschauen", „Den-

Sie entspricht der Vorbereitung (I) und Darbietung (IIa) nach Reukaufs früherer Gliederung. Die Reihenfolge der Lernschritte richtet sich auf dieser Stufe danach, welches der vier Lehrverfahren bevorzugt wird, doch auch innerhalb eines jeden von ihnen sind mannigfache Variationen und Kombinationen möglich, denn jeder starre Schematismus soll vermieden werden.

Trotzdem legt Reukauf Wert darauf, daß ungeachtet der gewählten Arbeitsform stets der eigentlichen Erarbeitung bzw. Darbietung eine Zielformulierung und eine als „Einstimmung" gestaltete Vorbereitung vorausgehen[11]. Erstere soll nicht nur informieren, sondern vor allem zur Aufnahme des Neuen sowie zur Mitarbeit und Kreativität motivieren. Dem Arbeitsschulgedanken entspricht am besten, das Ziel bewußt zusammen mit den Schülern aufzustellen und die Unterrichtseinheit mit der gemeinsamen Erarbeitung des Ziels zu beginnen[12]. Überraschenderweise soll sich an dieses auch bei darstellenden Verfahren, deren Besonderheit ja in der Verschmelzung der Vorbereitung bzw. Analyse mit der Darbietung bzw. Synthese besteht, in der Regel eine kurze Vorbereitung anschließen[13]. Diese dient dann freilich nicht mehr zur Bereitstellung apperzipierender Vorstellungen und Erfahrungen, sondern ähnlich wie die Zielangabe in erster Linie dazu, Gefühle zu wecken und wachzuhalten. Die Vorbereitung verliert somit, im darstellenden Unterricht sogar vollständig, ihre kognitiven Funktionen und wird zur rein affektiven Einstimmung.

Bei der eigentlichen Erarbeitung muß neben der Wahl der Arbeitsform vor allem der Einsatz der Medien überlegt werden, mit denen sich Reukauf ausführlich auseinandersetzt[14]. Als Hilfen zur Veranschaulichung des „Außenwerks" empfiehlt er hauptsächlich Reliefs[15] oder Karten und nur als Ergänzung kulturgeschichtliche Wandbilder. Das „innere Triebwerk" dagegen läßt sich am besten durch künstlerische Darstellungen der geschichtlichen Szenen[16] verdeutlichen. Weitere, vom Arbeitsschulgedanken aus nahe-

---

ken" und „Anwenden" zusammen (F.W.Dörpfeld Schriften 2/2,76ff.). Zu O.Willmanns Rückführung der Formalstufen auf den psychischen Ternar des Aristoteles und zur neueren Diskussion s.u. Abschnitt 4.7.

[10] 1926,118ff. sagt Reukauf „Darbietung" statt „Erarbeitung".

[11] Vgl. 1927,36f.42ff.62 sowie 1926,119u.124.

[12] 1927,47

[13] 1926,124; 1927,36

[14] 1904,35ff.; 1926,142ff.; 1927,114ff. (vgl. hierzu auch W. Bittorf 1908,72ff.).

[15] „Wenn der Lehrer den Kleinen des ersten (!) Schuljahrs von der Geburt des Christkinds in Bethlehem erzählt, so führe er ihnen auf der waagerecht gelegten Wandtafel ein plastisches Bild des heiligen Landes dort weit im Osten, wo die Sonne aufgeht'vor" (1927,114).

[16] Vgl. A. Reukauf 1907ff.

liegende Hilfen zur äußeren und inneren Veranschaulichung sind das „Nachbilden mit der Hand", also Basteln und Modellieren, sowie das szenische Darstellen[17].

2.7.3 Die zweite Stufe: Würdigung

Den Namen für die zweite Stufe des Unterrichtsprozesses entlehnt Reukauf von R. Staude[18], der damit allerdings nur die Vertiefung, also die Stufe IIb des Fünferschemas meint. Bei Reukauf umfaßt die Würdigungsstufe dagegen Vertiefung[19], Vergleichung und Zusammenfassung, somit die Stufen IIb, III und IV seiner früheren Zählung. Diese drei Schritte müssen jedoch keineswegs alle oder streng nacheinander durchlaufen werden, denn es geht nicht mehr um einen Abstraktionsprozeß, bei dem kein Glied aus der Kette der Gedankenfolge fehlen darf, nicht mehr um Begriffsbildung, sondern um „Wertbildung"[20]. Geweckte religiöse und ethische Gefühle sollen durch die Würdigung zu persönlichen Werten, zu dauerhaften und verhaltensbestimmenden Werturteilen umgestaltet werden, was sicher eine sekundäre Aufgabe gegenüber der ersten Stufe darstellt, die deshalb schon von der Unterrichtszeit her den Primat erhält und mehr als die Hälfte der methodischen Einheit umfaßt, aber nichtsdestoweniger eine notwendige. Denn Gefühle, selbst wenn sie sich in spontanen Urteilen ausdrücken, sind zu unbestimmt und flüchtig, sie müssen noch durch Bewußtwerden und Reflektieren befestigt werden, wobei jedoch auf keinen Fall die hochgradige affektive Besetzung verlorengehen darf[21].

Die Würdigungsstufe ist deshalb charakterisiert durch ein beständiges Ineinander von „Bewerten" und „Durchdenken"[22], das freilich sehr unterschiedliche Formen annehmen kann. Am Anfang steht meist die Vertiefung: Die Schüler konzentrieren sich auf die Hauptperson(en) des erarbeiteten Handlungsablaufs, besonders auf deren seelische Beweggründe, und sprechen dabei, bei Bedarf ermutigt durch zusätzliche Impulse des Lehrers, ihre

---

[17] 1927,125 ff.

[18] S. u. Abschnitt 3.2.4

[19] Zu den daraus resultierenden Unklarheiten bei der (theoretischen) Abgrenzung der Würdigung von der Erarbeitungsstufe s. u. Abschnitt 2.7.5

[20] 1927,88 f.

[21] Trotz der vielfachen Gestaltungsmöglichkeiten sollte deshalb die Würdigung insgesamt nicht zu lang werden, denn sie steht und fällt mit der „Wahrung des Gefühlscharakters" (1927,82), d. h. damit, daß die geweckten ethischen und religiösen Gefühle dauernd präsent bleiben, daß das Durchdenken und Bewerten sich nicht von ihnen ablöst und zur intellektuellen Spielerei oder zum selbstgefälligen Richten und Aburteilen wird.

[22] 1926,128, vgl. „Bewerten und Erkennen" (1927,71 u. ö.).

Gefühle der Zustimmung oder Mißbilligung aus. Für manche Unterrichtseinheiten, vor allem bei jüngeren Kindern, genügen solche Bewertungen, die natürlich in geeigneter Weise festgehalten werden müssen, bereits vollständig als Würdigung und es kann sich sofort die dritte Stufe, die Anwendung, anschließen. In der Regel aber sollte man versuchen, den religiösen und ethischen Gehalt der Vertiefung in eine geprägte klassische Form einzukleiden, z.B. in einen Bibelspruch, Liedvers oder Katechismussatz. Oft ist noch besser, die einprägsame Zusammenfassung der Würdigung nicht aus einem Beispiel, sondern aus dem Vergleich mehrerer ähnlicher oder unterschiedlicher religiös-sittlicher Gesinnungsverhältnisse, d.h. Personen oder Geschichten, zu gewinnen, wobei der „Vergleichung" nicht unbedingt eine ausführliche Vertiefung vorausgehen muß. Auf jeden Fall aber ist die „Verwertung der Erfahrungen der Gegenwart und insbesondere der persönlichen Erlebnisse der Kinder"[23] ein äußerst wichtiger Vergleichspunkt.

2.7.4 Die dritte Stufe: Anwendung

Von allen drei Hauptstufen der Reukaufschen Modifikation der Formalstufen bringt die dritte, die Anwendung, die wenigsten Neuerungen. Alle Herbart-Zillerschen und die meisten anderen Pädagogen jener Zeit sind sich einig, daß auf der letzten Stufe der unterrichtlichen Lernprozesse die Einübung und Anwendung des Gelernten zu folgen haben. Im Vergleich zu diesem Konsens sind die beschriebenen Unterschiede in der Benennung und Zählung der Stufen nur von untergeordneter Bedeutung. Deshalb kann es kaum überraschen, wenn die Darstellung der Anwendungsstufe beim älteren Reukauf sich nur in sekundären Nuancen von seinem früheren Standpunkt und dem anderer Herbartianer unterscheidet.

Neben der pädagogisch-psychologischen Begründung, daß die in der Würdigung aus den Gefühlen gewonnenen religiös-sittlichen Kräfte mit fast zwangsläufiger Notwendigkeit nach Betätigung, Einübung und Anwendung drängen[24], versucht er auch eine theologische. Mit O. Eberhard hebt er den „Tatcharakter des Christentums"[25] hervor. Deshalb muß der christliche Religionsunterricht dem Schüler zur religiösen und sittlichen Tat Gelegenheit und Anleitung geben. Eine solche Transferhilfe geschieht im Rahmen des Unterrichts bereits durch das von Reukauf stets unverändert geschätzte[26] „phantasierte Handeln", das er noch 1927 trotz aller dabei auftretenden, von ihm durchaus zugestandenen Gefahren und trotz schärfster Angriffe der Gegner

---

[23] 1927,82
[24] 1927,89
[25] 1927,89f. mit O. Eberhard 1921,23ff.
[26] Vgl. 1892,38

solcher Simulationsexperimente für notwendig hält und verteidigt[27]. Dennoch kann es nur an zweiter Stelle stehen. Das wirkliche religiöse und sittliche Handeln ist weitaus wichtiger, einerseits wegen des Tatcharakters des Christentums, andererseits weil nur aus Taten diejenigen Erfahrungen entstehen, die ihrerseits wiederum zum Handeln motivieren[28]. Obendrein gibt es im Religionsunterricht genügend Anlässe zu religiöser und sittlicher Betätigung. Unter dem ersten Aspekt wären das Singen eindrucksvoller Kirchenlieder und das Gebet zu nennen sowie die Verbindung beider in gemeinsam gestalteten Andachten und Feierstunden[29], unter dem zweiten die konkreten Konflikt- und Notfälle aus dem schulischen und außerschulischen Alltag. Für deren Bewältigung stellt Reukauf folgende didaktische Leitgedanken auf[30]:

1. Aufstellung ganz bestimmter eng umrissener Aufgaben für die Kinder
2. Seelsorgerliche Beratung über die Fehler, Mithilfe bei ihrer Bekämpfung und steter Rückblick auf das Erreichte
3. Ganz allmähliche Emporführung der Kinder zu immer höheren Zielen

2.7.5 Die Stellung der drei Gruppen von Inhalten und der vier Methoden innerhalb der nach Formalstufen aufgebauten Unterrichtseinheit

Reukauf überschreibt seine Neugliederung der Formalstufen „Das Lehrverfahren für die geschichtlichen Unterrichtsstoffe"[31] und folgt damit Zillers Grundsatz, daß nur „ein Mannigfaltiges der kulturgeschichtlichen Entwicklung"[32], nicht aber lehrhafte und ähnliche Texte nach Formalstufen behandelt werden dürfen. Daher müssen die lehrhaft-begrifflichen und die lyrisch-erbaulichen Inhalte, die Reukauf schon bei deren didaktischer Analyse den ethisch-geschichtlichen als Anschlußstoffe zugeordnet hatte, in den Stufenbau der geschichtlichen Unterrichtseinheiten eingefügt werden, wobei sie vorwiegend innerhalb der Würdigung, nicht selten aber auch als Anwendung auftreten. Doch die genannte Forderung Zillers gilt nicht ausnahmslos: In der Oberstufe der Volksschule und in den höheren Schulen kann der Anschluß auch so erfolgen, daß in zusammenhängende größere geschichtliche Komplexe hinein selbständige lehrhafte oder lyrisch-erbauliche Unterrichts-

---

[27] Reukauf argumentiert in der Richtung, daß alle Einwände und Vorwürfe nur Mißverständnis und Mißbrauch, nicht aber das „phantasierte Handeln" selbst treffen (1927,93 ff.). Außerdem bietet es seines Erachtens gute Verbindungsmöglichkeiten mit anderen Fächern im Sinne der Konzentrationstheorie (s. o. Abschnitt 2.2.5 bzw. 1.7.4.6).

[28] 1927,97

[29] 1926,137 f.; 1927,98 u. 226 ff.

[30] 1927,99 ff. (teilweise im Rückgriff auf Pestalozzi und F. W. Foerster)

[31] 1926,118; sachlich identisch mit 1927,26

[32] T. Ziller 1892,292

einheiten eingeschoben werden, von denen jede alle Stufen umfaßt[33]. Daneben gibt es als Mischform Einheiten über kombinierte Inhalte, etwa die Verbindung ethisch-geschichtlicher und lyrisch-erbaulicher Elemente bei der Behandlung eines Lieds oder Psalms aus der Lebenssituation des Dichters heraus. Außerdem können mehrere zusammenhängende Einheiten, die sich alle über jeweils drei Stufen erstrecken, am Ende zu einer Einheit „höherer Ordnung" zusammengefaßt werden und eine „Würdigung höherer Ordnung"[34] ermöglichen.

Die vier von ihm aufgelisteten Lehrverfahren betrachtet Reukauf als methodische Möglichkeiten auf der ersten Formalstufe, der Erarbeitung. Da aber häufig auch auf der zweiten und dritten Stufe neue Inhalte als „Anschlußstoffe" erscheinen und für sie grundsätzlich dieselben Methoden gelten wie für die geschichtlichen, können alle vier auf jeder der drei Stufen der Unterrichtseinheit auftreten. Mit der Darstellung der vier Lehrverfahren als Lernorganisationsmöglichkeiten auf der ersten Stufe verwickelt sich Reukauf allerdings in Bezug auf die geschichtlichen Inhalte in einen offenkundigen Widerspruch. Denn alle vier sollen bei ihm nicht nur die Handlung und das Außenwerk der Geschichte herausarbeiten, sondern auch das innere Triebwerk und die religiös-sittlichen Gesinnungen der Hauptpersonen. Die Klärung der beiden letztgenannten Aspekte stellt jedoch nichts anderes dar als eine „Vertiefung", d.h. die frühere Stufe IIb[35], die Reukauf aber in seiner Neugestaltung von 1926/27 bereits zur Würdigung rechnet[36]. Das Versehen könnte dadurch verursacht sein, daß Dörpfeld, von dem Reukauf die vier Aspekte „Handlung", „Außenwerk", „Triebwerk" und „Gesinnungen" übernimmt[37], alle vier und damit die ganze Erarbeitung der geschichtlichen Inhalte einschließlich der Vertiefung auf der ersten Stufe seines Dreischritts „Anschauen – Denken – Anwenden" ansetzt, während die zweite Stufe bei ihm einen reinen Abstraktionsprozeß darstellt[38], den Reukauf aber gerade vermeiden will[39].

---

[33] Z.B. zum Kirchenlied: Würdigung ohne „Erkenntnisgewinnung mit begrifflicher Formulierung", wohl aber „dann und wann auch eine Würdigung der Form des Liedes" (1927,148ff.), Gleichnis (1927,156ff.), Katechismus (1927,166ff.).

[34] 1927,111. Bei den „Einheiten höherer Ordnung" denkt Reukauf vor allem an Lebensbilder (1927,110).

[35] 1904,29ff. wird dies von Reukauf noch richtig gesehen.

[36] An der Stelle 1927,56 scheint er den Widerspruch zu spüren, tröstet sich aber damit, daß in der Praxis „die Würdigung nicht ganz von der Erarbeitung der Geschichte zu trennen" ist. Die Fortsetzung „strenggenommen ist Würdigen ja auch ein Teil des Erarbeitens" stellt die Logik der Differenzierung von „Erarbeitung", „Würdigung" und „Anwendung" noch mehr in Frage.

[37] S.o. Abschnitt 2.6.2, bes. Anm. 9

[38] F. W. Dörpfeld Schriften 2/2,110

[39] S.o. Abschnitt 2.7.3

2.8 Die Weiterführung der religiös-sittlichen Erziehung
nach der Volksschulzeit

2.8.1 Die Notwendigkeit der religiös-sittlichen Erziehung
über das achte Schuljahr hinaus

Der Jugendliche steht, wie Reukauf in seinen entwicklungspsychologischen Darlegungen immer wieder ausführt[1], in der Pubertät an der Schwelle von der zweiten zur dritten Stufe sowohl der sittlichen als auch der religiösen Entwicklung. Die Ausformung des Charakters ist also mit der Entlassung aus der Volksschule noch nicht abgeschlossen und deshalb darf auch die Erziehung, insbesondere die religiös-sittliche Persönlichkeitsbildung als deren Kernstück, in diesem Alter nicht aufhören. Im Gegenteil, sie ist zur Zeit des Mündigwerdens eher noch wichtiger als zuvor. Reukauf unterstützt daher nicht nur die Forderung, daß die höheren Schulen durchgehend Erziehungsschulen sein müssen, er verlangt vor allem für die überwiegende Mehrheit der Jugend, die mit der Volksschule abschließt, Möglichkeiten der sittlich-religiösen Weiterbildung über das vierzehnte Lebensjahr hinaus. Anders als etwa Thrändorf, der sich als Seminarlehrer hauptsächlich mit der Situation der höheren Schüler befaßt und sich darum mit knappen Andeutungen zur nach- und außerschulischen Weiterbildung begnügt, beschäftigt sich Reukauf öfter und ausführlich mit diesem Fragenkomplex[2].

2.8.2 Schulischer Religionsunterricht und kirchlicher Konfirmandenunterricht

In der ersten Hälfte seines Wirkens denkt Reukauf beim Problem des nach- und außerschulischen Religionsunterichts vor allem an den Konfirmandenunterricht. Unveränderlich steht für ihn als Ausgangspunkt fest, daß schulischer und kirchlicher Unterricht ein und dasselbe letzte und oberste Ziel anzustreben haben, die religiös-sittliche Persönlichkeit. Aus diesem Grund wendet er sich scharf gegen alle Bestrebungen, der Schule nur die Vermittlung des religiösen Wissensstoffs aufzutragen, während der Konfirmandenunterricht dann die gefühls- und charakterbildende seelsorgerliche Aufgabe zu übernehmen hätte. Solche Gedanken, die nicht nur von F. M. Schiele, H. Vollmer und anderen Befürwortern des „objektiven" Religionsunter-

---

[1] S. o. Abschnitt 2.3.1 und 2.5.1

[2] Schon in der Dissertation heißt es, daß es „Pflicht aller an der Volkserziehung beteiligter Gemeinschaften: Familie, Kirche, bürgerliche Gemeinde und Staat ist, für normale Entwicklungsbedingungen auch *nach* der Schulzeit zu sorgen" (1892,33 nach O. Willmann 1889,499). Später finden sich dann mehr oder weniger ausführliche Erörterungen in allen Gesamtdarstellungen seiner Position (Belege s. u. Abschnitt 2.8.2−4), vor allem aber in der dreibändigen „Evangelischen Jugendlehre" (1912, 1915, 1919) und in „Lebenskundlicher Unterricht" 1923.

richts, sondern in merkwürdiger Übereinstimmung auch von streng kirchlichen und konservativen Kreisen vertreten werden[3], stellen für Reukauf „eine Entwürdigung der Volksschule, einen Rückfall ins Mittelalter"[4] dar. Zwischen dem Religionsunterricht der Schule und dem Konfirmandenunterricht bestehen keine Wesensunterschiede[5], es verlagern sich höchstens die Akzente, indem „der Schulreligionsunterricht mehr lehrhaft-erziehlich, der Konfirmandenunterricht mehr seelsorgerisch zu gestalten ist"[6], wobei gleichzeitig die soziale Komponente des Gesamtziels, die Erziehung auf die kirchliche Gemeinschaft hin[7], in den Vordergrund tritt.

Wenn beide Unterrichtsformen gleichwertig sind und demselben Ziel[8] dienen, bedeutet das aber nicht, daß sie auch zeitlich nebeneinanderlaufen sollten. Vielmehr hält Reukauf 2—3 Stunden Konfirmandenunterricht neben 3—5 schulischen Religionsstunden für eine unzumutbare Überfütterung, die das Gegenteil des intendierten Ziels bewirkt[9]. Deshalb fordert er für die Volksschüler statt des üblichen Nebeneinander ein striktes Nacheinander, über dessen praktische Durchführung er im Laufe seines Lebens freilich unterschiedlich denkt[10]. In jedem Fall aber müssen Schule und Kirche genaue Absprachen über die Stoffaufteilung treffen, denn angesichts der vielfältigen landeskirchlichen Unterschiede bei der Organisation des Konfirmandenunterrichts läßt sich kein fester Kanon von Inhalten aufstellen, die er dem schulischen Religionsunterricht abnehmen könnte[11]. In der Methode müssen beide nach Reukaufs Meinung ohnehin übereinstimmen[12].

2.8.3 Lebenskundlicher Unterricht in der Fortbildungsschule

Als Reukauf vor dem Ersten Weltkrieg seine Forderung nach Verlegung der Konfirmation aufgibt, mißt er anstelle des Konfirmandenunterrichts der

---

[3] Vgl. 1892,51 f. (gegen R. Frank und L. Wiese) sowie 1914,191 f. (gegen den Beschluß der Eisenacher deutsch-evangelischen Kirchenkonferenz).

[4] 1914,192 (über den in Anm. 3 erwähnten Eisenacher Beschluß)

[5] 1914,194 (gegen F. Niebergall 1912)

[6] 1914,194

[7] Vgl. 1892,50 f.; 1906,127; 1914,193 ff. (dort auch mit R. Kabisch deutliche Zustimmung zur Selbstdarstellung des Pfarrers als Verkörperung des Gemeindelebens, vgl. R. Kabisch 1912,278 f.).

[8] Es ist in beiden „letztes Strebeziel, nicht unmittelbares Unterrichtsziel" (1906,126).

[9] „Nichts kann das religiöse Interesse leichter ertöten als Überfütterung" (1906,124 = 1914,193).

[10] Verschiebung der Konfirmation auf das 16.-17. Lebensjahr mit mehrjährigem Konfirmandenunterricht während der gesamten Fortbildungsschulzeit (1906,125 f. in Frontstellung gegen die Regelung von Sachsen-Coburg-Gotha), Überlassung der Religionsstunden im 2. Halbjahr des 8. Schuljahrs an den kirchlichen Konfirmandenunterricht wie in Sachsen-Coburg-Gotha schon länger üblich und anschließende Konfirmation (1912,V; ausführlicher 1914,197 f.).

[11] 1912,V; 1914,198

[12] 1914,60

Fortbildungsschule die größte Bedeutung für die religiös-sittliche Erziehung der schulentlassenen Jugend bei. Zunächst müssen deshalb nach seiner Ansicht überall dreijährige obligatorische Fortbildungsschulen eingerichtet werden[13], und zwar nicht als Fachlehranstalten, sondern als Erziehungsschulen[14]. Er hält es freilich nicht für realistisch, hier einen Religionsunterricht im Sinne eines besonderen Schulfachs zu verlangen[15]. Eine „Lebens- und Bürgerkunde"[16] erscheint ihm dagegen als Pflichtfach für alle Schüler notwendig und ohne größere Schwierigkeiten durchzusetzen. Denn lebens- und besonders berufsbezogene Themen wecken bei den Jugendlichen lebhaftes Interesse und ermöglichen einen nachhaltigen Einfluß auf die Charakterbildung, vor allem in ethischer Hinsicht. Aber auch religiöse und weltanschauliche Probleme sowie diakonische und andere kirchliche Einrichtungen müssen hier besprochen werden, sodaß die religiöse Erziehung im engeren Sinn gleichfalls nicht zu kurz kommt. Besonders nach 1919 hebt Reukauf die Notwendigkeit einer religiösen Grundlage des lebenskundlichen Unterrichts stark hervor. Nach seiner Ansicht ist „für den lediglich von pädagogischen Gesichtspunkten ausgehenden Beurteiler der Schluß unbedingt gültig, daß nur eine Schule mit religiös fundierter sittlicher Erziehung als pädagogisch wertvoll anerkannt werden kann"[17]. Für die Auswahl der Themen bildet die bereits erwähnte Nähe zur Lebenswirklichkeit des Schülers das wichtigste Kriterium, die Anordnung erfolgt nach dem Dreischritt individueller – zwischenmenschlicher – gesellschaftlicher Bereich[18].

2.8.4 Jugendpflege

Obwohl Reukauf auch bei der religiös-sittlichen Erziehung der schulentlassenen Jugend den größten Wert auf den Unterricht legt[19], weiß er doch genau, daß dieser allein zur Bewältigung jener Aufgabe nicht ausreicht. Besonders für die immer schneller steigende Zahl der durch die moderne

---

[13] Reukauf denkt in erster Linie an Preußen, wo vor dem 1. Weltkrieg keine allgemeine Fortbildungsschulpflicht bestand (vgl. 1914,196).

[14] 1906,123; 1923,71 f.

[15] 1919 a,25; ähnlich 1914,197

[16] 1914,198. 1919 a,24 sagt Reukauf „religiös-sittliche Lebenskunde" bzw. „Moralunterricht auf religiöser Grundlage".

[17] 1923,61, vgl. auch schon 1919 a,24

[18] Vgl. die Anordnung in 1915 (Christ als Einzelpersönlichkeit) und 1919 (Christ als Glied sittlicher Gemeinschaften: Ehe, Familie, Freundschaft, Mitmenschen, Gesellschaft, Kirche, Staat) sowie die Lehrplanentwürfe in 1914,198 und 1923,90.

[19] Ausschlaggebend ist dabei nicht allein die Herbart-Zillersche Tradition der Erziehung durch Unterricht, sondern vor allem der praktische Gesichtspunkt, daß nur durch einen obligatorischen Unterricht alle Jugendlichen erreicht werden können, während zu den kirchlichen Veranstaltungen „nur die kommen, die schon von zu Hause zur Teilnahme am kirchlichen Leben angehalten werden" (1906,126).

Entwicklung gefährdeten Jugendlichen[20] müssen deshalb „geordnete"[21] Einrichtungen der Jugendpflege hinzukommen, d. h. Jugendheime mit vielfältigen Möglichkeiten zur Entspannung, Unterhaltung und Weiterbildung sowie „Gelegenheit zur Erholung in frischer Luft und körperlicher Betätigung"[22]. Dies alles erfordert finanzielle und organisatorische Anstrengungen der verantwortlichen Behörden und dazu „vor allem ideal gerichtete, opferfreudige Helfer aus dem Stande der Gebildeten, Pfarrer, Lehrer, Beamte, Offiziere, usw."[23]. Solche Persönlichkeiten können gerade bei zufälligen Anlässen wie Wanderungen, allgemeinbildenden Vorträgen[24] oder persönlichen Anfragen nachhaltigen Einfluß auf die religiös-sittliche Entwicklung der Jugendlichen ausüben.

---

[20] Die Lage vor 1914 beschreibt Reukauf als eine Art nationalen Notstand, als wegen „ungenügender Pflege der körperlichen und geistig-sittlichen Ertüchtigung der Jugend die ganze Zukunft Deutschlands bedroht war" (1914,199).

[21] 1914,199 (zusätzlich zu den bestehenden konfessionellen Jünglings- und Jungfrauenvereinen sowie den Turnvereinen)

[22] 1914,199

[23] 1914,200

[24] Reukauf führt als Beispiel seinen Vortrag im Coburger Handwerkerlehrlingsheim „Ein Ausflug in den Weltenraum" an, der bei manchem Zuhörer „schlummernde religiöse Gefühle wieder geweckt hat" (1914,200).

3. Richard Staude, ein pragmatischer „Herbartianer auf eigene Faust"

3.1 Leben und Werk Richard Staudes

3.1.1 Biographische Stationen

Die Biographie Staudes weist bemerkenswerte Parallelen zu Thrändorf und Reukauf auf. Wie jene beiden lebt und wirkt er im sächsisch-thüringischen Raum, zu dem bis 1920 auch das Herzogtum Sachsen-Coburg gehört. Wie sie beginnt er seinen Weg mit Theologiestudium und kirchlichem Examen und findet danach sein Arbeitsfeld im schulisch-pädagogischen Bereich und hier wiederum vorwiegend in der Lehrerbildung.

Richard Staude ist am 11. Juli 1849 in Coburg als jüngster Sohn eines Tuchmeisters und späteren Bierbrauers[1] geboren und bis zum Abitur[2] dort aufgewachsen. Sein Schwager, der spätere Coburger Seminarlehrer F. Schneyer[3], weckt während dieser Zeit in ihm das pädagogische Interesse, doch Staude entschließt sich auf Wunsch seines Vormunds Archidiakonus F. Müller und aus finanziellen Gründen, also letztlich ohne eigenen inneren Antrieb, zum Studium der Theologie. 1868—1870 studiert er vier Semester in Jena, wo der in der Fakultät dominante K. v. Hase zwar keinen überwältigenden Eindruck auf ihn macht[4], aber dennoch die liberale Komponente in Staudes theologischem Denken neben der vom Vormund herrührenden vermittlungstheologischen Linie[5] begründet. Die Pädagogik, die seit K. V. Stoys Weggang nach Heidelberg in Jena stagniert, läßt ihn völlig unbefriedigt. Im Sommer 1870 wechselt er nach Berlin und empfindet die dortige Theologie[6] mit Ausnahme I. A. Dorners im Vergleich zu Jena als enttäuschend. Schon nach wenigen Wochen werden die Studien zudem durch einen Einsatz als

---

[1] Vgl. zu den biographischen Angaben dieses Abschnitts R. Staude 1931, A. Reukauf 1931 und C. Höfer 1919.

[2] Gymnasium Casimirianum 1868

[3] Kurzbiographie bei A. Reukauf 1931,69

[4] Die Vorlesungen der Exegeten W. Grimm und A. Hilgenfeld mit ihren schulmeisterlichen Diktaten findet er dagegen ausgesprochen langweilig.

[5] S. u. Abschnitt 3.3.1

[6] Staudes Studium fällt in die Zeit relativer Bedeutungslosigkeit der Berliner Theologischen Fakultät, in der die Studentenzahl „auf ein Drittel der im Anfang der 60er Jahre erreichten Ziffer sinkt" (L. Zscharnack 1927,918).

Kriegsfreiwilliger in Frankreich unterbrochen und erst im Juni 1871 fortgesetzt. Ende 1871 besteht Staude in Coburg das erste landeskirchliche Examen, danach übernimmt er mangels theologischer Arbeitsmöglichkeiten[7] für etwas mehr als ein Jahr seine erste Schulstelle als Rektor der Volksschule in Königsberg in Franken[8]. Hier erkennt er, daß ihm die pädagogische Tätigkeit besser entspricht als das Pfarramt. Ostern 1873 wird er an die Bürgerschule seiner Heimatstadt berufen, wo er fünf Jahre lang arbeitet, die meiste Zeit als Oberlehrer an der Mädchenschule. In diese Periode fällt die erste Beschäftigung mit Werken der Herbartschen Pädagogik, zunächst mit K. V. Stoys Enzyklopädie[9], später mit Herbarts eigenen Schriften.

Der herbartianische Einfluß verstärkt sich kräftig mit der Übersiedelung nach Eisenach. 1878 wird Staude, der soeben in Jena die Oberlehrerprüfung[10] in Deutsch und Religion bestanden und an der dortigen Universität promoviert[11] hat, zum ersten Lehrer an dem mit der Karolinenschule verbundenen Lehrerinnenseminar berufen. Nach siebenjähriger Tätigkeit, die er aus der Rückschau als die schönste Zeit seines Lebens bezeichnet, wechselt er 1885 als Direktor an die Sekundar- und erste Bürgerschule. Doch wichtiger als die beruflichen Arbeitsplätze sind für Staude in den 13 Eisenacher Jahren die persönlichen Kontakte und wissenschaftlichen Anregungen, die er bei den pädagogischen Diskussionen des „Herbartkränzchens" gewinnt. Dem zahlenmäßig kleinen Kreis gehört eine Reihe namhafter Herbartianer an. Neben dem Vorsitzenden W. Rein, vor seiner Berufung nach Jena zehn Jahre lang in Eisenach als Direktor des Lehrerseminars tätig, sowie dem Direktor der Karolinenschule und des Lehrerinnenseminars E. Ackermann, sind hier die Seminarlehrer A. Bliedner[12], A. Göpfert[13], A. Pickel und E. Scheller[14] besonders zu nennen. Diesem Kreis verdankt Staude sein vertieftes Eindringen in Herbarts und vor allem in Zillers Pädagogik. Der Mehrzahl seiner theoretischen Arbeiten aus der Eisenacher Zeit liegen Vorträge im Herbartkränzchen

---

[7] Das einzige Angebot, ein Privatvikariat in Neuses bei Coburg, war zu schlecht dotiert, um ohne Schulden leben zu können.

[8] Es gehörte als Exklave zu Sachsen-Coburg-Gotha. „Königsberg i. Pr." (C. Höfer 1919,263) ist offensichtlich ein Druckfehler.

[9] Wahrscheinlich auf Anregung des Schulinspektors Heckenhayn. Nach C.Höfer 1919,264 befriedigt sie ihn wenig, vermutlich wegen ihres vorwiegend theoretischen Charakters.

[10] Nach mehrjährigem, in Coburg begonnenem Selbststudium.

[11] Er erweitert seine Examensarbeit „Kant als Vollender und Überwinder des Rationalismus" zur Dissertation (unveröffentlicht).

[12] Er ist der treueste Schüler und Biograph K. V. Stoys, vgl. A. Bliedner 1886.

[13] Mit Göpfert, dem späteren Nachfolger E. Ackermanns als Direktor des Lehrerinnenseminars, verbindet Staude eine enge, die Eisenacher Zeit überdauernde Freundschaft.

[14] A. Pickel und E. Scheller sind vor allem in der Dreierkombination Rein/Pickel/Scheller als Mitautoren der acht „Schuljahre" (s. u. Abschnitt 3.1.2) bekanntgeworden.

zugrunde[15] und einige unterrichtspraktische Werke entstehen in Zusammenarbeit mit anderen Mitgliedern desselben[16].

Die Rückkehr nach Coburg stellt die zweite entscheidende Zäsur in Staudes Leben dar. Er übernimmt 1891 die Leitung des dortigen Lehrerseminars, die er über fast drei Jahrzehnte innehat. Zunächst führt er im Seminar die Herbart-Zillerschen Grundsätze und ihre Eisenacher Ausgestaltung ein, bemüht sich aber, seine pädagogischen Prinzipien immer neu an der Praxis zu überprüfen. Diese mühevolle Kleinarbeit, bei der ihn sein Seminarkollegium und andere Lehrer tatkräftig unterstützen[17], führt um die Jahrhundertwende zu verschiedenen Modifikationen seines Standpunkts und zur teilweisen Abkehr von der Zillerschen Schule, der er sich ohnhin nie voll zugehörig gefühlt hatte[18]. Am Anfang des 20. Jahrhunderts beschäftigt er sich außerdem stärker als zuvor mit theologischen, besonders exegetischen Fragen und gewinnt auch von daher neue Akzente seiner religionspädagogischen Konzeption.

Erst mit dem letzten Tag der staatlichen Selbständigkeit Sachsen-Coburgs[19] legt er sein Amt nieder, in dem ihm dann A. Reukauf nachfolgt. Staude stirbt nach fast neunjährigem Ruhestand am 26. 3. 1929 in Coburg.

3.1.2 Das literarische Werk

Im Gegensatz zu Thrändorf und Reukauf besitzen wir von Staude weder eine Gesamtdarstellung seiner religionspädagogischen Konzeption noch ein sonstiges größeres theoretisches Werk, weil sich sein gesamtes pädagogisches Denken an Problemen der Unterrichtspraxis entzündet, die er mehr durch praktische Versuche als durch theoretische Reflexionen zu lösen versucht[20].

Die erste rege literarische Tätigkeit entfaltet er in Eisenach mit Aufsätzen über religions- und allgemeinpädagogische Grundfragen sowie mit Präparationsbänden zum Religions- und Geschichtsunterricht. Während erstere mehr zu Staudes eigener Vergewisserung und kritischer Rezeption der Herbart-Zillerschen Theorie dienen[21], möchte er in den Präparationen jene Grundsätze in die Unterrichtspraxis übertragen und die Lehrerschaft so für Herbart und Ziller gewinnen. Zunächst schreibt er für das Unterrichtswerk „Theorie und Praxis des Volksschulunterrichts" von Rein/Pickel/Scheller in

---

[15] Vgl. die Mitteilungen über das Kränzchen in den „Pädagogischen Studien" 1880 H.1,24; 1882 H.2,33; 1884 H.2,60; 1885 H.3,40; usw.

[16] Mit A. Göpfert und W. Rein / A. Pickel / E. Scheller.

[17] Vgl. R. Staude 1916,XII und 1931,137.

[18] 1918,Vf; 1931,135

[19] Gegen den Anschluß an Bayern kämpft er „aus Liebe zu Thüringen und aus evangelischer Abneigung gegen das katholische Bayern" (1931,139).

[20] 1903,IV

[21] Vgl. 1880, 1881, 1883 b, 1883 c, 1884, 1884 a, 1884 c, 1884 d.

Band V bis VIII jeweils das Kapitel über den Religionsunterricht[22]. Von 1883 an, also sieben Jahre vor Thrändorfs erstem Präparationsband, erscheint dann das Hauptwerk der Eisenacher Periode, die dreibändigen „Präparationen zu den biblischen Geschichten des Alten und neuen Testaments"[23], die Staudes Namen weithin bekanntmachen und eine Gesamtauflage von über 100000 Exemplaren erleben. Wegen dieses großen Erfolgs[24] läßt er sie einschließlich der Vorworte und Einleitungen, die seiner theoretischen Position in den Achtziger Jahren des 19. Jahrhunderts entsprechen, vier Jahrzehnte lang nahezu unverändert erscheinen, obwohl sich, wie noch zu zeigen sein wird, seine religionspädagogischen Ansichten schon bald deutlich wandeln. Parallel zu dem biblischen Unterrichtswerk beginnt Staude noch in Eisenach zusammen mit seinem Freund A. Göpfert für den Geschichtsunterricht die „Präparationen zur deutschen Geschichte"[25], zu denen er 1890 den ersten Band „Die Thüringer- und Nibelungensage" und 1895 von Coburg aus den vierten Band „Von Luther bis zum Dreißigjährigen Kriege" beiträgt. Letzteren betrachtet er gleichzeitig als kirchengeschichtliches Präparationsbuch und damit auch als Teil seines religionsdidaktischen Gesamtwerks[26].

Die in der Zeit nach der Rückkehr in die Vaterstadt gewonnenen theologischen und pädagogischen Erkenntnisse schlagen sich nieder in den beiden Hauptwerken des älteren Staude. Zunächst erscheint das dreiteilige Präparationswerk „Der Katechismusunterricht"[27], das seiner neuen Einsicht über den Charakter des Kleinen Katechismus Luthers Rechnung trägt[28], danach drei weitere Bücher über den biblischen Unterricht, die er „Ergänzungsbände"[29] zu den älteren Präparationen nennt, obwohl sie sich von diesen erheblich unterscheiden, da sie die Ergebnisse der historisch-kritischen Forschung durchgehend berücksichtigen und in Lehrplan- sowie Methodenfragen veränderte Standpunkte einnehmen.

---

[22] Die einzelnen Bände sind betitelt „Das erste Schuljahr", „Das zweite Schuljahr", usw. Deshalb wird das Gesamtwerk meist als die „Schuljahre" oder „Acht Schuljahre" zitiert. In der herbartianischen Literatur ist Staude durchwegs als Verfasser aller religionspädagogischen Beiträge in den „Acht Schuljahren" angegeben, z. B. bei A. Reukauf 1906,282 = 1914,348. Doch nur unter den Religionskapiteln im 5.-8. Band steht sein Name, im 3. Band wird Staude wegen seiner Ansichten über den Einsatz von Bildern im Religionsunterricht sogar direkt angegriffen (vgl. W. Rein / A. Pickel / E. Scheller 1889,15)

[23] 1883 ([21–23]1918), 1883 a ([21–23]1918), 1887 ([8/9]1919).

[24] Sie haben „in manchen Gegenden jedes andere Lehrbuch des Religionsunterrichts verdrängt" und zu einem „Staudekultus" geführt (E. Thrändorf 1889 a,257).

[25] Vgl. die Selbstanzeige 1893,111 f.

[26] 1921,V Anm. 5

[27] 1900 ([5]1919), 1901 ([6]1916), 1901 a ([5]1914).

[28] S. u. Abschnitt 3.3.3

[29] Einer für die Unterstufe (1903 [5/6]1916), zwei für die Oberstufe (1905 [2/3]1912 und 1910 [2]1921).

3.2 Die Grundgedanken der Herbart-Zillerschen Theorie im Urteil Staudes und die sich daraus für ihn ergebenden religionspädagogischen Konsequenzen

3.2.1 Das Interesse

Das Erziehungsziel des religiös-sittlichen Charakters[1] setzt Staude zwar zeitlebens als absolut gültig voraus, macht es aber nie zum Gegenstand längerer selbständiger Überlegungen. Dagegen bemüht er sich, wie es seinem didaktischen Pragmatismus wohl mehr entspricht, ausführlich um das Herbart-Zillersche Unterrichtsziel des Interesses. Es bildet den Zentralbegriff seiner Pädagogik, das „einzig entscheidende Moment"[2]. Erziehender Unterricht kann für ihn schlechthin nur als „durch das Interesse" erziehender Unterricht gedacht werden und stellt als solcher einen nicht mehr überbietbaren didaktischen Ansatz dar[3].

Der Sache nach ist das Interesse die subjektive und damit die wichtigere Seite der Apperzeption, d.h. des Lernens. „Interesse" und „Apperzeption" beschreiben beide denselben Vorgang, nur stellen Herbart und Ziller mit Recht das erstere in den Vordergrund. Seiner Form nach kann man es als eine Stufe des Begehrens auffassen, als „keimende Begehrung"[4], aus der sehr leicht ein volles Begehren wird. Hier liegt die für die Willens- und Charakterbildung durch nichts zu ersetzende „Wurzel alles Wollens"[5]. Innerhalb des Interesses sind wiederum drei Stufen zu unterscheiden: Leichtigkeit[6], Lust[7] und Bedürfnis[8], die freilich nur für das unmittelbare Interesse gelten, das aus der unwillkürlichen Aufmerksamkeit hervorgeht. Willkürliche Aufmerksamkeit, die nicht aus der Apperzeptionsbereitschaft des Kindes für den Unterrichtsinhalt entsteht, sondern von außen erzeugt wird, kann dagegen

---

[1] Staude setzt, genauso wie nach ihm Reukauf, im Gegensatz zu Ziller und Thrändorf „religiös" vor „sittlich". Die Formulierung „der sittliche Charakter ist der Zweck der Erziehung" (1880,3) referiert Herbarts Ansicht.

[2] 1918,VI

[3] Staude beschreibt ihn mit Ausdrücken höchster Begeisterung („Zauberwort, das allein dem Unterricht die Macht gibt, die Geister der Jugend zu rufen" 1880,3), ja sogar religiöser Verehrung („wahrhaft erlösende Idee" 1884c,543; ähnlich 1880,5).

[4] 1883c,638

[5] 1918,VI

[6] Gemeint ist vor allem die Fähigkeit des Lehrers, die dem jeweiligen Entwicklungsstand der Kinder gemäße Apperzeptionsstufe zu treffen und die notwendigen apperzipierenden Vorstellungen mit Geschick bereitzustellen (1883c,644).

[7] Das Stichwort weist hin auf die notwendige Heiterkeit und Kurzweil, denn Langeweile macht jeden erziehenden Unterricht unmöglich (1883c,638).

[8] Bedürfnis ist die treibende Kraft des Unterrichts: „Denn kaum ist es durch Befriedigung vernichtet, so erhebt es sich im Bewußtsein der Leichtigkeit und im Vorgefühl der Lust neuer Befriedigung wie der Phönix aus der Asche, um weiter zu streben und zu genießen" (1883c,638).

nur mittelbares Interesse hervorrufen, das für den erziehenden Unterricht wenig Wert hat.

Des weiteren übernimmt Staude von Herbart[9] die Unterteilung des Interessen in verschiedene Klassen nach seinen jeweiligen Inhalten[10]. Die Interessen der Erkenntnis werden in der Schule besonders in den naturkundlichen Fächern gepflegt, die Interessen der Teilnahme vor allem in den historischen Fächern, zu denen auch die biblische Geschichte und die deutsche Literatur zu rechnen sind[11]. Im Religionsunterricht geht es natürlich in erster Linie um das religiöse Interesse[12], doch keineswegs ausschließlich. Denn die verschiedenen Klassen und Bereiche lassen sich nicht scharf trennen, sondern durchdringen sich gegenseitig. Daher muß sie der Unterricht alle gleichmäßig zu fördern suchen und sich um „gleichschwebende Vielseitigkeit des Interesses"[13] bemühen, um eine harmonische religiös-sittliche Charakterbildung zu ermöglichen. Auch wenn damit hauptsächlich das anschließend zu erörternde Problem der Konzentration oder Fächerverknüpfung angesprochen ist, muß dieser Aspekt genauso bei der immanenten Zielsetzung eines so wichtigen Fachs wie des Religionsunterrichts beachtet werden.

Für die späteren Jahre fehlen zwar vergleichbare ausführliche Darlegungen zum Begriff des Interesses, doch aus Staudes Andeutungen geht hervor, daß er darin unverändert den „obersten Zweck"[14] des Unterrichts sieht, wenn auch jetzt ohne jegliches Pathos und mehr vorausgesetzt als eigens betont.

3.2.2 Die Konzentration

Anders als Ziller, Thrändorf und Reukauf leitet Staude die Notwendigkeit einer Konzentration der Unterrichtsfächer direkt aus dem Begriff des Interesses ab, insofern als die im Ideal der „gleichschwebenden Vielseitigkeit" angestrebte Verflechtung der verschiedenen Klassen des Interesses eine Verknüpfung der Schulfächer und ihrer Inhalte verlangt. Mit ihr wird zugleich im Sinne des obersten Erziehungszieles „religiös-sittlicher Charakter" die

---

[9] Vgl. J. F. Herbart Werke 10,153 f. Staude übernimmt die Differenzierungen Herbarts offensichtlich aus Zillers „Grundlegung" (T. Ziller 1864), vgl. R. Staude 1880,7.

[10] S. o. Abschnitt 1.3 Anm. 59

[11] 1883 c,640 f.

[12] „So wird auch der Unterricht in diesem verhältnismäßig leicht zu erzeugenden religiösen Interesse, das seiner Natur nach der Sitz der intensivsten Lust- und Bedürfnisgefühle sein muß, die einzige ihm erreichbare Garantie erblicken müssen, daß der von ihm entwickelte Keim zu wirklicher Religiosität und Sittlichkeit entfalte werde" (1883 c,649).

[13] 1883 c,641; vgl. J. F. Herbart Werke 10,142 f.

[14] 1912,XIV. Einige Seiten vorher bestimmt er den „Zweck" des Religionsunterrichts als „die Christenkinder zu Christus und durch ihn zu Gott zu führen" (1912,V), ohne zwischen beiden Formulierungen eine Beziehung herzustellen.
Zum Globalziel „Interesse" vgl. außerdem 1909,V und 1909 a,25.

Hegemonie[15] des religiösen Interesses und des dazu gehörigen Vorstellungskreises am besten gewährleistet. Beide wirken am nachhaltigsten, wenn sie mit allen anderen Interessen[16] und Lerninhalten ständig und umfassend in Beziehung gesetzt werden. Gerade deshalb müssen alle Fächer ihr Eigengewicht behalten. Staude wendet sich demzufolge auch gegen die einseitigen Konsequenzen, die Ziller aus der Konzentrationstheorie gezogen hat und fordert vom dritten Schuljahr an eine größere Selbständigkeit der Einzelfächer[17]. Ein Jahr später läßt ihn freilich Zillers Antwort im 13. Jahrbuch[18] die eigene Kritik hauptsächlich als Folge von Mißverständnissen sehen[19] und in der Folgezeit immer mehr zum Verteidiger Zillers werden[20].

Als Coburger Seminardirektor in der zweiten Hälfte seines Lebens äußert sich Staude nicht mehr eigens zur Konzentration der Unterrichtsfächer. Da diese jedoch eng mit der Kulturstufentheorie und der Formalstufenmethode zusammenhängt, liegt der Schluß nahe, daß die bei jenen beiden Problemen später vorgenommenen Modifikationen, mit denen er sich mindestens teilweise von Ziller und dessen Schule distanziert, auch auf das Verständnis der Konzentration zurückwirken und er deren Bedeutung nunmehr weitaus geringer einschätzt.

3.2.3 Die kulturhistorischen Stufen und der Lehrplan des Religionsunterrichts

Das Kulturstufenprinzip ist der Teil der Herbart-Zillerschen Pädagogik, den Staude nie ohne schwerwiegende Bedenken rezipiert hat und von dem er sich später in aller Form lossagt. Vorbehaltlos billigt er nur die Grundlage der Zillerschen Theorie, die er schon bei Herbart und ähnlich bei Herder und Lotze findet[21], d.h. eine eher allgemeine Analogie zwischen der Gesamtentwicklung der Menschheit und den Apperzeptionsstufen der kindlichen Entwicklung. Von der Idee des durch das Interesse erziehenden Unterrichts her ergibt sich damit die Konsequenz, die kulturgeschichtliche Entwicklung als zentralen Lerninhalt heranzuziehen, denn für den Jugendlichen ist mehr als alle fertigen Resultate das Werden der jetzigen, besonders der geistigen

---

[15] Vgl. 1883 c,647 f.

[16] In erster Linie geht es um eine Verknüpfung mit den Interessen der Teilnahme anhand der Profangeschichte und der deutschen Literatur „sowie mit den Gesinnungsverhältnissen, die der (sc. reale) Umgang dem Zögling nahegebracht hat" (1918,XIII). Diese Arbeit ist vor allem auf der dritten Formalstufe (Assoziation) zu leisten (s. u. Abschnitt 3.2.4).

[17] 1880,48 ff.

[18] T. Ziller 1881,116 ff.

[19] Diese führt er vorwiegend auf Zillers unklare Darstellung zurück und erklärt sein „völliges Einverständnis mit der Zillerschen Konzentration im Prinzip" (1881,32)

[20] 1884 a,24; 1884 d,53 ff.

[21] 1880,19 ff. Auch in Bezug auf die „göttliche Erziehung des Menschengeschlechts" verweist Staude nicht auf Lessing, sondern nur auf Herder (1880,19).

Verhältnisse „der einzig-interessante, wissens-, gemüt- und willenbildende Stoff"[22]. Wie Staude jedoch bereits 1880 urteilt, hat Ziller, als er die geschichtsphilosophischen Gedanken Herbarts, Herders und Lotzes erstmals in eine für die Volksschule brauchbare didaktische Form brachte, „über das hier von Herbart gesteckte rechte Ziel hinausgeschossen"[23]. Seine sechs bzw. unter Einschluß des Vorkurses acht Kulturstufen sind eine kaum haltbare Konstruktion. Jede Apperzeptionsstufe ist nämlich nicht allein durch entwicklungsbedingte Naturnotwendigkeiten bestimmt, sondern ebenso durch das auf der vorhergehenden Stufe Apperzipierte. Zillers Fehler war es, das für die erste, die Märchenstufe, nachweisbar richtige kulturhistorische Prinzip unberechtigterweise auf die übrigen sieben Stufen übertragen zu haben[24]. Staude will sich deshalb 1880 auf einen vierstufigen Bau beschränken:

1. die Märchenstufe als wirkliche kulturhistorische Stufe
2. die Robinsonstufe, keine Kulturstufe, wohl aber Apperzeptionsstufe[25]
3. die alttestamentliche Stufe[26]
4. die nicht mehr überbietbare neutestamentliche Stufe[27].

Aus diesen Überlegungen leitet er jedoch keinen grundsätzlich neuen Lehrplan ab, sondern unterbreitet einen Vorschlag, der im wesentlichen mit dem Aufbau der „Acht Schuljahre" von Rein/Pickel/Scheller identisch ist, dem unter Staudes Mitarbeit entstandenen Unterrichtswerk, für dessen Konzeption er mit seiner Modifikation der Kulturstufentheorie offensichtlich die theoretische Begründung nachliefert. Beim Religionsunterricht[28] ergibt sich folgende Anordnung:

1. Schuljahr: Märchen[29], daneben analytisches Leben Jesu im Anschluß an die Schulandachten

---

[22] 1880,10

[23] 1880,18

[24] 1880,15; 1881,34 f. Ziller legt außerdem zu großes Gewicht auf die soziale Entwicklung, während nach Staude bei der Auswahl und Anordnung der Unterrichtsstoffe in erster Linie das religiöse und vor dem sozialen noch das sympathetische Interesse berücksichtigt werden sollte (Erläuterungen 1880,14 f. mit Rein gegen Thrändorf; R. Staude 1881,33 f.).

[25] Beginnende Zuwendung zur Realität unter Abkehr von der reinen Phantasie- und Wunschwelt, Propädeutik für den religionsgeschichtlichen wie den profangeschichtlichen oder naturkundlichen Unterricht (1880,3.f).

[26] Sie ist nach Staude auch für Christenkinder eine (gegen Zillers 3 alttestamentliche Stufen!) kulturhistorische Stufe im vollen Sinne des Worts (1880,42 ff.).

[27] In Jesus wird der Höhepunkt der Entwicklung erreicht, dem keine weiteren Stufen mehr folgen können, sondern nur „Ausgestaltung, Verbreitung, Wiederholung und innere Aneignung der christlichen Idee" (1880,46).

[28] Beim Geschichtsunterricht fordert er zunächst sogar mit Herbart den Beginn mit der Odyssee (1880,23 f.57 f.; zurückgenommen 1884 d,54).

[29] Sie sind die beste Vorbereitung für „die spätere Gewinnbarmachung des biblischen Stoffes" (1880,31), wie Staude nach anfänglichem Zögern angesichts „der wissenschaftlichen Beweis-

2. Schuljahr: Robinson, daneben Fortsetzung des analytischen Lebens Jesu
3. Schuljahr: Patriarchengeschichten mit Betonung der religiös-sittlichen Bedeutung
4. Schuljahr: Moses, Richter, Könige[30]
5./6. Schuljahr: Leben Jesu[31]
7. Schuljahr: Apostelgeschichte (mit zusammenfassender Bibellektüre)
8. Schuljahr: Reformationsgeschichte, Bibellektüre, Katechismus.

Während Staude diesen Lehrplan bis in die Mitte der Neunziger Jahre aufrechterhält, befriedigt ihn seine Fassung der kulturhistorischen Stufen dagegen nur kurze Zeit. Durch Zillers Antwort von 1881[32] sieht er, anders als beim Prinzip der Konzentration, die Kluft noch vertieft[33]. Aber aufgeschreckt durch Angriffe von außen, die ihn als Zeugen gegen Ziller anführen, versucht er in der Folgezeit mehr die Gemeinsamkeiten herauszustellen[34] und gleichzeitig sein Vierstufenschema zu verbessern[35].

In den letzten Jahren des 19. Jahrhunderts gibt er jedoch die Kulturstufentheorie allmählich ganz auf. Seine neue Position, mehr durch praktische Lehrplanerprobungen im Seminar als durch theoretische Reflexionen gewonnen, skizziert er freilich nur andeutungsweise und nicht ganz widerspruchsfrei. Den konzentrischen Kreisen scheint er zeitweise einige Sympathie entgegengebracht zu haben[36]. Die kulturhistorischen Stufen lehnt er zu Beginn des 20. Jahrhunderts vollständig ab, weil sie die Überlegenheit der christlichen Stufe nur theoretisch fordern, nicht aber in der Praxis zeigen können. Deshalb ist besonders das nur einmalige Durchlaufen der geschicht-

---

kraft jener Gesamtmasse von Gründen" (1880,27) Zillers und seiner Schüler und besonders von Rein/Pickel/Schellers „Erstem Schuljahr" einsieht.

[30] Die Straffung der alttestamentlichen Geschichte (ohne die Patriarchen) auf ein Jahr zugunsten der Behandlung des Lebens Jesu über zwei Schuljahre stellt den wichtigsten Unterschied des Reinschen Lehrplans gegenüber dem Zillerschen dar, vgl. die Diskussion Thrändorfs mit Rein und seinen Mitarbeitern einschl. Staude in Erläuterungen 1880,13 ff.

[31] Im 5. Jahr Jugend und äußere Ereignisse der öffentlichen Wirksamkeit, im 6. Jahr „mehr die Lehre Jesu und den Ausgang seines Lebens" (1880,45).

[32] T. Ziller 1881,117 ff.

[33] Vgl. 1881,32 ff.

[34] Vgl. 1884 d,54 f.

[35] 1883 entschließt er sich zu folgendem Schema, das auch den drei Bänden des Präparationswerks zu den biblischen Geschichten (1883, 1883 a, 1887) zugrundeliegt, von denen jeder eine der 3 biblischen Stufen behandelt (vgl. 1918,XII):
1. Vorstufe (Märchen, Robinson, analytisches Leben Jesu)
2. Alttestamentliche Stufe mit den beiden Unterstufen Patriarchen- und Richter-/Königsgeschichte
3. Stufe des Lebens Jesu
4. Stufe der Apostelgeschichte

[36] 1900 bemüht er sich um einen „Kompromiß zwischen den berechtigten Gedanken der Kulturstufentheorie und der konzentrischen Kreise" (1900, zitiert nach 1909,V). Doch 1905 kehrt er zur Position des Aufsatzes 1883 b zurück (1905,VII; 1906,88).

lichen Entwicklung zu verurteilen[37]. Statt dessen fordert Staude einen lediglich nach Apperzeptionsstufen aufgebauten Lehrplan auf der Grundlage der drei Vogtschen Stufen „phantasiemäßig – tatsächlich – reflektierend"[38], bei dem der gesamte Religionsstoff dreimal durchlaufen und so das Verständnis immer mehr vertieft werden soll. Dadurch ergeben sich folgende Grundzüge des Lehrplanaufbaus[39], die Staude bis ans Ende seines Lebens beibehält:

1. Schuljahr: Etwa halbjähriger Vorkurs (Fabeln und Märchen), dann einfache Geschichten aus dem Leben Jesu[40]
2. Schuljahr: Erzvätergeschichten, Fortsetzung der Jesusgeschichten einschließlich Leidensgeschichte

(Erst mit dem 3. Schuljahr setzt der eigentliche Religionsunterricht ein:)

3.–5. Schuljahr: Zuerst der gesamte alttestamentliche Stoff, dann der ganze evangelische Stoff in einer dieser Stufe angemessenen Auswahl und Auffassung unter Betonung der Einzelgeschichten

6.–8. Schuljahr: Erst Rückblick auf das Alte Testament in christlicher Beleuchtung von dem gewonnenen höheren Standpunkt aus mit Einblick in die Propheten und die jüdische Gemeinde, dann Leben Jesu im Zusammenhang, zuletzt Apostelgeschichte, Kirchengeschichte, Katechismus.

3.2.4 Die Formalstufen und die Methodik des Religionsunterrichts

Auch die Artikulation des Unterrichts nach formalen Stufen leitet Staude zur Zeit der Abfassung seiner ersten Präparationen aus dem Prinzip des Interesses ab[41]. In der Benennung der einzelnen Stufen und ihrer Zuordnung zum Apperzeptionsprozeß (Stufe I-II) und zum Abstraktionsprozeß (Stufe III-V) folgt er bis zum Beginn des 20. Jahrhunderts Ziller[42], obgleich er den Eindruck erwecken möchte, daß er genauso direkt von Herbart gelernt hat[43].

---

[37] 1903,IV

[38] 1906,87 ohne Nennung Th. Vogts!

[39] Vgl. 1903,IV; 1905,VII; 1906,88 f.; 1909,IVf. Staude hebt stets die praktische Übereinstimmung und die theoretische Differenz (hinsichtlich des Kulturstufenprinzips) mit Reukauf hervor, vgl. z.B. 1906,89.

[40] Staude versteht seine diesbezüglichen Präparationen im 1. Ergänzungsband (R. Staude 1903) als Erweiterung des Zillerschen Gedankens vom erbaulichen „analytischen Leben Jesu" (1903,III).

[41] Sie sind Stufen eines „lebhaften und gewinnbringenden Apperzeptionsprozesses" und damit die Form, die die methodischen Einheiten des Interesse weckenden und durch Interesse erziehenden Unterrichts annehmen sollen (1883, zitiert 1918,XIII).

[42] Vgl. die Aufsätze 1884 c und 1891 mit T. Ziller 1892,257 ff.

[43] Dies erscheint sehr zweifelhaft angesichts der Gleichsetzung des Zillerschen Apperzeptionsprozesses (d.h. Analyse und Synthese) mit der Herbartschen „Vertiefung" (d.h. Klarheit und Assoziation) und des Zillerschen Abstraktionsprozesses (d.h. Assoziation, System, Methode) mit der Herbartschen „Besinnung" (d.h. System und Methode), vgl. 1884 c,519.540.

Schon vor der Jahrhundertwende beginnt er allerdings, die Bedeutung der Formalstufen geringer zu bewerten[44], ohne sie freilich aufzugeben oder gar durch eine neue methodische Konzeption zu ersetzen. 1903 vertritt er eine „freie Handhabung"[45] des Stufenschemas und stellt die „Entwicklung und Veranschaulichung"[46] als Hauptstufe heraus. Um das Jahr 1910 bestreitet er schließlich den Wert der Abstraktion und damit der Stufen III-V vollends. Wie Thrändorf[47] gibt er damit das klassische Formalstufenschema auf, jedoch tritt er weiter dafür ein, die Unterrichtseinheiten methodisch genau zu strukturieren. Aus seiner Praxiserfahrung[48] heraus empfiehlt er für den Religions-, Geschichts- und Literaturunterricht die Beschränkung auf zwei Stufen: „Darstellung (mit Würdigung und Zuspitzung zu Kernpunkten) und Anwendung"[49].

Die zuletzt zitierte Formulierung zeigt zugleich, wie sehr Staude im Laufe der Jahre das darstellende Unterrichtsverfahren zu schätzen gelernt hat. Er war von dessen großer Zukunft schon früh überzeugt[50], wollte jedoch zunächst den Lehrern mit einer so neuen Methode in seinen ersten Präparationswerken nicht zusätzliche Lasten aufbürden. Doch später finden sich bei ihm immer mehr Voten für die Vorzüglichkeit des darstellenden Unterrichts und eine zunehmende Zahl praktischer Beispiele[51].

3.2.5 Zusammenfassung

Nachdem Staude nicht aus theoretischem Interesse während der Studienzeit, sondern als durch die Praxis herausgeforderter junger Lehrer am Ende seiner ersten Coburger Tätigkeit begonnen hatte, sich mit Herbart zu beschäftigen, führt die Fortsetzung dieser Studien in Eisenach und noch mehr der Gedankenaustausch mit den dortigen Zillerschülern um W. Rein dazu, daß er bald zum überzeugten Parteigänger der Herbartschen Pädagogik Zillerscher Richtung wird. Zweifel hegt er in jenen Jahren lediglich an der spekulativen

---

Außerdem schreibt Staude die Trennung von Analyse- und Synthesestufe ebenfalls bereits Herbart zu (1884c,523; 1918,XIII).

[44] Geringerer Stellenwert des Abstraktionsprozesses schon 1891,199.

[45] 1912a,49 (aus der Rückschau)

[46] 1903,VI. Gemeint ist die Stufe IIa bzw. die Kombination I+IIa beim entwickelnd-darstellenden Unterricht. Demgegenüber vereinfacht er schon die „Würdigung" IIb und erst recht die „Lehre" IV, die obendrein jetzt auch ohne dazwischengeschaltete Assoziation gewonnen werden kann (1903,VII; 1906,93)

[47] Vgl. dessen Zustimmung E. Thrändorf 1922a,142.

[48] „mir ganz intuitiv aus der Unterrichtswirklichkeit aufgegangen sind, wie das überhaupt meiner Art mehr entspricht" (1910a,414).

[49] 1921,XI; ähnlich 1910a,414

[50] Vgl. 1884c,534

[51] Vor allem in dem Unterstufen-Ergänzungsband 1903.

Kulturstufentheorie des Schulhaupts, gegen die jedoch fast alle Herbartianer Bedenken äußern.

Der Phase der beinahe totalen Identifikation mit dem Programm Zillers und seiner Schule folgt mit der Rückkehr nach Coburg die fortschreitende Distanzierung, die freilich nie zur vollständigen Absage wird. Sie fällt bei den einzelnen Komponenten des Zillerschen Theoriegeflechts graduell unterschiedlich aus: Von den kulturhistorischen Stufen sagt sich Staude völlig los, von der Konzentrationstheorie und den Formalstufen dagegen nur zum Teil. Bei der Idee des erziehenden Unterrichts und bei dem für Staude damit eng verknüpften didaktischen Prinzip und Oberziel „Interesse" lassen sich schließlich solche Distanzierungen überhaupt nicht nachweisen. Allein die Tatsache, daß beide Zentralbegriffe in den späteren Jahren seltener und nur beiläufig erwähnt werden, macht eine gewisse Abkühlung der früheren enthusiastischen Begeisterung wahrscheinlich. Man ist beim älteren Staude wegen der dürftigen Quellenlage leider weitgehend auf Vermutungen angewiesen, da er auf der Höhe seines Wirkens und auch danach keine zusammenhängende Darstellung seiner pädagogischen Konzeption gegeben hat, nicht einmal in Form sich gegenseitig ergänzender Aufsatz-Mosaiksteinchen wie in Eisenach[52]. So ist aus dem vorliegenden Material zu erschließen, daß er auch in der zweiten Lebenshälfte Herbartianer bleibt, allerdings noch weit mehr als früher ein „Herbartianer auf eigene Faust"[53]. Sein Interesse gilt mit wachsender Ausschließlichkeit der Praxis und läßt ihn Theoriedefizite zunehmend leichter verschmerzen[54].

3.3 Theologische Ansätze Richard Staudes und ihre religionspädagogischen Konsequenzen

3.3.1 Zur Theologie R. Staudes

Muß schon bei der Bestimmung der Pädagogik Staudes manches Detail hypothetisch oder ganz offen bleiben, so ist die Bestimmung der theologischen Position noch erheblich problematischer. Hier gibt es nicht einmal programmatische Aufsätze[1] und auch keinen dem Herbart-Zillerschen System vergleichbaren Referenzrahmen, mit dessen Hilfe man das Fehlende erschließen könnte. Der theologische Standort Staudes dürfte deshalb aus

---

[52] Sie waren als Vorarbeiten für eine „wissenschaftliche Grundlegung und ausführliche Erläuterung" (1918,IX) zu den „Präparationen" gedacht, die aber nie erschien.

[53] 1918,Vf

[54] Vgl. 1910a,414

[1] Höchstens die exegetische Abhandlung 1907 = 1907a könnte man mit Einschränkungen so bezeichnen.

dem vorhandenen Quellenmaterial nicht mehr exakt zu rekonstruieren sein, zumal die Rückschlüsse aus den religionspädagogischen Präparationswerken und die beiläufigen persönlichen Äußerungen sich nicht immer eindeutig korrelieren lassen.

Den eigenen Andeutungen zufolge hat sich seine Theologie in den verschiedenen Lebensabschnitten nicht verändert. Er sieht sich selbst „auf dem Boden der frei denkenden Theologie"[2], bei der wohl vor allem an die Einflüsse aus der Studienzeit in Jena zu denken wäre. Doch Belege für eine solche Verortung Staudes sind erst in der zweiten Coburger Periode ab 1900 aufzuweisen[3]. Die früheren Arbeiten lassen eine konservativere, vermittlungstheologische Grundposition viel wahrscheinlicher erscheinen[4]. Staude selbst gibt diesen Dissens zwar offen zu, bestreitet aber einen Wandel seiner theologischen Einstellung und nennt statt dessen als Ursache lediglich pädagogische Rücksicht: In den Achtziger Jahren des 19. Jahrhunderts glaubt er die Schüler (und wohl auch die Lehrer als potentielle Käufer[5] seiner Bücher!) nicht mit den Ergebnissen der kritischen Theologie konfrontieren zu dürfen, im 20. Jahrhundert gelten dagegen solche Vorsichtsmaßregeln nicht mehr, da jene Ansichten seiner Einschätzung nach nun geistiges Allgemeingut geworden sind und es darum keinen Sinn mehr hat, sie den Schülern vorzuenthalten[6]. Außerdem betont er jetzt verstärkt die Pflicht des Lehrers zur Wahrhaftigkeit[7]. Dennoch vermag diese pädagogisch-seelsorgerliche Interpretation nicht voll zu überzeugen. Neben der behaupteten radikalen Veränderung des öffentlichen Bewußtseins innerhalb weniger Jahre, die einer gesonderten Untersuchung bedürfte, wird man auch bei Staude selbst einen solchen Wandlungsprozeß zu konstatieren haben. Seine im Vergleich zur ersten Lebenshälfte intensivierte Auseinandersetzung mit der aktuellen theologischen Diskussion ist dafür ein deutliches Indiz. Zudem besteht begründeter Anlaß zu der Vermutung, daß der jüngere Staude weitaus stärker als er am Ende seines Lebens sehen und zugeben will, unter der Nachwirkung der Vermittlungstheologie seines Vormunds, des Coburger Archidiakonus F. Müller steht. Noch die Lebenserinnerungen aus dem Ruhestand berichten

---

[2] 1912 a,51; „liberale Grundrichtung" (1931,124 unter Berufung auf K. v.Hase)

[3] Hier sind vor allem die 3 biblischen „Ergänzungsbände" (1903, 1905, 1910) und daneben die 3 Bände zum Katechismusunterricht (1900, 1901, 1901 a) zu nennen.

[4] Die Position der biblischen „Präparationen" bezeichnet Staude selbst als „mehr konservative Gesamtauffassung" (1918,VIII).Thrändorf spricht vom „Charakter einer milden Orthodoxie" (E. Thrändorf 1922 a,140). Staudes ältere Katechismusbearbeitung 1885/88 stellt für den Volksschulunterricht als Ordnungsprinzipien dogmatische Loci wie die Lehre vom dreifachen Amt Christi auf (1888,19 f.).

[5] Die Bedeutung dieses Aspekts zeigen die relativ häufigen Selbstanzeigen seiner Werke (z.B. 1893, 1906, 1909 a, 1910 a, 1912 a) und zahlreiche Hinweise in anderen Aufsätzen.

[6] 1921,VIII; ähnlich 1906,90

[7] 1910 a,412; 1921,VIII

von der einzigen ernsthaften theologischen Krise während des Studiums bei der Lektüre des Straußschen „Leben Jesu", die Staude hauptsächlich durch die Hilfe des Vormunds bewältigt, der ihn „auf den mittleren Weg"[8] zurückbringt. Es spricht einiges dafür, daß der Einfluß Müllers zunächst erheblich stärker ist als der der theologischen Lehrer aus dem kurzen, genaugenommen nur fünfsemestrigen und nicht mit übermäßigem Engagement betriebenen Studium. Erst später und vor allem durch die exegetischen Bemühungen nach dem Vorbild Thrändorfs und Meltzers bzw. Reukaufs und Heyns setzt sich dann wohl die auf K. v. Hase und seine Kollegen zurückgehende liberale Komponente stärker durch, die auch in der erinnernden Rückschau Staudes dominiert.

3.3.2 Der biblische Unterricht

3.3.2.1 Das Alte Testament

Wie Thrändorf und Reukauf hält Staude zeitlebens grundsätzlich am pädagogischen Wert des Alten Testaments fest, obwohl die Betrachtungsweisen und Begründungen bei ihm wechseln.

Während der Eisenacher Zeit sieht er das Alte Testament als Apperzeptions- und Kulturstufe, d.h als ein Phase der religiös-sittlichen Entwicklung, die jedes Kind unabhängig von religiöser Beeinflussung und Unterweisung in derselben Weise durchlebt. Weil es sich nur um ein vorbereitendes Stadium für die neutestamentliche Hauptstufe handelt, tritt der alttestamentliche Unterricht lediglich in der ersten Hälfte der Volksschulzeit auf. Schon wegen des sehr jungen Alters der Kinder hält Staude es hier nicht für angebracht, auf historisch-kritische und andere theologische Probleme einzugehen, für die er sich wohl auch selbst in Eisenach noch nicht allzusehr interessiert, weil er ihre didaktische Relevanz noch nicht erkennt[9].

Als Staude um die Jahrhundertwende die Kulturstufentheorie aufgibt, ändert sich mit der Stellung des Alten Testaments im Lehrplan des Religionsunterrichts[10] zugleich die grundsätzliche didaktische Beurteilung. Da die Kinder nach Staudes neuerer Auffassung von Anfang an auf der Stufe des Christentums stehen, ist es widersinnig, sie auf eine unterchristliche Stufe

---

[8] 1931,124

[9] Der Lehrer erhält nur beiläufig einige Informationen, z.B. zum unhistorischen Sagencharakter der Patriarchengeschichten, und ihm wird die geringe pädagogische Relevanz solcher Erkenntnisse versichert (z.B. 1880,43). Staude bekämpft zunächst auch Thrändorfs exegetisch-didaktische Einsichten über die Propheten mit dem Argument, sie böten keinen über die epischen Partien der Bibel hinausreichenden ethisch-religiösen Gehalt (1884b,35), und mit formalstufendidaktischen Bedenken (1884b,37).

[10] Das Alte Testament tritt nun auch in der Oberstufe der Volksschule auf (s.o. Abschnitt 3.2.3).

zurückzuführen[11]. Sie sollen vielmehr das Alte Testament vom Neuen her auffassen. Dieser Aspekt, der auch theologische Sachkritik am ersten Teil der Bibel impliziert, hat schon die Auswahl der Lerninhalte zu bestimmen. Wo unterchristliche Züge wegen ihrer Einbindung in den geschichtlichen Zusammenhang nicht eliminiert werden können, müssen sie „von dem christlichen Urteil der Kinder korrigiert"[12] werden. Außerdem berücksichtigt der ältere Staude nun in seinen Unterrichtsentwürfen[13] verstärkt die Ergebnisse der historisch-kritischen Exegese, die er jetzt den Schülern der oberen Klassen der Volksschule nicht mehr vorenthalten möchte[14]. Forscher wie Wellhausen, Gunkel oder Reuß werden regelmäßig herangezogen, wenn es darum geht, den historischen Entwicklungsgang herauszuarbeiten. Im Anschluß an die alttestamentliche Wissenschaft und an Thrändorf erkennt Staude nunmehr auch die Bedeutung der Propheten für den Unterricht und nimmt sie in seinen Lehrplan auf, obwohl sie für ihn nach wie vor ein „schwerer und spröder Stoff"[15] bleiben.

3.3.2.2 Das Neue Testament

Das Neue Testament und hier wiederum vordringlich das Leben Jesu ist auch für Staude der zentrale Gegenstand des Religionsunterrichts, das „Hauptmittel", mit dem verglichen sämtliche anderen Inhalte einschließlich des Alten Testaments nur „Nebenmittel"[16] darstellen. Deshalb versucht er in allen Lehrplanentwürfen, dem Leben Jesu den größtmöglichen Raum freizuhalten. Wie sehr er sich um das Thema didaktisch bemüht, zeigen seine beiden Bücher mit dem Titel „Das Leben Jesu", der zweite Band der älteren „Präparationen", den er so stark wie keinen anderen in den späteren Auflagen umarbeitet[17], und der dritte „Ergänzungsband" aus dem neueren biblischen Unterrichtswerk, sowie die einzige Arbeit Staudes mit rein theologischem Schwerpunkt, die Abhandlung „Zwei Hauptprobleme aus der Leben-Jesu-Forschung"[18]. Er bietet weder in dem früheren noch im späteren „Le-

---

[11] 1905,VI; 1906,86. Staude erwähnt nicht, daß dieses Argument hauptsächlich von E. Katzer, dem entschiedensten Gegner des alttestamentlichen Unterrichts, ins Feld geführt wird (s. o. Abschnitt 1.5.2).

[12] 1918,VII (aus dem Vorwort zur 15.-17. Auflage 1907)

[13] Vgl. vor allem den zweiten „Ergänzungsband" 1905 2/3 1912

[14] Anders als in der Unter- und Mittelstufe, vgl. 1906,89 und 1916,XII.

[15] 1905,XI; 1906,91

[16] 1906,85

[17] Vor allem die 15.-17. Auflage (1906) ist eine „wesentlich umgearbeitete und verbesserte" (1914,VI) und steht im Zusammenhang mit der 1906 einsetzenden, noch darzustellenden verstärkten Auseinandersetzung Staudes mit historisch-kritischen Fragen, obwohl die „mehr konservative Gesamtauffassung des biblischen Stoffes" (1914,VIII), die alle 3 Bände der älteren „Präparationen" insgesamt kennzeichnet, beibehalten wird.

[18] 1907 = 1907a

ben Jesu" ein geschlossenes chronologisches oder pragmatisches Lebensbild, denn er ist von Anfang an und mit fortschreitenden exegetischen Studien immer mehr überzeugt, daß die Quellenlage eine derartige einheitliche Darstellung nicht gestattet und man deshalb zu vielen spekulativen Kombinationen genötigt wäre[19]. Dagegen erscheint ihm die ursprünglich ebenfalls abgelehnte[20] mehr thematische Gliederung des Lebens Jesu nach Sachgruppen im Laufe der Jahre für den Unterricht immer geeigneter[21].

Mit der historisch-kritischen Erforschung der neutestamentlichen Schriften beschäftigt sich Staude erst etwa ab 1906 in stärkerem Maß, vorher scheint er sich auch im Neuen Testament für derartige Fragen weniger interessiert zu haben[22]. Die erwähnte exegetische Arbeit zur Leben-Jesu-Forschung zeigt ihn in der Frage des Reich-Gottes-Begriffs und des messianischen Selbstverständnisses Jesu als Anhänger der konsequenten Eschatologie, deren Ergebnisse er aber nicht direkt didaktisch umsetzen möchte. Vielmehr soll im Unterricht „alles bloß Historische und Zeitgeschichtliche, später aber Abgestorbene, wozu in gewissem Sinn auch das Eschatologische und das Messianische gehören"[23], zurücktreten und mit Paulus und Johannes das gegenwärtige Reich, die durch Jesu Leiden und Sterben ermöglichte Gemeinschaft der Menschen mit Gott, unterstrichen werden[24]. Bei den Wundern ringt sich Staude erst 1910 zu einer Berücksichtigung kritischer Einsichten der neutestamentlichen Wissenschaft im Unterricht durch, obwohl er betont, daß er persönlich schon immer Durchbrechungen der Naturgesetze für unmöglich gehalten habe[25]. Er stellt die kritische Sichtung der

---

[19] 1880,45; 1912a,50; 1921,2

[20] Vgl. 1886,1. Dennoch sind die Unterschiede zwischen der älteren und der jüngeren Gliederung des Lebens Jesu nicht allzu groß.

[21] Im 3. „Ergänzungsband" 1910 unterscheidet er 16 solche Gruppen von der Berufung Jesu (Geburts- und Jugendgeschichten werden als sagenhaft ausgeschieden!) bis zur Passion mit zwei eingeschobenen Gruppen zur Bergpredigt und drei mit Gleichnissen. Trotz der thematischen Anordnung stellen die Gruppen „als Ganzes betrachtet eine fortschreitende Handlung dar", die sich „in den Hauptzügen mit dem Gang der evangelischen Berichte deckt" (1910, zitiert nach 1921,IX).

[22] Wichtige Neuerscheinungen wie A. Jülichers „Gleichnisreden Jesu" werden von ihm erheblich später als von Thrändorf oder Reukauf eingearbeitet. Vgl. die Kritik seines Schwiegersohnes G. Witzmann über Staudes unzureichende Theorie der Gleichnisse im Kontrast zu Thrändorfs diesbezüglicher didaktischer Pionierarbeit (G. Witzmann 1903,428). Seit 1906 ist jedoch auch Staude um rascheren Anschluß an die Gleichnisforschung bemüht (vgl. R. Staude 1914,VII = Vorwort zu [15-17]1906).

[23] 1907a,395f.

[24] Im 3. „Ergänzungsband" 1910 wird diese Tendenz durch die didaktische Aufwertung der Jesusworte vom gegenwärtigen Reich Gottes noch verstärkt, weil „das religiöse Denken der heutigen Zeit nur mit dem Gegenwartsreich (die Gottesherrschaft liegt wesentlich schon in der neuen Gesinnung und Lebensrichtung der Jünger) etwas anfangen kann" (1910a,410f.).

[25] 1921,VII. Sein bisheriges Schweigen begründet er damit, daß erst im 20. Jahrhundert „der Wunderglaube für unsere heutige Jugend aus einer Förderung und Stütze eine Hemmung und

Wunder[26] als dritte der 16 Sachgruppen ziemlich an den Anfang des Lebens Jesu, um die Gesamtwirkung der Persönlichkeit und Botschaft Jesu nicht damit zu belasten und um gleichzeitig zu zeigen, daß es sich hier nicht um ein religiöses, sondern um ein weltanschauliches Problem handelt.

Von den übrigen neutestamentlichen Schriften berücksichtigt Staude nur die Apostelgeschichte in größerem Umfang. Ihr räumt er bis zur Jahrhundertwende sogar ein ganzes Schuljahr ein und verfaßt dafür den dritten Band der „Präparationen"(1887), in dem er auch das Leben des Apostels Paulus im Gegensatz zu Thrändorf streng nach der Darstellung der Apostelgeschichte behandelt und lediglich auf der Methodestufe einzelner Unterrichtseinheiten Abschnitte aus den Paulusbriefen zur Ergänzung heranzieht[27].

3.3.3 Der Katechismusunterricht

Welche Bedeutung Staude der Reform des Katechismusunterrichts zumißt, geht schon daraus hervor, daß er diesem ein eigenes dreibändiges Unterrichtswerk widmet. Es entsteht freilich erst in der zweiten Lebenshälfte in Coburg.

Vorher, vor allem während der Eisenacher Jahre, orientiert er sich auch in der Katechismusfrage an Ziller und dessen Schule, d.h. er entwickelt die Katechismusformulierungen aus der methodischen Behandlung der biblischen Geschichten auf den Stufen III – V[28] der geschichtlichen Unterrichtseinheit, vor allem auf der Systemstufe. Doch sein Entwurf, den er 1885 im „Achten Schuljahr" von Rein/Pickel/Scheller vorlegt[29], vermag der eigenen Idealvorstellung eines Schulkatechismus nicht gerechtzuwerden. Da ihn die Versuche anderer noch weniger befriedigen, sieht er sich gezwungen, einen Kompromiß zwischen Ideal und Realität zu schließen und den Schulkatechismus ähnlich wie Thrändorf, jedoch schon zwei Jahre vor diesem, als erweiterten Lutherischen Katechismus zu entwerfen[30]. Genauso bestimmt die Orientierung an der schulischen Realität Staudes Plädoyer für einen abschließenden Katechismusunterricht im letzten Schuljahr: „Die reine

---

Gefahr für die Erfassung der christlichen Wahrheit geworden" ist (1921,VIII). Im Gegensatz zu seiner Kritik an den biblischen Wundergeschichten hält Staude allerdings „Wunder der Vorsehung" (1931,132 mit Beispiel) für möglich und berichtet zudem eigene visionäre Wundererlebnisse (1931,140f.).

[26] Kritik an Staudes rationalistischen Deutungen übt E. Thrändorf 1922a,140f.

[27] „Die paulinischen Briefe sind inhaltlich und textlich viel zu schwer, als daß größere Stücke derselben in der Volksschule mit Erfolg gelesen werden könnten" (1913,VI).

[28] Staude kann Assoziation, System und Methode deshalb zusammenfassend „Katechismusstufen" nennen (1888,5).

[29] Belege in Anm. 30ff. zitiert nach R. Staude 1888

[30] 1888,6f.

Theorie spricht sogar dagegen"[31], doch in der Praxis[32] kommt man nicht ohne eine solche korrigierende und ergänzende Zusammenfassung aus, wenn die Schüler reifer geworden sind und Zusammenhänge besser erfassen können.

Den 1885 eingeschlagenen Weg geht Staude in der Folgezeit notgedrungen weiter[33], bis er sich ihm kurz vor der Jahrhundertwende vollends als Irrweg erweist. Auslöser für den Umschwung ist eine theologische Neuorientierung[34] über den Kleinen Katechismus Luthers, den er jetzt nicht mehr als theoretisches System der christlichen Lehre auffaßt, sondern als religiöses Bekenntnis des evangelischen Christen, zunächst des Christen Martin Luther, das aber zum Bekenntnis des Christen in der Gegenwart werden soll. Luther geht es im Katechismus nicht um Dogmatik, es geht ihm um „religiöses Leben und persönliche Glaubensgewißheit"[35], weshalb er in seiner Auslegung[36] des Glaubensbekenntnisses die altkirchlichen Dogmen praktisch auflöst[37], indem er sie auf ihren religiösen Kern reduziert. Darum ist auch der Religionslehrer legitimiert, sein „modernes, freies evangelisches Christentum in die ehrwürdigen Sätze Luthers hineinzulegen, und zwar ohne daß man dabei gegen den Geist Luthers handelt, der ja nicht Theologie, sondern Religion lehren wollte"[38].

Die neue religiöse Sicht des Katechismus impliziert erhebliche didaktische Konsequenzen. Es ist jetzt nicht mehr möglich, ihn wie ein begriffliches Lehrsystem über Formalstufen aus den biblischen Geschichten zu abstrahieren[39]. Der Katechismusunterricht darf überhaupt nicht mehr als Teil des geschichtlichen Religionsunterrichts verstanden werden, sondern als eine selbständige Größe, die zum Bibelunterricht ergänzend hinzutritt. Aus-

---

[31] 1888,8. Die Darstellung des theoretischen Ideals lehnt sich an Thrändorf (s.o. Abschnitt 1.4.4.3) an, ohne dessen Namen zu erwähnen.

[32] „solange die Theorie weder ideale Lehrer noch Schüler zu schaffen vermag" (1888,9).

[33] Einerseits betont er verstärkt das Ideal eines reinen Schulkatechismus, dessen Konturen er bereits vor sich sieht, vgl. die gegenüber 1885 neu hinzugekommene Vorbemerkung 1888,1 f. Andererseits kann er auch 1888 nur einen kaum veränderten Abdruck seines Kompromißvorschlags von 1885 bieten.

[34] Vgl. 1909a,21f.

[35] 1908,4

[36] Der wegen der Bindung an das altkirchliche Dogma naheliegenden Gefahr, den Katechismus als Lehrgesetz zu mißbrauchen, entgeht man nach Staude am besten, wenn man sich weniger an den Grundtext als an Luthers Auslegungen hält, die für den evangelischen Christen in erster Linie maßgebend sind (1909,V und 1909a,24). Die Ausnahme bildet das Vaterunser, das im Gegensatz zum Dekalog (vorchristlich) und zum Apostolikum (katholisch) einen evangelischen Grundzug aufweist (1908a,IV).

[37] 1908,4 unter Berufung auf A. v.Harnack (vermutlich auf A. v.Harnack 1892).

[38] 1908,7

[39] Die Aufgabe der Systematisierung bleibt aber für Staude nach wie vor bestehen, weshalb er am Schulkatechismus als „System des biblischen Geschichtsunterrichts" (1909,IV) neben dem Katechismusunterricht als dessen „wichtiger Bundesgenosse und fast unentbehrlicher Gehilfe" (1909,IV) festhält.

gangspunkt sind weniger die biblischen Geschichten als vor allem die Lebenserfahrungen des Schülers. Staude kann die Aufgabe des Katechismusunterrichts im Rahmen der Schule[40] deshalb bestimmen als die Konzentration dieser Erfahrungen „zu einer Gesamtwirkung auf wenige Punkte des persönlichen religiösen Lebens"[41].

Trotz der ausführlichen Entfaltung in einem dreibändigen Unterrichtswerk und trotz der Betonung des Fortschritts gegenüber der anfänglichen Konzeption hält er freilich auch den neuen Ansatz noch nicht für endgültig. Denn seines Erachtens kann Luthers Katechismus nur in der gegenwärtigen Situation, nicht aber für alle Zeiten die normative[42] Grundlage des abschließenden Religionsunterrichts sein. Optimal wäre ein „besserer, zeitgemäßer und zugleich kirchlich sanktionierter Ausdruck des evangelischen Christentums"[43], um dessen Formulierung Staude sich weiterhin bemüht[44], ohne allerdings jemals ein Ergebnis vorlegen zu können.

---

[40] Der schulische Rahmen sorgt für eine realistische Beschränkung der Erwartungen auf das Mögliche, das Staude auch hier mit dem Herbart-Zillerschen Begriff des Interesses als Interesse für die Haupt- bzw. Kernpunkte des christlichen Glaubens bestimmt (1909,Vf; 1909a,25).

[41] 1909,IV; konkret: „auf die wenigen von Luther gegebenen Hauptgesichtspunkte und Haupterfahrungen" (1909,V).

[42] Staude betont an den angeführten Stellen die normative Geltung des (im Sinne des modernen evangelischen Christentums interpretierten) Katechismus im Religionsunterricht gegenüber der rein historischen Betrachtung (zu der Thrändorf und Reukauf neigen, s.o. Abschnitt 1.4.3.3 und 2.4.3.1).

[43] 1908,7

[44] „Ich suche selbst noch nach anderen Anschlüssen und darum soll auch mein Katechismusunterricht noch nicht mein letztes Wort in dieser großen Sache sein" (1908,7).

4. Schlußbetrachtung: Religionspädagogik am Anfang und am Ende des 20. Jahrhunderts

4.1 Zur Situation der Religionspädagogik

Selbst für einen mit der aktuellen religionspädagogischen Diskussion nur oberflächlich vertrauten Leser dürfte evident geworden sein, daß unsere Darstellung der Gedanken der führenden spätherbartianischen Religionspädagogen eine Fülle von Problemen angesprochen hat, die die heutigen Fachvertreter nicht weniger beschäftigen als die damaligen. Nachdem die Fragestellungen des 19. und des beginnenden 20. Jahrhunderts einige Jahrzehnte lang in theologisch motivierter Selbsttäuschung als überwunden betrachtet wurden, zeigte die Diskussion der letzten dreißig Jahre, daß sie sich in veränderten Formen immer wieder melden und bis heute weitgehend ungelöst geblieben sind[1]. Der damals wie heute für das Gesamtverständnis der religionspädagogischen Situation signifikante Schlüsselbegriff der Krise bildet hierfür ein deutliches Indiz.

Thrändorf, Staude, Reukauf und ihre Freunde sind jedoch nicht nur von denselben religionspädagogischen Kardinalproblemen bewegt wie wir heute, sondern, wie bereits mehrfach deutlich wurde und teilweise noch zu ergänzen sein wird, bei einem beachtlichen Teil jener Fragestellungen auch die ersten, die sie umfassend, d. h. unter konstitutiver Berücksichtigung der zeitgeschichtlichen gesellschaftlichen Situation und mit den Mitteln aller verfügbaren Wissenschaften reflektieren. Ihr erkenntnisleitendes Interesse orientiert sich dabei an „einer Jugend, die unter neuen wirtschaftlichen und sozialen Verhältnissen aufwächst und von einer durch die Zeitverhältnisse und die Fortschritte der Wissenschaften bedingten geistigen Atmosphäre beeinflußt wird"[2]. Da die Spätherbartianer trotz mancher beachtlicher Vorgänger[3] in der Religionspädagogik seit der Aufklärung wie etwa J. B. Base-

---

[1] Vgl. z. B. K. Frör 1975,166f.

[2] E. Thrändorf 1915,125

[3] An erster Stelle sind die philanthropischen Pädagogen J. B. Basedow, C. G. Salzmann u. a. zu nennen, wenn auch nicht im Sinne einer unmittelbaren Einwirkung auf die spätherbartianischen Religionspädagogen. Jedoch gehen einzelne Motive wie das moralisch-pädagogisch akzentuierte Interesse an der Religion, die implizite Berücksichtigung neuzeitlicher Säkularisationsgedanken (Basedow, vgl. K. Meiers 1971,144) oder das religionspädagogische Ziel der Gesinnungsbildung (Salzmann, vgl. R. Lachmann 1974,199ff.) durch unterschwellige Zeitströmungen und z.T. auch durch einigermaßen rekonstruierbare Kanäle in die Herbart-Zillersche Tradition ein. Herbarts Interesse an Basedows Ideen ist bekannt (J. F. Herbart Werke 11,198).

dow oder C. G. Salzmann mit diesem Ansatz ein gutes Stück Pionierarbeit leisten bei der Suche nach Antworten auf Fragen, die auch die unsrigen sind, haben ihre profilierten Problemformulierungen und vielleicht auch einige ihrer Lösungsvorschläge selbst nach rund einem Jahrhundert noch nicht an Aktualität verloren.

Wohl zum ersten Mal wird hier die empirische religionspädagogische Gesamtsituation, wegen der dort besonders zugespitzten Problematik und auch wegen des beruflichen Tätigkeitsfelds der Beteiligten in erster Linie die Unterrichtswirklichkeit des öffentlichen Schulwesens mit ihren enttäuschenden Ergebnissen, systematisch reflektiert und zum Ausgangspunkt der didaktisch-konzeptionellen Überlegungen gemacht. Vor allem E. Thrändorf beschreitet diesen Weg, auf dem ihm dann die anderen folgen. Aus der Analyse der Praxis des Religionsunterrichts und ihrer empirisch belegten Ergebnisse erkennt er die Unhaltbarkeit der Theorie, die jene Praxis konstituiert, und wird dadurch genötigt, nach einem eigenen, neuen Ansatz zu suchen. Daß gerade Thrändorf hier vorangeht, liegt nicht zuletzt an der besonderen Umgebung, in der er arbeitet und die ihn die religiöse Problematik seiner Zeit in verschärfter Eindringlichkeit als Herausforderung erleben läßt. Denn in der Industrielandschaft des sächsischen Vogtlands ist die politische und gesellschaftliche Entwicklung bereits weiter eskaliert als in den mehr bürgerlich geprägten thüringischen Herzogtümern, in denen Staude, Reukauf, Rein und die anderen herbartianischen Religionspädagogen wirken, oder gar in den süddeutschen Staaten. Im Zuge der fortgeschrittenen Industrialisierung verschärfen sich nicht allein die sozialen Gegensätze und die aus ihnen resultierende politische Konfrontation, für die der steigende Einfluß der Sozialdemokratie den wichtigsten Indikator darstellt[4]. Die Folgen zeigen sich genauso auf religiösem Gebiet: Mehr noch als Marxismus und Monismus breiten sich vulgärer Materialismus und Indifferentismus aus. Bei weiterbestehender äußerer Mitgliedschaft wendet sich der Großteil der Bevölkerung von der Kirche ab, wobei diese selbst den Prozeß noch beschleunigt. Denn es gelingt ihr nur in Ausnahmefällen, ihre Verkündigung zeit- und situationsgerecht zu aktualisieren und die wirklichen Probleme der Menschen anzusprechen oder gar einen tatkräftigen Beitrag zur Lösung der sozialen Gegensätze zu leisten. Welchen Grad die Entkirchlichung in den

---

Von Salzmann führt eine indirekte persönliche Linie zu T. Ziller, dessen Vater als junger Mann Lehrer am Schnepfenthaler Philanthropin war (K. Just 1918,67f.). Die inhaltlichen Auswirkungen dieses Bezugs bedürften einer eigenen Untersuchung und sind wegen der unterschiedlichen Positionen von Vater (rationalistischer Theologe „der Richtung de Wette – Bretschneider", J. Meyer 1918,136) und Sohn Ziller mit Ausnahme des Robinsonmotivs (s. u. Abschnitt 4.2) zurückhaltend zu beurteilen.

[4] Trotz der klaren Ablehnung ihrer Ziele zeigt E. Thrändorf im Gegensatz zu W. Rein, A. Reukauf und R. Staude durchaus Verständnis für die sozialdemokratische Bewegung und die Motive, die zu ihrer Gründung führten. Vgl. z. B. E. Thrändorf 1894 d,214.

genannten sächsischen Regionen schon vor über 100 Jahren erreicht hat, erhellt schlaglichtartig aus den bereits erwähnten[5] empirischen Daten, nach denen z.B. nur die Hälfte aller Schulanfänger je in einer Kirche war oder irgendetwas von Gott gehört hat.

Es ist das Verdienst der herbartianischen Pädagogen B. Hartmann und K. Lange, bei ihren zwar mit dem damaligen bescheidenen wissenschaftlichen Instrumentarium[6] durchgeführten, aber dennoch groß angelegten und daher durchaus repräsentativen[7] Untersuchungen zur Lebens- und Vorstellungswelt der Schulanfänger diese Daten erhoben zu haben. Nicht geringer muß man die Leistung E. Thrändorfs und seiner Mitstreiter ansetzen, unter denen A. Reukauf mit seinen teilweise auf Hartmann und Lange aufbauenden Arbeiten zur religiösen Entwicklungspsychologie[8] auch einen Beitrag zur psychologischen Wissenschaft leistet. Thrändorf erkennt die Brisanz der wenigen nackten Zahlen Langes und Hartmanns, die die empirischen Voraussetzungen des Religionsunterrichts insofern exemplarisch kennzeichnen, als sie dokumentieren, daß die Mehrzahl der Kinder weder in der Familie noch in der Kirchengemeinde christliche praxis pietatis oder auch nur Traditionsvermittlung erleben kann. Er und seine Freunde ziehen daraus die kühne Konsequenz: Der schulische Religionsunterricht muß die Hauptverantwortung für die religiöse Erziehung übernehmen, da die anderen, eigentlich vorrangigen Faktoren weithin ausfallen.

Ungeachtet der noch zu erörternden Problematik dieses Ansatzes stellt die ihm zugrundeliegende empirische Orientierung als solche ohne Zweifel einen richtungweisenden Schritt in die Zukunft dar. Spätestens seit K. Wegenast 1968 eine, im Hinblick auf die Spätherbartianer könnte man fast sagen: erneute „empirische Wendung der Religionspädagogik"[9] forderte, besteht ein grundsätzlicher Konsens darüber, daß die Disziplin die unabdingbare und immer wieder neu wahrzunehmende Aufgabe hat, ihr Praxisfeld so präzis und umfassend wie möglich zu untersuchen einschließlich der vielfältigen Voraussetzungen und der Ergebnisse der religiösen Erziehung, denn die Resultate gehen als neue Voraussetzungen in den Systemzusammenhang der didaktischen und darüber hinaus der gesellschaftlichen Situation ein. Nur so kann es gelingen, die für eine tragfähige religionspädagogische Gesamtkonzeption notwendigen komplexen Reflexionen auf eine realistische Basis zu stellen, utopische Konstruktionen zu vermeiden, aber andererseits alle bestehenden Möglichkeiten aufzuspüren und auszuschöpfen. Gegen-

---

[5] S.o. Abschnitt 1.3.2 Anm. 6

[6] Vgl. K. Lange 1879, 327 ff.

[7] Lange befragte über 500 Schulanfänger aus der Stadt Plauen und über 300 aus den Dörfern des Vogtlands (K. Lange 1879, 328).

[8] S.o. Abschnitt 2.3.1 und 2.5.1

[9] K. Wegenast 1968, 111 ff.

über der Zeit um die Jahrhundertwende haben wir heute ein erheblich erweitertes und verfeinertes methodisches Instrumentarium zur Verfügung, das leider nur in sehr geringem Ausmaß genutzt wird. Nach einer kurzen Belebung im Zusammenhang mit K. Wegenasts „Signal"[10] wurde es um die „empirische Wendung" bei uns, anders als in den angelsächsischen Staaten[11], wieder so ruhig, daß man nicht behaupten kann, sie wäre bereits im erforderlichen Umfang vollzogen.

Auf der anderen Seite reicht, wie soeben bereits mit dem Hinweis auf didaktische und gesellschaftliche Systemzusammenhänge angedeutet, empirische Forschung allein keineswegs aus. Positivistisch verabsolutiert führt sie sogar auf gefährliche Irrwege. Sie muß deshalb eingebettet sein in ein vielseitiges Geflecht vorausgehender und nachfolgender Reflexionen, vor allem hermeneutisch-kritischer Art. Auch bei Thrändorf und seinen Mitarbeitern steht die empirische Erfassung der religionspädagogischen Situation im Kontext einer derartigen Theorie-Praxis-Reflexion, die nicht zuletzt die geschichtlichen Ursachen und Wirkungen mitbedenkt. Die religiösen, ethischen, politischen, wirtschaftlichen und sozialen Verhältnisse werden gesehen auf dem Hintergrund der neuzeitlichen Entwicklung, d.h. der wachsenden Beherrschung der Natur mittels Wissenschaft und Technik und des im entsprechenden Maße steigenden menschlichen Selbstbewußtseins, das sich von den mittelalterlichen Autoritäten löst. Die gesamten religionspädagogischen Bemühungen der Spätherbartianer sind von hier aus zu verstehen als der Versuch, die sich zunehmend erweiternde Kluft zwischen Glauben und Denken bzw. zwischen Christentum und neuzeitlichem Selbst- und Weltverständnis zu überbrücken und der jungen Generation die Grundlagen eines mündigen Glaubensverständnisses ohne sacrificium intellectus zu vermitteln. Unbeschadet der Verdienste der theologischen und pädagogischen Vorläufer seit der Aufklärung und ohne die noch zu nennenden impliziten, inzwischen fragwürdig oder gar unannehmbar gewordenen philosophisch-theologischen Prämissen zu ignorieren, wird man doch sagen können, daß auch diesem Anliegen und seiner Artikulation in der kreativen Synthese von „liberaler"[12] Theologie und Herbart-Zillerscher Pädagogik exemplarische Bedeutung für jeden Entwurf einer Religionspädagogik speziell innerhalb des Bildungs- und Erziehungssystems eines modernen Staates zukommt, vor allem weil die Aufgabe hier mit einer sowohl theologisch wie pädagogisch wissenschaftlich durchreflektierten Konzeption angegriffen wird.

---

[10] K. Wegenast 1979,33 Anm. 1

[11] K.E. Nipkow 1986 a,180

[12] Die heute geläufige Etikettierung „liberale Theologie" entstammt mehr der kritisch-distanzierten Perspektive der dialektischen Theologie als dem Selbstverständnis der Beteiligten (s.o. Abschnitt 1.1 Anm. 5) und hat erst in der Gegenwart den polemischen Unterton weitgehend verloren.

Mit der Erinnerung an die enge Korrelation von Theologie und Pädagogik, die man bei den in diesem Buch vorgestellten Religionspädagogen bereits an den äußeren biographischen Lebensdaten ablesen kann, rückt ein weiteres, in jeder Generation von neuem aktuelles Grundproblem der Religionspädagogik ins Blickfeld: das Verhältnis unserer Disziplin zu ihren Bezugswissenschaften. E. Thrändorf und A. Reukauf stehen hinsichtlich der Theologie, Pädagogik und Psychologie auf der Höhe der Wissenschaft ihrer Zeit[13] und versuchen, deren Ergebnisse möglichst umfassend in ihre religionsdidaktischen Entwürfe zu integrieren. Es handelt sich um den ersten großen Anlauf, die Einsicht in die Vielfalt der Bedingungsfaktoren religiöser Erziehungsprozesse methodologisch zu realisieren, eine Aufgabe, die heute, allerdings erst seit wenigen Jahrzehnten, nahezu allgemein als unabdingbare Voraussetzung einer praxisgerechten Theorie anerkannt ist. Noch mehr als vor 100 Jahren braucht die Religionspädagogik „multiple und methodisch gleichrangige Zugänge"[14] zu ihrem Arbeitsfeld und der einzelne Fachvertreter theologische wie humanwissenschaftliche Kompetenz[15], wenn sie ihrer Aufgabe in der aktuellen Krisensituation einigermaßen gerecht werden wollen. Dies gilt unabhängig von der jeweiligen wissenschaftstheoretischen Einordnung des Fachs, ob man den Akzent mehr auf den interdisziplinären Charakter als „selbständige Verbund- oder Integrationswissenschaft"[16] setzt oder die Verortung als Teildisziplin der Praktischen Theologie betont. Der Dialog mit anderen Wissenschaften ohne gegenseitige Bevormundung und der Einsatz verschiedenartiger Methoden, über dessen Ergebnisse nicht vorweg von theologischen Prämissen aus entschieden sein darf, bleiben in jedem Fall unerläßlich.

Die Aufgabe einer solchen mehrdimensionalen wissenschaftlichen Fundierung der Religionspädagogik wird aber auch mit größerer Kompetenz und intensiverem Dialog als heute nie endgültig zu lösen sein, sondern immer wieder neu als Problem aufbrechen, da sich die eigene Disziplin und ihre Bezugswissenschaften in Wechselwirkung mit den situativen Rahmenbedingungen ständig verändern. Ein Blick auf die theologischen, pädagogischen und psychologischen Prämissen der untersuchten didaktischen Konzeptionen kann dies eindrucksvoll verdeutlichen. Denn die Spätherbartianer stehen zwar fraglos auf der Höhe der Wissenschaft ihrer Zeit, aber es ist eben die

---

[13] Für R. Staude gilt dies, wie in Kapitel 3 gezeigt wurde, nur mit Einschränkungen.

[14] K. E. Nipkow 1975,177

[15] F. Rickers bilanziert allerdings für die Jahre 1975–1985, „daß hier mit Ausnahme von K. E. Nipkow überhaupt Fehlanzeige zu erstatten ist" (F. Rickerts 1986,347).

[16] R. Lachmann 1984,15, der allerdings auch das „normative Standbein in der Theologie" (ebd.,19) betont; „Verbundwissenschaft" auch schon bei S. Vierzig 1973,1; vgl. „interdisziplinärer Prozeß" (K. E. Nipkow 1975,136).

Wissenschaft *ihrer* Zeit, deren Ergebnisse in allen hier in Frage kommenden Disziplinen heute nicht mehr ohne weiteres übernommen werden können.

In der Theologie hat sich durch die Umbrüche seit dem 1. Weltkrieg ein feineres Gespür entwickelt für die Gefahren einer Pervertierung der christlichen Botschaft. So ist es nicht nur eine Verkürzung, sondern eine Verkehrung des Evangeliums ins Gegenteil, wenn etwa bei den Herbartianern der Glaube als die religiöse Form der Sittlichkeit erscheint. Die damit angesprochene ethische Reduktion nach rationalistischem Vorbild läßt sich bei fast allen theologischen Grundthemen von der Gotteslehre über die Christologie bis hin zur Eschatologie durchgehend beobachten. Sie prägt überdies das gesamte didaktische Werk einschließlich der konkreten Unterrichtsentwürfe, insbesondere die als Abschluß der methodischen Einheiten auftretende Stufe der „Anwendung" bzw. „Funktion" oder „Methode". Während an anderen Punkten, etwa beim Protest gegen das lehrgesetzliche Glaubensverständnis der kirchlichen Neuorthodoxie oder im Aufweis der Spuren des neutestamentlichen und reformatorischen Verständnisses der libertas christiana in der neuzeitlichen Freiheitsgeschichte und der damit verbundenen gerechteren Würdigung der Aufklärung[17] die Unterscheidung von Gesetz und Evangelium besser gewahrt erscheint als bei so manchem zeitgenössischen theologischen Gegner, ist hier das Evangelium der Moralisierung zum Opfer gefallen. Als Folge dieser Überfremdung ließe sich leicht ein langes Sündenregister von Verharmlosungen und Verbiegungen bis hin zu einem kaum hinterfragten immanenten Fortschrittsoptimismus als Surrogat der reduzierten Eschatologie zusammenstellen, doch der Wert einer solchen Auflistung bliebe zweifelhaft. Denn die kritisch aneinandergereihten Einzelpunkte würden nicht nur die Theologie der späten Herbartianer oder der ganzen Herbart-Zillerschen Richtung betreffen, sondern weitgehend die Theologie des 19. Jahrhunderts überhaupt. Daß aber deren Positionen trotz der vielen erstmalig erkannten und bis heute aktuellen Probleme als ganze für uns nicht mehr akzeptabel sind, ist mittlerweile eine triviale Aussage. Daher müssen stärkste methodische Bedenken angemeldet werden gegen das Verfahren, mit solchen allgemeinen, ein ganzes Jahrhundert betreffenden syste-

---

[17] Zur Bibelwissenschaft, die von den Späterbartianern adäquater rezipiert wird als die systematische Theologie und deren Ergebnisse überdies z.T. aktueller geblieben sind, s.u. Abschnitt 4.4.

[18] Exemplarisch für viele sei hier F. Jacobs genannt, der in Gestalt eines Gogarten-Zitats gegen die Herbartianer den Vorwurf des „'christlicheǹ Säkularismus, der die Welt verchristlichen und ihr damit das Heil erwirken will" (F. Jacobs 1969,111) erhebt und ihn mit Zillers Reich-Gottes-Verständnis begründet, obwohl er vorher sagt, daß dieses abzuleiten sei aus dem Einfluß „der (!) protestantischen Theologie, in der im 19. Jhd. die Reich-Gottes-Vorstellung in einer spezifisch säkularisierten Form entfaltet wird" (Ebd.,109), also keineswegs eine Schöpfung Zillers darstellt, sondern von diesem und seinen Schülern nur, wie F. Jacobs selbst zugibt, „in ihrer allgemeinsten Struktur rezipiert wird" (Ebd.,152).

matisch-theologischen Argumenten ein globales Verdikt über unikate praktisch-theologische Entwürfe zu begründen[18]. Die Chance, aus einer anders akzentuierten oder auch entgegengesetzten theologischen Position heraus den religionspädagogischen Ansätzen der Vergangenheit weiterführende und korrigierende Impulse für die eigene Arbeit abzugewinnen, würde dadurch von vornherein preisgegeben[19].

Im Bereich der Pädagogik[20] liegt ein augenfälliger Unterschied zwischen damals und heute darin, daß wir die Realitätskonformität geschlossener Systeme und die Erfolgsaussichten der eigenen konzeptionellen wie methodischen Ansätze angesichts der Komplexität der Situation und der Heterogenität der vielfältigen nicht steuerbaren Erziehungseinflüsse weitaus kritischer beurteilen als die Spätherbartianer vor hundert Jahren. Sie lassen sich bei der programmatischen Übernahme der Verantwortung für die religiöse Erziehung durch den schulischen Religionsunterricht ja nicht nur von der ernüchternden empirischen Bilanz der religionspädagogischen Wirklichkeit leiten, sondern auch von der Herbart-Zillerschen Tradition, nach der der Unterricht das wichtigste Erziehungsmittel darstellt, was fast zwangsläufig zu einer irrealen Überschätzung der schulisch-didaktischen Möglichkeiten führen muß. Schon damals wäre hier etwas mehr Zurückhaltung am Platz gewesen. Noch viel mehr ist in unserer heutigen Situation gegenüber derart hochgespannten Erwartungen äußerste Skepsis geboten, die aber umgekehrt nicht dazu führen darf, die Idee des „erziehenden Unterrichts" vollständig und grundsätzlich zu verwerfen. Wie die Erziehungswissenschaft sich immer wieder neu genötigt sieht, das Herbartsche Prinzip „durch Unterricht erziehen" zu aktualisieren, in letzter Zeit etwa durch die Arbeiten D. Benners[21], so kann sich die Religionspädagogik nicht davon dispensieren, daß der Religionsunterricht als Schulfach am Erziehungsauftrag der Schule partizipiert. K. E. Nipkow meint, dieser Beitrag zur pädagogischen Kultur unseres Erziehungs- und Bildungswesens sei trotz des manifesten Schwundes an überfachlichen Anregungs- und Einwirkungsmöglichkeiten auf Schulpädagogik, Bildungspolitik und Sozialbereich heute wichtiger denn je, und die Begründung seines Plädoyers für eine so verstandene ethische Erziehung

---

[19] Vgl. das dürftige Ergebnis im didaktischen Schlußkapitel des Buches von F. Jacobs. Der einzige positive Ertrag der Religionspädagogik T. Zillers, E. Thrändorfs, K. Justs, R. Staudes, A. Reukaufs, E. Heyns und H. Meltzers ist dort, daß in der Kritik an C. A. G. v. Zezschwitz' katechetischer Methode „ein berechtigtes Reformanliegen zur Sprache" kommt (F. Jacobs 1969,123).

[20] Zu weiteren erziehungswissenschaftlichen Aspekten s. u. Abschnitt 4.5 ff.

[21] D. Benner beschreibt einen zeitgemäßen erziehenden Unterricht so, „daß er Einfluß auf die Identitätsentwicklung der Lernenden gewinnt, diesen ein vertieftes Weltverständnis ermöglicht und vermittelt hierüber eine möglichst universelle Handlungskompetenz erschließt" (D. Benner 1985,445). Als besondere Merkmale stellt er die methodische, thematische und institutionelle Offenheit des Lernens und Lehrens heraus (ebd.,445 ff.).

weist eine erstaunliche Nähe zur liberal-theologischen Position der Spätherbartianer auf: „Das Christentum ist eine ethische Religion par excellence, nicht eine mystische Erlösungsreligion ohne ethische Konsequenzen"[22]. Die bei K. E. Nipkow unstrittig gegebene wache Sensibilität für die Gefahr einer Verfälschung des Evangeliums zum Moralgesetz und die klare Orientierung an der Rechtfertigungslehre dürfen also nicht die Einsicht verstellen, daß Erziehung theologisch durchaus mit dem Wesen des christlichen Glaubens zu tun hat und darum religionspädagogisches Denken und Handeln notwendigerweise in enger Verbindung mit dem Ganzen der Erziehung stehen muß, ohne daß damit kulturprotestantische Positionen[23] restauriert werden sollen oder können.

Abschließend sei in diesem Zusammenhang noch einmal an die Strukturkongruenz erinnert, daß nicht nur in der säkularen Gesellschaft des späten 20. Jahrhunderts, sondern ganz analog auch schon vor 100 Jahren der schulische Religionsunterricht bei großen Teilen der Jugend die intentionale religiöse Erziehung nahezu alleine übernehmen muß, wenn sie nicht ganz ausfallen soll. Die späten Herbartianer entscheiden sich sehr bewußt für diese Möglichkeit und geben damit auch für die Zukunft einen ermutigenden Impuls. Weil wir jedoch ihre intellektualistisch-optimistische Hochschätzung des Unterrichts nicht mehr zu teilen vermögen, empfinden wir heute die dabei unausweichlich auftretenden Defizite umso schmerzlicher. Denn was Familie und kirchliche Gemeinschaft versäumen, kann die Schule nur zum geringsten Teil ausgleichen. Vor allem im entscheidenden Bereich der religiösen Sozialisation klafft eine kaum mehr zu schließende Lücke[24], wenn die beiden wichtigsten Sozialisationsträger weitestgehend ausfallen. Zudem verarmt auf die Dauer auch der schulische Religionsunterricht, wenn die Kirche keine lebendige Bezugsgröße mehr bildet. Die größtmögliche Kooperation aller religionspädagogischen Arbeitsfelder in Konzeption und Praxis, vor allem zwischen der schulischen Fachdidaktik und der Gemeindepädagogik vom Primarbereich an, ist deshalb nicht nur eine wichtige, sondern die lebenswichtige Aufgabe für alle an der Religionspädagogik Beteiligten, damit das beschriebene Defizit und die ihm korrespondierende Überforderung der Schule sich nicht noch weiter vergrößern.

Bei den Spätherbartianern werden solche Aspekte zwar nicht übersehen, kommen aber doch entschieden zu kurz. Denn noch stärker als die didaktische Euphorie des unterrichtlich Machbaren dominiert bei ihnen eine tiefe, auch aus leidvoller persönlicher Erfahrung genährte Resignation gegenüber

---

[22] K. E. Nipkow 1986,101; zur „pädagogischen Kultur" (u. a. in Abgrenzung zum Kulturprotestantismus) vgl. auch K. E. Nipkow 1987,54f.

[23] Vgl. die Charakteristik des Kultur- bzw. Neuprotestantismus bei V. Drehsen 1988,275ff.

[24] Die Kirchenmitgliedschafts-Studie der EKD 1972/74 spricht von einem „tendenziellen Mißlingen" der innerkirchlichen Sozialisation (J. Hanselmann / H. Hild / E. Lohse 1984,18)

der Amtskirche, sodaß keine nennenswerten Initiativen aufkommen. Wenn die Kirche als positives Gegenüber ins Blickfeld tritt, dann ist es gerade nicht die dogmatisch und bis hin zum Festhalten an der geistlichen Schulaufsicht auch hierarchisch erstarrte Amtskirche, sondern die große Bandbreite freierer Zusammenschlüsse wie Innere Mission, (Dörpfeldsche) Schulgemeinden, Evangelisch-Sozialer Kongreß, Christliche Produktivgenossenschaften usw., oder der trotz seiner antihierarchischen Tendenz im Vergleich zu anderen pädagogischen Reformern[25] überraschend positive Stellenwert des Konfessionsbegriffs für die Schule, der in seinem Bemühen um eine mit Offenheit gepaarte Verbindlichkeit heute am besten unter ökumenischen Vorzeichen fortzuschreiben ist.

Obwohl auch in der Gegenwart kirchliches Hegemoniestreben im religionspädagogischen Bereich und antikirchliche Affekte bei den Vertretern des Faches an Schulen und Hochschulen noch nicht ganz verschwunden sind, wird beides doch zunehmend als antiquiert erkannt. In der Religionspädagogik dieses Jahrzehntes zeichnet sich eine größere Bereitschaft zu mehr Kooperation und Koordination zwischen den einzelnen Arbeitsfeldern ab bis hin zu Überlegungen, wie „der Gedanke des Gesamtkatechumenats in verwandelter Form"[26], gemeint ist wohl: in einer mehr gleichberechtigt-dialogischen Form, die die totalitären Züge des Gesamtkatechumenatskonzepts der „Evangelischen Unterweisung" überwindet, wiederbelebt werden kann.

4.2 Zur Konzeption der erfahrungsorientierten Religionspädagogik

Seit H. Halbfas 1968 seine „Fundamentalkatechetik" mit dem Untertitel „Sprache und Erfahrung im Religionsunterricht" veröffentlichte, spielen das Phänomen und der Begriff der Erfahrung in der Religionspädagogik eine zentrale Rolle. Verschiedene damals in rascher Folge entwickelte didaktische Reformkonzepte wie der „thematische", der „problemorientierte" oder der „situative" Religionsunterricht stimmen darin überein, daß sie alle bei der Erschließung der individuellen und sozialen Erfahrungen des Schülers, insbesondere der religiösen Tiefendimension seiner Wirklichkeitserfahrung ansetzen[1]. Doch die Kategorie der Erfahrung bildet seitdem nicht nur den

---

[25] Die Forderungen nach einer konfessionsfreien Schule und einem überkonfessionellen Religionsunterricht reichen zurück bis in die Aufklärung. Zu A. Diesterweg, der viele antikonfessionelle Reformvorschläge um die Jahrhundertwende inspirierte, vgl. neuerdings H. Rupp 1987,299ff.

[26] K. E. Nipkow 1982a,252

[1] Deshalb wurde schon zu Beginn der Siebziger Jahre für alle diese Konzeptionen die gemeinsame Bezeichnung „erfahrungs- und problemorientierter Religionsunterricht" (G. Pfister 1973,301) vorgeschlagen.

gemeinsamen Nenner verwandter Unterrichtsansätze, sondern den Schlüsselbegriff der Religionspädagogik allgemein. Das Verständnis von Erfahrung als „Gegebenheitsweise aller Gegenstände möglicher Gewißheit im Medium des unmittelbaren Selbstbewußtseins"[2], das als charakteristischer Ausdruck des neuzeitlichen Wirklichkeitsverständnisses in der Philosophie und der Theologie eine lange Tradition aufweisen kann, stellt gegenwärtig auch das wichtigste Fundament religionspädagogischer Grundlagenreflexion dar, in der z.B. die dialektische Beziehung von Alltagserfahrung und religiöser „Erfahrung mit der Erfahrung"[3] bzw. die Wechselwirkung von Erfahrung und Erfahrungshorizont entfaltet werden.

Angesichts dieser jüngsten Entwicklung verdient es höchstes Interesse, wenn die Religionspädagogen des späten Herbartianismus ihre didaktische Konzeption auf der Kategorie der Erfahrung aufbauen. Auch hier leistet E. Thrändorf Pionierarbeit, indem er T. Zillers intellektualistischen Ansatz, bei dem es vorwiegend um die Ausgestaltung des sittlich-religiösen Gedankenkreises ging, durch die Neubegründung in der ganzheitlichen Kategorie der Erfahrung entscheidend modifiziert. A. Reukauf, der ihm hier uneingeschränkt folgt, thematisiert die religiöse und ethische Erfahrung zusätzlich in seinen entwicklungspsychologischen Überlegungen[4]. Die beiden Spätherbartianer entfalten damit, indem sie die Herbart-Zillersche Tradition sprengen, die erste explizit auf der Erfahrung als fundamentaler didaktischer Kategorie aufgebaute religionspädagogische Konzeption. Damit soll nicht bestritten werden, daß es in der Geschichte der Disziplin auch schon vorher Ansätze gab, die sich, freilich mehr implizit als explizit, an der Erfahrung orientierten, etwa im Pietismus und vor allem bei den Philanthropen[5], die hier als indirekte Vorläufer unbedingt genannt werden müssen. Doch die religiöse Erfahrung wird offenkundig erst dann umfassend thematisiert, als sie aufgrund der allgemeinen Entwicklung zum akuten Problem geworden ist, weil sie nicht mehr stillschweigend als durch Familie und Gemeinde vermittelt vorausgesetzt werden kann.

Thrändorfs Programm einer Erweiterung des kindlichen bzw. jugendlichen Erfahrungskreises durch die Begegnung mit der biblischen Geschichte und ihren Gestalten im „idealen Umgang" zeigt, daß ihm der grundlegende Zusammenhang von Sprache und Erfahrung sowie die in diesem begründete Möglichkeit, Erfahrung durch Sprache zu vermitteln, bereits derart bewußt ist, daß er ihn in eine didaktische Strategie umzusetzen vermag. Wenn an

---

[2] E. Herms 1982,132
[3] E. Jüngel 1974,76
[4] In seiner Spätzeit steht er stärker unter dem Einfluß der reformpädagogischen Erlebnispädagogik, ähnlich auch der ältere Staude. Zur Unterscheidung von Erfahrung und Erlebnis vgl. O. F. Bollnow 1968,227f.
[5] S. o. Abschnitt 4.1 Anm. 3

dieser entscheidenden Schnittstelle von hermeneutischen und didaktischen Problemkomplexen in der Religionspädagogik bis heute intensiv gearbeitet wird und auch die jüngste konzeptionelle religionspädagogische Innovation, die z.T. mit kühn-selbstbewußtem Pathos vertretene Symboldidaktik[6], nichts anderes als einen weiteren Versuch zur Bewältigung des Problems „Sprache und Erfahrung" darstellt, der, nach der bislang kontroversen Diskussion[7] geurteilt, wohl nicht der letzte bleiben wird, dann läßt sich daraus sowohl der geschichtliche Rang dieser Leistung der spätherbartianischen Religionspädagogen als auch die Vorläufigkeit ihres Lösungsversuchs ermessen. Darüber hinaus wird das Verhältnis von Alltagserfahrung und Glaubenserfahrung von ihnen bereits grundsätzlich richtig gesehen. Daß letztere als die die immanente Tatsachenerfahrung transzendierende Tiefendimension notwendigerweise eine Dimension innerhalb der Wirklichkeitserfahrung und nicht neben ihr darstellt, ist für sie ein selbstverständliches theologisches Axiom[8], das erst nach jahrzehntelanger zwischenzeitlicher Bestreitung[9] heute wieder Gültigkeit erlangt und zu weiteren hermeneutischen wie didaktischen Differenzierungen[10] geführt hat.

Dennoch bleibt, wie schon angedeutet, die zurückhaltend begonnene[11] konkrete Durchführung des erfahrungsorientierten Unterrichtsansatzes bei Thrändorf und seinen Nachfolgern an wichtigen Punkten unbefriedigend und stimuliert deutlich zur Weiterarbeit. Denn vor allem in den ersten Schuljahren, auf die es doch hier besonders ankommt, werden die eigenen Erfahrungen des Kindes kaum bewußtgemacht und reflektiert. An ihre Stelle tritt der von Ziller übernommene und trotz aller theologischen und didaktischen Bedenken halbherzig beibehaltene Vorkurs mit Märchen und Robinson[12]. Was aus heutiger Sicht eine Art archetypische Symboldidaktik sein

---

[6] Vgl. z.B. P. Biehl 1983 und 1984, H. Halbfas 1982, G. Baudler 1984; zum selbstbewußten Anspruch P. Biehl 1983a,255.

[7] Vgl. z.B. D. Zilleßen 1984,626ff. und F. Rickers 1986,355ff.

[8] Sie stehen hier in der durch ihre verschiedenen theologischen Lehrer vermittelten Schleiermacherschen Tradition, während im Herbartiansismus M.W. Drobischs und T. Zillers mit der Unterscheidung von natürlicher und geoffenbarter Religion aufklärerisches Erbe durchschimmert.

[9] Der inkarnationstheologisch legitim zu begründende erfahrungsorientierte Ansatz wurde in der Religionspädagogik vor allem deshalb so spät (ab 1968) wieder aufgegriffen, weil es große Mühe bereitete, die theologischen Schranken und Grenzen (evang. Theologie: Glaube contra Religion, kath. Theologie: natürliche plus religiöse Erfahrung nach dem thomistischen Denkmodell) zwischen Glaube und Erfahrung bzw. zwischen religiöser und alltäglicher Erfahrung abzubauen.

[10] Vgl. z.B. P. Biehl 1983,50f. oder K.E. Nipkow 1986a,182f.

[11] Vgl. die einschränkende Unterscheidung von unmittelbarer und mittelbarer Erfahrung bei E. Thrändorf (s.o. Abschnitt 1.3.5).

[12] Die Robinsonerzählung wurde von J.H. Campe am Dessauer Philanthropin dem Vorkurs zugrundegelegt und dort von C.G. Salzmann übernommen. Die Rezeption durch T. Ziller, der

könnte[13], vermag im Bannkreis der Zillerschen kulturhistorischen Lehrplantheorie die Aufgabe als Erfahrungsauslöser und Sprachhilfe nur sehr begrenzt zu erfüllen. Konsequenter verfährt hier erst R. Kabisch, der die Erfahrungen des Schulanfängers in der Tat explizit thematisiert und reflektieren läßt, freilich in einer für uns heute ebenfalls nicht mehr nachvollziehbaren Weise[14]. So resultiert aus dem grundsätzlichen Durchbruch wie aus den praktischen Unzulänglichkeiten des erfahrungsorientierten Ansatzes der spätherbartianischen Religionspädagogik weiterhin die Aufgabe, die wirklichen Grunderfahrungen und Erfahrungsmöglichkeiten der heutigen Kinder und auch der Jugendlichen einschließlich aller Veränderungen sorgfältig durch persönliche Beobachtung sowie breitgefächerte empirische Forschung zu erkunden und vor allem im erfahrungsorientierten Unterricht „zu rekonstruieren und sie zum Ausgangspunkt eines religionspädagogischen Diskurses zu machen"[15], um die religiöse Erziehung nicht auf Scheinerfahrungen aufzubauen. Gerade die faszinierende Kraft der religiösen, besonders der biblischen, und auch der modernen dichterischen Sprache birgt für die heutigen konzeptionellen Varianten wie Symboldidaktik oder „poetische Didaktik"[16] nicht weniger als für die damaligen die Gefahr, unbeabsichtigt auf Distanz zur konkreten Lebenswirklichkeit, d. h. zur jeweils altersspezifischen Erfahrungswelt der Kinder, Jugendlichen und jungen Erwachsenen zu gehen[17].

Eine in ihrem Ansatz erfahrungsorientierte Religionspädagogik wird hierbei auch nicht darauf verzichten können, mehr als ihre Vorkämpfer aus der Zeit um die Jahrhundertwende über die relativ bescheidenen Möglichkeiten des schulischen Religionsunterrichts hinauszublicken auf das Feld der außerschulischen religiösen Erziehung, insbesondere auf den vorschulischen Bereich, in dem einerseits die wichtigsten Vorentscheidungen für die religiöse Lebensgestaltung fallen, andererseits die Möglichkeiten erzieherischen Einflusses, nicht zuletzt für die Kirche, weit offen stehen. Mit ihren Kindergärten und anderen vorschulischen Erziehungseinrichtungen sowie mit Hilfen zur religiösen Erziehung für die Eltern durch Veranstaltungen und praxisge-

---

bei seinem Vater bis zum 13. Lebensjahr Privatunterricht hatte (J. Meyer 1918,137), geschah wahrscheinlich auf dem in Anm. 3 zu Abschnitt 4.1 beschriebenen Weg.

[13] Vgl. z. B. die Anregungen in F. Betz 1976,38 ff. 56 ff.; F. Betz 1977,7 ff. sowie den Sammelband J. Janning 1982.

[14] Naturphänomene wie Gewitter, Hagel und Regenbogen, durch die Kabisch die Gotteserfahrung anbahnen will (R. Kabisch 1912,104.109; übernommen von A. Reukauf 1914,175 ff.), wecken wohl heute bei den Schülern mehr naturwissenschaftliche Neugier als religiöse Ergriffenheit und auch seine Beispiele für die sittliche Erfahrung (R. Kabisch 1912,105 ff.109 ff.) moralisieren über das heute erträgliche Maß hinaus.

[15] M. Linke 1987,264

[16] P. Biehl 1983,55 ff. u. ö.

[17] Vgl. F. Rickers 1986,358 f.

rechte Schriften kann sie weit über die Grenzen der Kirchentreuen hinaus mit lebhaftem Interesse und Informationsbedürfnis rechnen und besser als die Schule Voraussetzungen für eine auf der konkreten persönlichen Erfahrung des Kindes aufbauende religiöse Erziehung, präziser gesagt für ein generationenübergreifendes erfahrungsorientiertes „gemeinsam leben und glauben lernen"[18] schaffen.

4.3 Zum Problem der religionspädagogischen Zielsetzungen

Seit der Rezeption der Curriculumforschung ist auch in der Religionspädagogik und speziell in der Didaktik des Religionsunterrichts die Unterscheidung zwischen den operationalen, d. h. erreichbaren Lernzielen und den weiter ausgreifenden intentionalen Zielen üblich geworden. Daß diese und andere Einsichten der curricularen Didaktik uns bereits bei den Vertretern der Herbart-Zillerschen Pädagogik begegnen, selbst wenn sie nicht immer konsequent durchgehalten werden, verdient auch nach dem Abflauen der Curriculumeuphorie festgehalten zu werden.

Staude, Thrändorf und Reukauf greifen bei der Bestimmung des konkreten, operationalen Gesamtziels des Religionsunterrichts auf den Begriff des Interesses zurück, der ursprünglich aus dem Rechtswesen stammt und in verschiedene philosophische Disziplinen, besonders in die Pädagogik Eingang fand[1]. Hier ist vor allem Herbart zu nennen, der ihn in den Mittelpunkt seines Systems rückt und differenziert entfaltet, was aber unter den Herbartianern nur bei Ziller und dessen Schule volle Resonanz findet. Insgesamt kann sich der pädagogisch präzisierte Terminus gegen den sich immer mehr verflachenden allgemeinen Sprachgebrauch nicht durchsetzen und es erscheint heute trotz der wissenschaftstheoretischen Aufwertung des Interesses durch J. Habermas[2] und trotz der Weiterverwendung des Begriffs in der Erziehungswissenschaft[3] ebensowenig aussichtsreich, ihn für die Didaktik des Religionsunterrichts als Zielbeschreibung wiederzubeleben. Selbst in einem Buch mit dem Titel „Lernziel Schülerinteresse"[4] wird dies deshalb höchstens am Rande versucht.

Wenn man auf den Begriff verzichtet, müssen allerdings die in ihm vereinten Komponenten um der Sache willen auf andere Weise zusammengehalten werden. Bei den spätherbartianischen Religionspädagogen schließt „Interes-

---

[18] K. E. Nipkow 1982 (Untertitel u. ö.)

[1] Vgl. K. Helmer 1986, 490 ff.
[2] Vgl. J. Habermas 1968
[3] Vgl. H. Schiefele 1986, 153 ff. und K. Helmer 1986, 492 f.
[4] H. K. Berg 1977 geht von der Motivationspsychologie aus. Die Religionspädagogik berücksichtigt er erst von der „Evangelischen Unterweisung" an.

se" sowohl die Fähigkeit zur Begegnung und Auseinandersetzung mit den klassischen Gestalten der biblischen Geschichte, allen voran mit Jesus, als auch die Befähigung zur Mitarbeit bei der Lösung der dringendsten Gegenwartsprobleme der Christenheit ein, umgreift somit als Globalziel Traditions- wie Gegenwartsorientierung sowie unter dimensionalem Aspekt den affektiven und den psychomotorischen Bereich genauso wie den kognitiven. Außerdem konvergiert es mit neueren zeitgenössischen Einsichten, aus dem Scheitern ambitionierter religionspädagogischer Zielvorstellungen zu lernen und realistischer anzusetzen, etwa daß im Religionsunterricht „in bescheidener Zielsetzung überhaupt das Fragen angeregt und wachgehalten wird"[5]. Deshalb kann man durchaus bedauern, daß die Zielbestimmung „Interesse" wegen ihrer für nichtherbartianische Ohren banal klingenden und in keiner Weise an theologische Reflexion erinnernden begrifflichen Formulierung in der Didaktik des Religionsunterrichts beinahe ohne Wirkung blieb. Die Pole „Information" und „Verkündigung", zwischen denen sich die religionspädagogische Grundlagendiskussion jahrzehntelang bewegte, hätten sich mit Hilfe der aufgezählten Strukturelemente des Lernziels „Interesse" sehr schnell als unzulängliche Alternativen entlarven lassen. Denn dieses beschreibt einerseits das entscheidende Defizit der rein kognitiven und unverbindlichen, manchmal sogar fälschlich für wertfrei angesehenen bloßen Informationsvermittlung, nämlich die unverzichtbare Auseinandersetzung mit dem Verbindlichkeits- und Entscheidungsanspruch[6], den die Inhalte des Religionsunterrichts erheben, die außer- und antichristlichen nicht weniger als die biblisch-christlichen. Andererseits wahrt Interesse als „Brücke zum Glauben"[7] die notwendige Distanz zu allen Versuchen direkter unterrichtlicher Glaubensvermittlung durch Verkündigung, die aus der Transfererwartung bzw. -hoffnung ein Lernziel machen und mit lernorganisatorischen Maßnahmen Glauben schaffen wollen[8]. Daß die spätherbartianische Zielbestimmung, wenn auch vorwiegend in individualistischer Verengung und näher beim bürgerlich-liberalen Freiheitsverständnis als bei dem des Evangeliums, außerdem den emanzipatorischen Aspekten der Freiheit, Mündigkeit, Selbständigkeit und Selbsttätigkeit Rechnung trägt, bedarf keines weiteren Nachweises.

Im Vergleich zum operationalen Globalziel „Interesse" enthält das „idea-

---

[5] K. E. Nipkow 1982,89

[6] Entscheidungen müssen während der Schulzeit nicht definitiv fallen oder gar erzwungen werden. Der Unterricht hat aber die (über die kognitive Dimension weit hinausreichende) Einsicht in ihre Notwendigkeit und Unausweichlichkeit zu vermitteln.

[7] E. Thrändorf 1912,52 (im Original gesperrt)

[8] „Es ist der Auftrag aller christlichen Verkündigung, daß Glaube geweckt und Gemeinde gebaut werde. Das allein muß auch die Aufgabe der christlichen Unterweisung in der Schule sein" (Evang.-Luth. Landeskirchenrat München 1949,5).

[9] Vgl. W. Bartholomäus 1983,51 f.

le", moderner ausgedrückt: das intentionale Ziel der „religiös-sittlichen Persönlichkeit" bzw. des „sittlich-religiösen Charakters" wenig an weiterführenden Komponenten. Es hat zwar jahrzehntelang weit über den sonstigen Einflußbereich des Herbartianismus hinaus die Zielvorstellungen der evangelischen und ebenso der katholischen[9] Religionspädagogik bestimmt, aber danach der von der Dialektischen Theologie herrührenden und allgemein rezipierten scharfen theologischen Kritik nicht standhalten können. So wird man die auf den Religionsunterricht und noch mehr die auf die gesamte schulische Erziehung[10] bezogene Zielformulierung „religiös-sittliche Persönlichkeit" als Ausdruck einer vergangenen Epoche würdigen und auf sich beruhen lassen müssen. In analoger Weise hat auch die Erziehungswissenschaft seit etwa 20 Jahren den überhöhte Erwartungen weckenden Begriff der Persönlichkeit bzw. Persönlichkeitsbildung abgelöst und durch den Identitätsbegriff ersetzt[11], der wiederum in der aktuellen Religionspädagogik unseres Jahrzehnts als Zielbegriff[12] sowie in differenzierter Entfaltung sogar als integrativer Gesamtrahmen für zahlreiche durchaus unterschiedliche Intentionen bei der „Grundlegung einer Didaktik religiöser Lernprozesse" unter dem Titel „Glaube und Identität"[13] erprobt wird und seine Tragfähigkeit nun erweisen muß.

4.4. Religionsunterricht und historisch-kritische Bibelauslegung

Für die religionspädagogischen Fachvertreter aller Schattierungen ist die didaktische Relevanz der historisch-kritischen Bibelwissenschaft inzwischen zu einer kaum mehr diskutierten Selbstverständlichkeit geworden. Umstritten war in den vergangenen Jahrzehnten zwischen den Vertretern der Problemorientierung und den Verteidigern der Bibelorientierung lediglich der Stellenwert der Bibel im Religionsunterricht. Dagegen bestand und besteht Einigkeit darüber, daß der Bibelunterricht in allen seinen Formen, von der Erzählpraxis und Textarbeit des hermeneutischen Religionsunterrichts bis zu den biblischen Elementen in thematisch-problemorientierten Zusammenhängen[1], dem Schüler alle nur denkbaren Verstehenshilfen zur Verfügung

---

[10] Die heutigen, aus dem Wertsystem des Grundgesetzes abgeleiteten allgemeinen Erziehungsziele haben säkularen Charakter. „Ein Mißverständnis wäre es jedoch, von der Säkularisierung der allgemeinen Erziehungsziele in der Bundesrepublik auf eine Entchristlichung des Denkens schließen zu wollen"(K.E. Nipkow 1986,106).

[11] K.E. Nipkow 1982a,233

[12] Z.B. bei O. Betz 1985,224

[13] H.J. Fraas 1983, vgl. dazu die Kritik M. Josuttis 1984 und die Replik H.J. Fraas 1986.

[1] Vgl. z.B. den problemorientierten Religionsunterricht nach dem „Kontexttypus" (K.E. Nipkow 1971,38ff.) oder den „problemorientierten Bibelunterricht" (K. Wegenast 1983,118ff.).

stellen muß und daß unter diesen den Erkenntnissen der historisch-kritischen Erforschung des Alten und Neuen Testaments herausragende Bedeutung zukommt. Die Entwicklung, die in der Didaktik des Religionsunterrichts zu diesem allgemeinen Konsens geführt hat, geht in nicht geringem Maß auf E.Thrändorf, A. Reukauf und ihre Mitarbeiter zurück. Noch mehr als durch die Grundlagenreflexion der theoretischen Hauptwerke haben sie mit ihren detailliert ausgearbeiteten vielbändigen Unterrichtswerken die Religionslehrer vom didaktischen Nutzen der modernen Exegese überzeugt und der historisch-kritischen Bibelwissenschaft auf Anhieb zu einer breiten religionspädagogischen Akzeptanz verholfen. Zwar gab es schon vorher Theologen, die die Aussagen der „modernen" Theologie und mit ihr der historisch-kritischen Exegese in den Religionsunterricht zu übertragen versuchten, aber sie taten dies durchwegs ohne größere didaktische Reflexionen und deshalb meist in derselben Präsentationsform wie der herkömmliche Religionsunterricht seine Inhalte darbot, nämlich als autoritativ vermitteltes Lehrsystem, in dem lediglich die alten Dogmen durch moderne Theologumena ersetzt waren. Erst bei den genannten Religionspädagogen des Spätherbartianismus, die hier aber nur pädagogisch auf Herbart und Ziller, theologisch dagegen in Abgrenzung von der Tradition ihrer Schule auf eigene exegetische und hermeneutische Studien zurückgreifen, begegnet uns die Bibelwissenschaft im Rahmen eines didaktisch durchreflektierten, an den Verständnis- und Urteilsmöglichkeiten der Schüler orientierten Religionsunterrichts. Er legt einerseits die Ergebnisse der historisch-kritischen Forschung der Unterrichtsplanung zugrunde und versucht andererseits auch, die Auslegungsmethoden der Bibelwissenschaft durch propädeutische Einübung den Schülern vertraut zu machen.

Allein wegen dieser Entdeckung der didaktischen Relevanz der modernen Bibelwissenschaft und ihrer Durchsetzung in der Praxis würde es die Religionspädagogik des Spätherbartianismus verdienen, ein Markstein in der Geschichte ihrer Disziplin genannt zu werden. Was damals aus pädagogischer und theologischer Verantwortung heraus und gegen den Widerstand vieler Fachgenossen, der auch innerhalb der Herbartianer zu spüren war, konzipiert wurde, kann und darf auch in der Zukunft nicht mehr zurückgenommen werden. Ebenso behalten Kriterien wie das Prinzip der Wahrhaftigkeit oder das der pädagogisch-seelsorgerlichen Verantwortung, die damals den Umschwung herbeiführten, weiterhin ihre besondere Geltung für den Bibelunterricht, der gegenwärtig nach den Jahren der Verunsicherung wieder eine Zeit intensiverer Beachtung mit methodischen Innovationen und Differenzierungen „im Horizont neuer Fragestellungen und Methoden der Exegese"[2] erlebt.

---

[2] K. Wegenast 1983,114

4.5 Zum Lehrplan des Religionsunterrichts

In diesem Abschnitt sollen vor allem die beiden zentralen Konstruktions-
prinzipien der spätherbartianischen Religionslehrpläne von der heutigen
Problematik her Resonanz finden. Zum inhaltlichen Aufbau der Pläne nach
dem Dreischritt Vorkurs, biblische Geschichte und Kirchengeschichte genügt, nachdem die beiden ersten Themenbereiche in vorangehenden Abschnitten dieses Schlußkapitels bereits angesprochen wurden[1], ein kurzer
Hinweis auf die Kirchengeschichte. Sie war durch das Vordringen der Problemorientierung ziemlich in den Hintergrund getreten, ist aber seit einigen
Jahren „wieder gefragt"[2] und erlebt sowohl eine erfreuliche Produktivität an
Unterrichtsentwürfen[3] wie auch aus der Geschichtsdidaktik adaptierte neue
programmatische Akzentuierungen, von denen einige darüber hinaus an die
„pädagogische" Kirchengeschichtsunterrichtskonzeption E. Thrändorfs erinnern[4].

Das historisch-genetische Konstruktionsprinzip der Spätherbartianer für
den Lehrplan des Religionsunterrichts weckt beim heutigen Betrachter einen
ähnlichen Zwiespalt zwischen Anreiz und Skepsis wie beim damaligen. So
sehr der Ansatz bei einer psychologisch fundierten Entwicklungslogik des
Lernens auf dem Hintergrund der Analogien zwischen Ontogenese und
Phylogenese zu faszinieren vermag, ebenso sehr geben die mannigfachen
Verlegenheiten zu denken, in die schon W. Rein, E. Thrändorf, R. Staude
und A. Reukauf mit ihrer eigenen kulturhistorischen Schultradition geraten.
Sie alle können die Zillersche Kulturstufentheorie von Anfang an nur mit
Vorbehalten übernehmen und korrigieren sie später immer stärker. Rein und
Thrändorf kommen zu unterschiedlichen historisch-genetischen Modifikationen, Staude sowie de facto auch Reukauf distanzieren sich schließlich
vollständig. Schon dieser Tatbestand läßt erkennen, daß die Idee der kulturhistorischen Stufen als gescheitert zu betrachten ist. Sie setzt nicht nur ein
starres entwicklungspsychologisches Phasenmodell voraus, sondern vor allem eine Reihe geschichtsphilosophischer Konstruktionen rein spekulativen
Charakters, ohne die sich aus den unbestreitbaren Analogien zwischen Ein-
zel- und Gesamtentwicklung keine geschlossene Lehrplantheorie ableiten
ließe. Unter den neuralgischen Punkten ist nicht zuletzt der noch den historisch-genetischen Modifikationen zugrundeliegende Fortschrittsoptimis-

---

[1] S. o. Abschnitt 4.2 und 4.4

[2] So der Titel des Buches von B. Jendorff 1982.

[3] Vgl. die bei F. Rickers 1986,360 f. genannten Titel sowie die zahlreichen Unterrichtshilfen
zum Lutherjahr 1983.

[4] Z. B. Orientierung am Reich Gottes (Begriff heute stärker eschatologisch verstanden als um
die Jahrhundertwende) statt an der Kirche (G. Ruppert 1984,80; vgl. auch ebd. 83), Plädoyer für
Quellenarbeit (G. Lämmermann 1986,334 ff.)

mus zu nennen, daß die Entwicklung der Menschheit in einer aufsteigenden Linie verläuft und weiterlaufen wird[5]. Mit dieser kaum bewußten Prämisse hängen auch die Schwierigkeiten zusammen, die Einzigartigkeit Jesu in einem solchen Kontext zur Sprache zu bringen. Unter didaktischen Aspekten verdeckt ein vorprogrammierter historischer Stufenbau im Lehrplan vor allem den unbefangenen Blick auf die Lebenswirklichkeit der Schüler in ihrer Vielfalt und ihrem altersbedingten Wandel, gefährdet also die Erfahrungsorientierung des Religionsunterrichts und damit den entscheidenden zukunftsweisenden Grundpfeiler der Religionspädagogik Thrändorfs und seiner Mitarbeiter[6].

Hilfreicher und gegenwartsnäher als das genetische Strukturprinzip, dessen Aktualität trotz mancher innovatorischer Perspektiven, die sich für die Religionspädagogik als fruchtbar erweisen könnten[7], hauptsächlich in dem Phänomen eines Komplexes bis heute ungelöster Fragen gesehen werden muß[8], ist der von Ziller und seinen Schülern in solchen Zusammenhängen vertretene Gedanke, das Lehrplangefüge in engster wechselseitiger Rückkopplung von Theorie und Praxis zu erarbeiten und über die Einzelergebnisse dieses offenen Prozesses nicht im voraus zu entscheiden. Bei Thrändorf erwächst aus jenem Ansatz der Leipziger Seminarschule das Konzept einer ständigen Reformarbeit der Lehrerkollegien an den Lehrplänen, also eine Vorwegnahme curricularer Entscheidungsprozesse. Insofern liegt ein Modell vor, das weiter ausgebaut und präzisiert werden konnte. Es wird auch kaum durch die inzwischen allgemein geläufigen, berechtigten Einwände gegen die Curriculumforschung tangiert. Die Kritik betrifft nämlich weniger den theoretischen Ansatz und die Entscheidungsprozesse innerhalb der schulischen Binnenstruktur als vielmehr die übersteigerten Hoffnungen auf spektakuläre Innovationen mittels curricularer Lehrplanreformen und nicht zuletzt die administrativ-bürokratische Okkupation des konkreten Entscheidungsvollzugs. Denn entgegen der immer wieder beschworenen Gleichberechtigung der am Unterricht Beteiligten und für ihn Verantwortlichen[9] werden in Wirklichkeit neue Inhalte oder gar andere Lernziele norma-

---

[5] Pestalozzis Kritik am historisch-genetischen Verfahren zielt in die entgegengesetzte Richtung, nämlich auf die „Umwege, Krümmungen und Verirrungen", die der Unterricht nicht nachvollziehen sollte (zitiert bei H. Ch. Berg 1985,531).

[6] S. o. Abschnitt 4.2

[7] Lohnend wäre z. B. eine religionspädagogische Evaluation der Überlegungen H. Aeblis zum genetischen Prinzip, der eine kreative Synthese differenziert aufgenommener Aspekte M. Wagenscheins und T. Zillers mit der genetischen Psychologie J. Piagets versucht (H. Aebli 1981,133 ff.; nach H. Ch. Berg 1985,533).

[8] Vgl. H. Ch. Berg 1985,532 f.

[9] „Lehrpläne sind die Verständigungs-, die Argumentationsbasis der am Unterricht Beteiligten, der daran Interessierten, der für ihn Verantwortlichen. Sie sind nicht die Spitze einer Hierarchie von Handlungsanweisungen" (D. Knab 1982,69).

lerweise nicht aus der breiten Rückmeldung der Lehrerschaft und der Schüler gewonnen, sondern, einige bescheidene Vorstöße in der Gegenrichtung[10] ausgenommen, immer noch von oben nach unten dekretiert. Diese dem curricularen Regelkreismodell diametral zuwiderlaufende Entwicklung könnte freilich u. a. damit zusammenhängen, daß der damalige Optimismus der Praktiker wie der Theoretiker gegenüber den systemimmanenten technizistischen Implikationen der Curriculumtheorie und ihren technokratischen Verwertungsmöglichkeiten „so gut wie blind"[11] war.

4.6. Zur Stellung des Religionsunterrichts innerhalb des Kanons der Schulfächer

Die Stellung des Religionsunterrichts innerhalb des schulischen Fächerkanons wird nicht nur auf der im dritten Abschnitt dieses Schlußkapitels erörterten Ebene der Zielsetzungen relevant, sondern gleichermaßen unter fächerübergreifenden inhaltlichen Aspekten. Die Herbartianer verhandeln sie unter dem Stichwort der „Konzentration". Doch es dürften am Ende des 20. Jahrhunderts kaum mehr Zweifel bestehen, daß die damit angesprochene Theorie zusammen mit dem von ihr vorausgesetzten kulturhistorischen Stufenbau gleichfalls als gescheitert zu betrachten ist, und zwar nicht nur das bisweilen groteske, sogar von seinen persönlichen Schülern als „Klebekonzentration" verspottete Fächerverbundsystem T. Zillers, sondern auch die gemäßigten Ausgestaltungen durch Th. Vogt oder W. Rein, die von den führenden Religionspädagogen des Spätherbartianismus rezipiert werden. D. Benners Urteil ist zuzustimmen, „daß es einfache Lösungen der hier anstehenden Fragen durch eine naiv-ganzheitliche Pädagogik nicht geben kann"[1]. Ob man aber deshalb solchen bis auf Platons Lehrplankonzept zurückzuverfolgenden Bestrebungen ganz den Abschied geben und unter Berufung auf Sokrates „die skeptisch-kritische Auflösung vorgefundener positiv-materialer Konzentrationsvorstellungen und Einheitsfixierungen"[2] betreiben sollte, erscheint zumindestens zweifelhaft. Ganzheitliche Impulse wie der Konzentrationsgedanke können die Schulpädagogik und alle Fachdidaktiken immerhin an die sich immer wieder neu stellende Aufgabe erinnern, die Sachgemäßheit der fachlichen Differenzierung zu überprüfen und ein Auseinanderfallen der schulischen Erziehung in zusammenhanglose Einzel-

---

[10] Z.B. die den bayerischen Lehrplänen von 1972 anfangs beigelegten ausführlichen Rückmeldebögen für Religionslehrer, vgl. Katechetisches Amt der Evang.-Luth. Kirche in Bayern 1972 und Katechetisches Amt der Evang.-Luth. Kirche in Bayern 1972a.
[11] H. Rauschenberger 1987,90

[1] D. Benner 1985,444
[2] J. Ruhloff 1986,107

fächer zu verhindern. Die auf die Herbartianer folgende Entwicklung zeigt, wie die Fragestellung auch unter antiherbartianischen Vorzeichen lebendig blieb und immer wieder neue Lösungsvorschläge hervorbrachte, von der Gesamtunterrichtsbewegung W. Alberts[3] bis hin zu den neueren Bemühungen um einen fächerübergreifenden bzw. überfachlichen Unterricht. Die Didaktik des Religionsunterrichts hat allen Grund, sich an solchen Überlegungen zu beteiligen und von sich aus Initiativen zu einer Kooperation mit anderen Fächern zu ergreifen, schon allein um dem verbreiteten und für die derzeitige Krise des Religionsunterrichts zum Teil ursächlichen Mißverständnis zu wehren, in diesem Fach ginge es um eine merkwürdige Sonderwelt ohne Bezug zur heutigen menschlichen Lebenswirklichkeit. Insofern verdienen auch die im Detail durchaus zeitgebundenen Bemühungen der spätherbartianischen Religionspädagogen, das Unterrichtsfach aus seiner Isolation zu befreien und mit Inhalten aus anderen Bereichen zu verknüpfen, Beachtung und kritisch-kreative Weiterführung. Hierher gehören heute noch mehr als damals nicht nur Querverbindungen zu den spezifischen Inhalten anderer Fächer, sondern vor allem überfachliche „Bezüge zu Fragen und Aufgaben der menschlichen Gesamtpraxis in den Dimensionen der Arbeit, der Sitte, der Pädagogik, der Politik, der Kunst und Religion"[4].

4.7 Zur Methodik des Religionsunterrichts

Das bekannteste Element der Herbart-Zillerschen Pädagogik ist bis heute, durchaus in Dissonanz zu ihrem eigenen Selbstverständnis, die Artikulation des Unterrichts nach Formalstufen geblieben. Ihre fast allgemeine, aber meist isolierte und oberflächlich-schematische Rezeption am Ende des 19. Jahrhunderts, die erst nach T. Zillers Tod einsetzt und vorwiegend auf die Popularisierungserfolge W. Reins zurückzuführen ist[1], macht „Herbart" in der gesamten Lehrerschaft bekannt und führt vom Beginn des 20. Jahrhunderts an zur vehementen Ablehnung dieses Namens und aller mit ihm verbundenen, in der Regel höchstens teilweise sachgemäßen Assoziationen. Bemerkenswerterweise zeichnen sich aber die den Formalstufen kritisch bis polemisch entgegengesetzten Alternativen, etwa bei den führenden Vertretern der Arbeitsschulbewegung[2], durch frappierende Ähnlichkeit mit ihnen aus. Sie müssen es wohl auch, denn die Stufenreihen Herbarts, Zillers und

---

[3] W. Albert 1928. Der immer wieder genannte Gesamtunterricht Bertold Ottos gehört nicht hierher, denn er faßt nicht verschiedene Unterrichtsfächer, sondern die Schüler aller Altersgruppen der Schule zu gemeinsamen Stunden zusammen.

[4] D. Benner 1985,447).

[1] H. Scheffler 1977,245

[2] S.o. Einleitung Anm. 10; vgl. auch H. Scheffler 1977,195 u.ö.

seiner Schüler folgen ungeachtet aller wichtigen, in den vorausgehenden Kapiteln beschriebenen Unterschiede einem gemeinsamen Strukturprinzip, das der Grundstruktur menschlicher Lernprozesse überhaupt entspricht. In ihrer allgemeinsten Form wurde sie bereits von Aristoteles in dem Dreischritt „aisthesis – nous – orexis" formuliert, auf den O. Willmann[3] nicht nur die Formalstufen, sondern auch alle anderen „psychologischen Momente der Aneignung"[4] zurückführt. Von daher ist es kein Zufall, wenn sich am Ende der spätherbartianischen Ära beim älteren Reukauf wieder das Dreistufenschema durchsetzt, das schon F. W. Dörpfeld als Zeitgenosse Zillers vertreten hatte[5].

Da es um derart fundamentale lernpsychologische Strukturen geht, kann sich der Religionsunterricht ihnen heute ebensowenig wie damals entziehen. F. Gräßmann hat nachgewiesen[6], daß alle Konzeptionen des Religionsunterrichts von 1920 bis 1960 in methodischer Hinsicht lediglich das genannte Grundschema variieren und damit sämtlich in Affinität zu den Formalstufen stehen. Auch und gerade diejenigen Fachvertreter, die sich aus theologischen Gründen scharf gegen die stufenmäßige Artikulation oder gar gegen jegliche Methodenreflexion wenden, machen hier keine Ausnahme. Aus diesem Grund kommt F. Gräßmanns Warnung vor der theologischen Problematik aller unterrichtlichen Methodik[7], in erster Linie vor der Tendenz, sich das Unverfügbare verfügbar machen zu wollen, erstrangige Bedeutung zu, selbst wenn man dem Autor in seinen Konsequenzen nicht zu folgen vermag. Denn er überhöht die naheliegende und zweifellos sehr häufig auftretende Gefahr, daß vom Religionsunterricht durch lehrhaftes Theoretisieren immunisierende Wirkungen ausgehen[8], zur unausweichlichen, in seinem Wesen als unterrichtlicher „Lehrgang"[9] begründeten Konsequenz. Um dieser zu entgehen, tendiert er anderseits zur Verdrängung der Einsicht, daß in den von ihm favorisierten Formen außerschulischer religiöser Erziehung ähnliche abgestufte Lernprozesse ablaufen und auch intendiert werden müssen, die sich

---

[3] O. Willmann 1889,228 nach Aristoteles, Nikomach. Ethik VI,2

[4] O. Willmann 1889,225 ff. Genauso leitet O. Willmann Herbarts Einteilung der Interessen der Erkenntnis in empirisches, spekulatives und ästhetisches Interesse von Aristoteles ab (Ebd.,230).

[5] S. o. Abschnitt 2.7.1. Auch O. Willmann begrüßt wegen der größeren Nähe zum aristotelischen Ternar Dörpfelds Reduktion der Formalstufen auf den Dreischritt (O. Willmann 1889,232).

[6] F. Gräßmann 1961,19 ff.; vgl. D. Stoodt 1985,240 f.

[7] F. Gräßmann 1961,102 ff.

[8] In dieser Kritik steht F. Gräßmann sehr nahe bei E. Thrändorf, seine Konsequenzen decken sich dagegen mehr mit A. Bonus, da sich beide trotz grundverschiedener theologischer Positionen (Gräßmann: missionarische Verkündigungskonzeption, Bonus: Übersteigerung Schleiermachers) den Religionsunterricht nur „lehrhaft" vorstellen können (Vgl. A. Bonus 1906,61 f.).

[9] F. Gräßmann 1961,21 u. ö.

von den schulischen lediglich in dem höheren Grad affektiver Besetzung und sozialer Einbindung unterscheiden. Der Aufgabe einer stufenmäßigen Artikulation von Lernschritten kann die Religionspädagogik also auf keinen Fall ausweichen. Es geht nur darum, sich einerseits von allem Schematisieren freizuhalten[10], besonders von moralisierenden „Anwendungen", die das Evangelium ins Gesetz verkehren[11], und auf der anderen Seite die Dimensionen des Affektiven und des Psychomotorischen bis hinein in die methodische Planung und Durchführung so stark wie möglich zu berücksichtigen. Die Religionspädagogen des Spätherbartianismus geben zu alledem einen wichtigen Impuls, wenn sie die enge Korrelation zwischen dem „emanzipatorischen" Zielbereich Freiheit – Mündigkeit – Selbstbestimmung, der auch die Bereitschaft und Befähigung zu einer selbständigen religiösen Entscheidung umfaßt, und der Selbsttätigkeit[12] betonen, ja letztere ähnlich wie die spätere Arbeitsschule zum obersten Gesichtspunkt ihrer lernorganisatorischen Überlegungen machen. Darüber hinaus wird es für die Religionspädagogik nötig sein, die Weiterentwicklung der Psychologie und der Schulpädagogik an diesem Punkt besonders sorgfältig zu verfolgen und deren Ergebnisse kritisch auf die eigenen Problemstellungen zu übertragen. In diesem Zusammenhang verdient Beachtung, daß etwa bei dem auf Herbart zurückgehenden „darstellenden Unterricht" das Prinzip der Selbsttätigkeit in der Gegenwart einen bedeutenden Stellenwert erhalten hat[13] oder die von Thrändorf im Interesse jenes Prinzips hochfavorisierte Quellenarbeit augenblicklich neue Wertschätzung erfährt[14].

---

[10] Daß die Intention T. Zillers und der um ihn gescharten Herbartianer (zu E. Thrändorf s. o. Abschnitt 1.7.1 f.) auf Selbsttätigkeit und damit gegen allen Schematismus gerichtet war, wird in der neueren Forschung wieder vermehrt zugestanden. Vgl. H. Scheffler 1977,241 ff.

[11] Der Religionsunterricht wird zwar aufgrund seiner Problemorientierung ständig auch konkrete Lösungsmöglichkeiten erörtern, muß aber gerade dabei vorrangig bestrebt sein, das Befreiende des Evangeliums gegenüber allen kasuistischen Rezepten herauszustellen.

[12] Vgl. auch D. Benners 4 Prinzipien pädagogischen Denkens und Handelns, unter denen die „Aufforderung zur Selbsttätigkeit" zusammen mit der Bildsamkeit die individuelle Seite der Erziehungspraxis bestimmt (D. Benner 1983,294 f.).

[13] Vgl. J. Bastian 1985,641

[14] Vgl. B. v.Borries 1985,562 f.

Literaturverzeichnis

Zusätzlich zu den Festlegungen des Abkürzungsverzeichnisses der TRE werden folgende Abkürzungen gebraucht:

DBlEU = Deutsche Blätter für erziehenden Unterricht, hrsg. v. Fr. Mann, Langensalza 1874 ff.

Erläuterungen = Erläuterungen zum JVwP (ab Band 8, Herausgeber sowie Orte und Jahre siehe JVwP)

JVwP = Jahrbuch des Vereins für wissenschaftliche Pädagogik, hrsg. v. T. Ziller (danach von Th. Vogt, danach v. W. Rein), Leipzig 1869 ff., Langensalza 1875 ff., Leipzig 1883 ff., Dresden 1888 ff.

PädMag = Pädagogisches Magazin, hrsg. v. Fr. Mann, über 1000 Hefte Langensalza 1889 ff.

PädSt = Pädagogische Studien, hrsg. v. W. Rein (danach von Th. Klähr, danach von M. Schilling), Leipzig 1880, Dresden 1881 ff.

A. Quellen

1. Arbeiten Ernst Thrändorfs

Leitende Grundgedanken zur Gewinnung eines spezialisierten Katechismus, in: JVwP 8, 1876,182 ff.

Das sittlich-religiöse Material der Patriarchenzeit, in: JVwP 8, 1876 a,185 ff.

Das sittlich-religiöse Material der Patriarchenzeit (Forts.), in: JVwP 9, 1877,149 ff.

Der lutherische Katechismus als Lehrmittel, in: JVwP 9, 1877 a, 60 ff.

Paritätische oder konfessionelle Schule?, in: JVwP 9, 1877 b, 241 ff.

Lesebuch für das dritte Schuljahr, Leipzig 1877 c

Privilegierte Unsittlichkeiten im Schulleben, in: DBlEU 5, 1878, 21 ff.

Geometrie im Anschluß an die Heimathskunde, in JVwP 10, 1878 a, 19 ff.

Wie soll die Pädagogik mit ihren Hilfswissenschaften auf Seminarien gelehrt werden?, in: JVwP 10, 1878 b,194 ff.

Bemerkungen zu Reinsteins „Frage im Unterricht", in: JVwP 10, 1878 c,242 ff.

Die Stellung des Religionsunterrichts in der Erziehungsschule und die Reform seiner Methodik, Leipzig 1879

Religionsunterricht im 4. Schuljahre, in: JVwP 12, 1880,70 ff.

Kritische Betrachtungen über die „Kunstkatechese", in: PädSt 1881, Heft 1,1 ff.

Die unterrichtliche Behandlung von Schillers Wilhelm Tell, in: JVwP 13, 1881 a,16 ff.

Bemerkungen zu Günthers Präparationen, in: PädSt 1881 b, Heft 3, 26 ff.

Rezension zu Rein/Pickel/Scheller, Das vierte Schuljahr, in: K. Just (Hrsg.), Praxis der Erziehungsschule 2, Altenburg 1881 c

Der Apostel Paulus, in: JVwP 14, 1882,20 ff.

Der Apostel Paulus (Forts.), in: JVwP 15, 1883,69 ff.

Die Kirche und der Religionsunterricht der Erziehungsschule, in: PädSt 1883 a, Heft 1,1 ff.

Die Propheten, in: JVwP 16, 1884,52 ff.

Konzentration oder konzentrische Kreise?, in: Die Erziehungsschule 5, 1884 a,53 ff.

Die Behandlung des Religionsunterrichts nach Herbart-Zillerscher Methode, in: ZPrTh 6, 1884 b,365 ff.

Das Leben Jesu nach Matthäus, in: JVwP 17, 1885,13 ff.

Die Behandlung des Religionsunterrichts nach Herbart-Zillerscher Methode (Forts.), in: ZPrTh 7, 1885 a,1 ff.

Das Leben Jesu nach Matthäus (Forts.), in: JVwP 18, 1886,49 ff.

Über christlich-nationale Bildung, in: Die Erziehungsschule 6, 1886 a,81 ff.

Das Leben Jesu nach Matthäus (Schluß), in:JVwP 19, 1887,262 ff.

Die Behandlung des Religionsunterrichts nach Herbart-Zillerscher Methode, Langensalza 1887 a

Kirchengeschichtliches Lesebuch, 3. Teil (Neuzeit), Dresden 1888, ⁴1912

Beiträge zur Methodik des Religionsunterrichts an höheren Erziehungsschulen, in: JVwP 20, 1888 a,63 ff.

Beiträge zur Methodik des Religionsunterrichts an höheren Erziehungsschulen (Forts.), in: JVwP 21, 1889,257 ff.

Staudes Präparationen zur Apostelgeschichte, in: DBlEU 16, 1889 a, 257 ff.

Die systematische Darstellung der Glaubens- und Sittenlehre, in: JVwP 21, 1889 b,1 ff.

(Thrändorf/Meltzer) Der Religionsunterricht auf der Oberstufe, 1. Teil: Das Leben Jesu und der zweite Artikel, Dresden 1890, ²1898, ⁵/⁶1912

Die Zeit der Aufklärung im Lehrplane des Religionsunterrichts, in: JVwP 22, 1890 a,98 ff.

Präparationen für die Behandlung der Zeit der Aufklärung, in: JVwP 22, 1890 b,135 ff.

(Thrändorf/Meltzer) Das Zeitalter der Apostel und der dritte Artikel, Dresden 1891, ²1901, ⁴1913

(Anonym:) Die dogmatisch-scholastische und die biblisch-psychologische Lehrweise im Religionsunterricht, in: Neue Bahnen 2, 1891 a,305 ff.

Präparationen für die Behandlung der Zeit der Aufklärung (Forts.), in: JVwP 23, 1891 b,1 ff.

Die Pflege des Patriotismus in Schule und Haus, in: JVwP 24, 1892,61 ff.

Religionsunterricht und Sozialdemokratie, in: PädSt 1892 a, 17 ff.

(Pseudonym: Karl Ernst) Theorie und Praxis im pädagogischen Seminar, in: PädSt 1892 b,193 ff.

Präparationen zur Kirchengeschiche der Neuzeit, in: JVwP 25, 1893, 1 ff.

Der Jesuitenorden in der Schulkirchengeschichte, in: JVwP 25, 1893 a,145 ff.

Der Ursprung der Missionssozietät in England, in: ZevRU 4, 1893 b, 199 ff.

Noch einmal die Kunstkatechese, in: PädSt 1893 c,160 ff.

Rezension zu H. Scherer: Der Religionsunterricht in der deutschen Nationalschule, in: PädSt 1893 d,184 ff.

Eine Kirchengeschichte, wie sie nicht sein soll, in: ZPP 1, 1894, 21 ff.

Rezension zu S. Bang, Das Leben Jesu, in: ZPP 1, 1894 a,240 f.

Die Neuzeit in der Schulkirchengeschichte, in: JVwP 26, 1894 b,140 ff.

Präparationen zur biblischen Geschichte, in: PädSt 1894 c,74 ff.

Der Religionsunterricht an höheren Schulen, in: ZPrTh 16, 1894 d,213 ff.

Rezension zu: Das Judenchristentum usw. (E. Katzer, anonym), in: ZPP 2, 1895,153 ff.

Allgemeine Humanitätsschule oder Konfessionsschule, in: ZPP 2, 1895 a,275 ff.351 ff.

Die Reformationszeit in der Schulkirchengeschichte, in: JVwP 27, 1895 b,1 ff.

Pestalozzis Religionsunterricht, in: Neues Sächsisches Kirchenblatt, 1896,177 ff.195 ff.

Die Reformationszeit in der Schulkirchengeschichte (Forts.), in: JVwP 28, 1896 a,1 ff.

Theologie und Psychologie in ihrem Verhältnis zur religiösen Jugenderziehung, in: ZPP 3, 1896 b,114 ff.204 ff.

Die Behandlung des Religionsunterrichts nach Herbart-Zillerscher Methode, Langensalza [3]1896 c

Fromm, Frömmigkeit, in: EHP II, 1896 d,472 ff.

Konfessionelle Schule, in: EHP IV, 1897,187 ff.

Schleiermacher in der Schulkirchengeschichte, in: JVwP 29, 1897 a, 132 ff.

Rezension zu: P. Mehlhorn, Kirchengeschichte (und Quellenheft), in: ZPP 4, 1897 b,229 f.

Die soziale Frage im Religionsunterricht der Erziehungsschule, in: ZPP 4, 1897 c,282 ff.

Wie erziehen wir zum Glauben an Jesus Christus?, in: Deutsche Schulpraxis 1897 d, Nr. 5 und 6

Die pädagogische Behandlung der Geschichte der Pädagogik im Lehrerseminar, in: PädSt 1897 e,1 ff.

Religionsunterricht an evangelischen Schulen, in: EHP V, 1898,819 ff.

Die Behandlung der sozialen Frage in Prima, in: JVwP 30, 1898 a, 1 ff.

(Thrändorf/Meltzer) Der Religionsunterricht auf der Mittelstufe, 2. Teil: Der Prophetismus, Dresden 1898 b, [2]1907, [3]1911

(Thrändorf/Meltzer) Der Religionsunterricht auf der Unterstufe: Jesusgeschichten, Leben der Erzväter, Dresden 1899, [2]1905 (besorgt von E. Beyer), [4]1916

Rezension zu E. Sachsse, Evangelische Katechetik, in: ZPP 6, 1899 a,164 f.

Theologie und Religionsunterricht, in: ZPP 7, 1900,205 ff.

(Thrändorf/Meltzer) Der Religionsunterricht auf der Mittelstufe, 1. Teil: Geschichte Israels von Moses bis Elias, Dresden 1900 a, [2]1906, [3]1911

Erziehung zur christlichen Freiheit, in: Neues Sächsisches Kirchenblatt, 1900 b,49 ff.

Der Religionsunterricht im Lehrerseminar, Gotha 1901

Hauptprobleme des erziehenden Religionsunterrichts (Vorlesungsankündigung für die Ferienkurse der Universität Jena), in: ZPP 8, 1901 a,166 f.

Schablone oder Interesse?, in: ZPP 9, 1902,235 ff.312 ff.

Neue Aufgaben und neue Wege im Religionsunterricht (Vorlesungsankündigung), in: ZPP 9, 1902 a,336 ff.

Der Religionsunterricht an den preußischen Lehrerbildungsanstalten nach den Bestimmungen vom 1. Juli 1901, in: JVwP 34, 1902 b,54 ff.

Religion lehren oder für Religion erziehen?, in ChW 1902 c, 1086 ff.

Allgemeine Methodik des Religionsunterrichts (vierte, gänzlich umgearbeitete Auflage von 1887 a), Langensalza [4]1903

Der Religionsunterricht nach den neuen Lehrplänen und Lehraufgaben für die höheren Schulen in Preußen, in: JVwP 35, 1903 a,255 ff.

Rezension zu O. Baumgarten: Neue Bahnen, in: PädSt 1903 b,358 f.

Die Geschichte des Pietismus im erziehenden Unterricht, in: JVwP 36, 1904,125 ff.

Der Religionsunterricht in den Oberklassen höherer Schulen, in: ZPP 11, 1904 a,381 ff.447 ff.

Pädagogische Bedeutung und Behandlung der Kirchengeschichte (Vorlesungsankündigung), in: ZPP 11, 1904 b,487 ff.

Beiträge zur Methodik des Religionsunterrichts an höheren Schulen, 1. Teil: Die soziale Frage in Prima, Dresden 1905

Ein Wort zur Simultanschulfrage, in: PädSt 1905 a,81 ff.

Schulmonopol und Religionsunterricht, in: ZPP 12, 1905 b,306 ff.

(Thrändorf/Meltzer) Der Religionsunterricht auf der Unterstufe: Jesusgeschichten, Leben der Erzväter, (2. Aufl. besorgt v. E. Bayer) Dresden 1905 c

Die religiöse Erziehung im Lehrer- und Lehrerinnenseminar, in: W. Rein (Hrsg.), Stimmen zur Reform des Religionsunterrichts, H. 2, Langensalza 1906

Politik und Ethik, in: JVwP 38, 1906 a,1 ff.

Die Bedeutung der erblichen konstitutionellen Monarchie, in: PädSt 1906 b,345 ff.

(Thrändorf/Meltzer) Kirchengeschichtliches Lesebuch, 1. Teil: Alte und mittelalterliche Kirchengeschichte, Dresden 1906 c, [3]1913

(Thrändorf/Meltzer) Kirchengeschichtliches Lesebuch, 2. Teil: Reformation und Gegenreformation, Dresden 1906 d, [3]1917

Über den erzieherischen Wert der systematischen Glaubens- und Sittenlehre, in:JVwP 39, 1907,60 ff.

Der Religionsunterricht, in: W. Rein (Hrsg.), Deutsche Schulerziehung, München 1907 a, 81 ff.

Die Erziehung der Gebildeten zur Religion, in: ZPP 15, 1908,16 ff.63 ff.

Universitätstheologie und Religionsunterricht, in: ZPP 15, 1908 a,347 ff.393 ff.

Jesus im lehrgesetzlichen und im geschichtlichen Religionsunterricht, in: MERU 1, 1908 b,143 ff.169 ff.

Religionsunterricht an evangelischen Schulen, in: EHP[2] 7, 1908 c,417 ff.

Beiträge zur Methodik des Religionsunterrichts an höheren Schulen, 2. Teil: Alte und mittelalterliche Kirchengeschichte, Dresden 1909

Katholischer und evangelischer Religionsunterricht, in: ZPP 16, 1909 a,285 ff.

Nietzsche. Eine Lehrprobe aus der Schulkirchengeschichte, in: ZevRU 20, 1909 b,308 ff.

Beiträge zur Methodik des Religionsunterrichts an höheren Schulen, 3. Teil:Reformation und Gegenreformation, Dresden 1910

Kirchengeschichte und Erziehung, RpBi 3, Göttingen 1910 a

Rezension zu: G. Klepl, Zur Umbildung des religiösen Denkens, in: PädSt 1910 b,213 ff.

Rezension zu: A. Reukauf, Vorfragen zur Reform des Religionsunterrichts, in: ZPP 18, 1911,282 f.

186

Ein neuer Lehrplan für den Religionsunterricht an höheren Schulen, in: ZPP 18, 1911a,361ff.

Wie führen wir die Primaner in das Verständnis des religiösen Lebens der Gegenwart ein? Dresden o.J. (1911b)

Allgemeine Methodik des Religionsunterrichts, Langensalza ⁵1912

Beiträge zur Methodik des Religonsunterrichts an höheren Schulen, 4. Teil: Pietismus und Aufklärung, Dresden 1912a

Das Bekenntnis unserer Landeskirche. Erläutert durch Bibelkunde und Kirchengeschichte, Dresden 1912b

Die Carl-Zeiss-Stiftung, in: JVwP 44, 1912c,203ff.

(Thrändorf/Meltzer) Der Religionsunterricht auf der Oberstufe, 1. Teil: Das Leben Jesu und der zweite Artikel, Dresden ⁵/⁶1912d

Beiträge zur Methodik des Religonsunterrichts an höheren Schulen, 5. Teil: Das 19. Jahrhundert, Dresden 1913

Kirche und Kirchengeschichte, in: Neues Sächsisches Kirchenblatt 1913a,513ff.

Der Religionslehrplan, in: JVwP 47, 1915,115ff.

Der Lehrplan für den Religionsunterricht der sächsischen Seminare, in: PädSt 1916,290ff.

Sören Kierkegaard in der Schulkirchengeschichte, in: MERU 14, 1921,24ff.

Karl Marx im Religionsunterricht, in: MERU 14, 1921a,262ff.

Vom Charakter der Schule, in: PädSt 1921b,6ff.

Das erste Religionslehrer-Seminar, in: PädSt 1922,19ff.

Rezension zu: R. Staude, Das Leben Jesu, in: PädSt 1922a, 140ff.

Die Kirche und der Religionsunterricht in der Staatsschule, in: MERU 16, 1923,84ff.

Schulinspektion und Gewissensfreiheit, in: PädSt 1923a,80ff.

Zur Unterrichtsreform, in: PädSt 1923b,92ff.

Religionslose Sittenlehre in der Schule, in: PädSt 1924,119ff.

Die Abneigung der Lehrer gegen den Religionsunterricht und ihre Überwindung, in: MERU 17,1924a,133ff.

Rezension zu: F.Niebergall, Das Alte Testament im Unterricht, in: PädSt 1925,238ff.

2. Arbeiten August Reukaufs

Philosophische Begründung des Lehrplans des evangelischen Religionsunterrichts an höheren Schulen, Langensalza 1892

Abnorme Kinder und ihre Pflege, PädMag 29, Langensalza 1893, (²1902)

Das Judenchristentum in der religiösen Volkserziehung des deutschen Protestantismus, in: Neue Bahnen 5, Gotha 1894, 475ff.

Bangs Reformvorschläge für den evangelischen Religionsunterricht, in: Neue Bahnen 5, Gotha 1894a,609ff.

Rezension zu K.Hollkamm, Der erziehende Religionsunterricht, in ZPP 2, 1895,321f.

Der Evangelisch-Soziale Kongreß in Stuttgart, in: DBlEU 23, 1896,216ff.225ff.

Leseabende im Dienst der Erziehung, in: DBlEU 23, 1896a,221ff.229ff.237ff.245ff.

Leben-Jesu-Forschung und Religionsunterricht, in: Pädagogische Blätter 27, Gotha 1898,61 ff.

Überfüllung der Schulklassen, in: EHP 7, 1898a,186ff.

Bericht über die Versammlung des Vereins für wissenschaftliche Pädagogik in Leipzig, in: ZPP 6, 1899,378ff.

Didaktik des evangelischen Religionsunterrichts in der Volksschule, Leipzig 1900 (Reukauf/Heyn) Evangelisches Religionsbuch, Leipzig 1900a

Zur Lehrplantheorie der geschichtlichen Stoffe im Religionsunterricht der Volksschule, in: JVwP 33, 1901,255ff.

Der evangelische Religionsunterricht und die „Christliche Welt", in: ZPP 8, 1901a,51 ff.

Entgegnung auf Vollmer, in: ZPP 8, 1901b,182 f.

Rezension zu: A. v.Harnack, Das Wesen des Christentums, in: ZPP 8, 1901c,187ff.

(zus. m. H. Winzer) Geschichte der Apostel, Leipzig 1903

Der Religionsunterricht, in: K. Heilmann 1904,1 ff.

Über Reform des Religionsunterrichts, in: W. Rein (Hrsg.), Stimmen zur Reform des Religionsunterrichts, Heft 1, Langensalza 1904a,11 ff.

Didaktik des evangelischen Religionsunterrichts in der Volksschule, Leipzig ²1906

Urgeschichten, Mose-, Josua- und Richtergeschichten (3. durchges. Auflage des ursprünglich von G. Bauer bearb. Bandes IV des Unterrichtswerks Evangelischer Religionsunterricht), Leipzig 1906a

Klassische Epen und Dramen in der Volksschule, in: EHP² 5, 1906b,34ff.

Erläuterungen zu den biblischen Wandbildern zeitgenössischer Künstler, 4 Hefte, Stuttgart 1907ff.

Kirchengeschichte (gekürzte Ausgabe B des von E. Heyn bearb. zweiteiligen Bandes X des Unterrichtswerks Evangelischer Religionsunterricht), Leipzig 1908 (²1913)

Religionslehrplan für die evangelische Volksschule, in: W. Bittorf, Methodik des evangelischen Religionsunterrichts in der Voksschule, Leipzig ²1908a, Anhang S.1–51

Vorfragen zur Reform des Religionsunterrichts in der Volksschule, in: DBlEU 36, 1909, 231 ff.241 ff.

Vorfragen zur Reform des Religionsunterrichts in der Volksschule, RpBi 1, Göttingen 1909a

Der Vater der neueren Religionspädagogik, in: ZPP 18, 1911, 177ff.

Evangelische Jugendlehre, 1. Teil: Unser Christenglaube, Leipzig 1912

Didaktik des evangelischen Religionsunterrichts in der Volksschule, Leipzig ³1914

Religionsunterricht und Schulpolitik, Leipzig 1914a

Evangelische Jugendlehre, 2. Teil: Christliche Lebensführung, Leipzig 1915

Ein Jubiläum Herbartscher Pädagogik, in: DBlEU 43, 1916, 217ff.260ff.

Der Verein der Freunde Herbartscher Pädagogik in Thüringen, PädMag 634, Langensalza 1916a

Weltkrieg und göttliche Weltregierung, in: MERU 9, 1916b,10ff.51ff.

Krieg und Völkerfriede, in: PädSt 1916c,266ff.

Zum 70. Geburtstag von Prof. Dr. W. Rein, PädMag 662, Langensalza 1917

Religionsunterricht und Schulpolitik, in: MERU 10, 1917a, 266ff.

Evangelische Jugendlehre, 3. Teil: Der Christ als Glied sittlicher Gemeinschaften, Leipzig 1919

Freiheitlicher Religionsunterricht, PädMag 720, Langensalza 1919a

Lebenskundlicher Unterricht, PädMag 939, Langensalza 1923

Religionsunterricht und Lebenskunde (Vorlesungsankündigung für den Ferienkurs der Universität Jena), in: PädSt 1924,69f.

Der evangelische Religionsunterricht als Erlebnis- und Arbeitsunterricht, Ansbach o. J. (1926)

Methodik des evangelischen Religionsunterrichts in der Volksschule (Evangelischer Religionsunterricht, Band II, 1. und 2. Aufl. bearb. v. W. Bittorf), Leipzig [3]1927

(Reukauf/Schliebitz/Forck/Wenzel/Zassenhaus) Evangelisches Religionsbuch, Leipzig 1928

Zur Frage der Erziehungs- und Bildungsziele, in: Mitteilungen des Vereins der Freunde wissenschaftlicher Pädagogik in Thüringen und Franken Heft 72, Langensalza 1929,54ff.

Geschichte des Ernst-Albert-Seminars in Coburg, Coburg 1931

Bettenhäuser Heimatbuch mit Wanderungen durch das Alt-Henneberger Land, Meiningen 1937

Geschichte des thüringisch-fränkischen Geschlechts der Reukauf, Coburg 1937a

Ergänzungslieferung zu 1937a, Coburg 1939

3. Arbeiten Richard Staudes

Die „kulturhistorischen Stufen", in: PädSt 1880, Heft 2, 3ff.

Über das „Lehrplansystem", in: PädSt 1881, H.2,31ff.

Präparationen zur Josephsgeschichte, in: PädSt 1882, H.3,46ff. und H.4,48ff.

Die Geschichten des Alten Testaments (Präparationen zu den biblischen Geschichten des Alten und Neuen Testaments, Band I), Dresden 1883

Das Leben Jesu (Präparationen zu den biblischen Geschichten des Alten und Neuen Testaments, Band II), Dresden 1883a

Gegen die „konzentrischen Kreise" im biblischen Geschichtsunterricht, in: DBlEU 10, 1883b,129ff.137ff.

Über das Interesse, in: Pädagogische Blätter 12, 1883c,633ff.

Herbartsche Gedanken über religiös-sittliche Bildung, in: DBlEU 11, 1884,1ff.13ff.21ff.

Zillers „Grundlegung zur Lehre vom erziehenden Unterricht", in: DBlEU 11, 1884a,29ff.

Stellungnahme zu Thrändorfs Präparationen über die Propheten, in: Erläuterungen zum 16. JVwP, 1884b,34ff.

Die „formalen Stufen" im biblischen Geschichtsunterricht, in: Pädagogische Blätter 13, Gotha 1884c,517ff.

Die „kulturhistorischen Stufen" und das „Lehrplansystem", in: PädSt 1884d, H.2,52ff.

Rezensionen zu Schoel (Herbarts Religionsphilosophie), Walsemann (Das Interesse) und Gärtner (Handbuch der biblischen Geschichte), in: PädSt 1884e, H.4,48ff.

Der Religionsunterricht im 6. Schuljahr, in: W. Rein 1886a,1ff.

Neues Testament: Apostelgeschichte (Präparationen zu den biblischen Geschichten des Alten und Neuen Testaments, Band III), Dresden 1887

Der Katechismusstoff des 8. Schuljahres, in: W. Rein 1888,1 ff.

Kritische Bemerkungen zu den Hauptpunkten v.Sallwürks, in: PädSt 1888 a,129 ff.

Die Thüringer- und Nibelungensage (Präparationen zur deutschen Geschichte 1), Dresden 1890

Zur Anwendung der Formalstufen im Religionsunterricht, in: PädSt 1891,193 ff.

Selbstanzeige: Präparationen zur deutschen Geschichte, in PädSt 1893,111 f.

Von Luther bis zum Dreißigjährigen Kriege (Präparationen zur deutschen Geschichte 4), Dresden 1895

Rezension zu: H. Grosse, Evangelische Schulandachten, in: PädSt 1895 a,239 f.

Der Katechismusunterricht, 1. Teil: Das erste Hauptstück, Dresden 1900

Der Katechismusunterricht, 2. Teil: Das zweite Hauptstück, Dresden 1901

Der Katechismusunterricht, 3. Teil: Das dritte Hauptstück und als Anhang das vierte und fünfte Hauptstück, Dresden 1901 a

Der biblische Geschichtsunterricht der Unterstufe (1. Ergänzungsband zu den „Präparationen"), Dresden 1903

Das Alte Testament im Lichte des Neuen Testaments (2. Ergänzungsband zu den „Präparationen"), Dresden 1905

Der alttestamentliche Unterricht auf der Oberstufe der Volksschule, in: PädSt 1906,82 ff.

Zwei Hauptprobleme aus der Leben-Jesu-Forschung, Beiträge zur Lehrerbildung und Lehrerfortbildung Heft 38, Gotha 1907 (= Pädagogische Blätter 36, Gotha 1907 a,281 ff.337 ff.385 ff.)

Der Katechismusunterricht, 2. Teil: Das zweite Hauptstück, Dresden [3/4]1908

Der Katechismusunterricht, 3. Teil: Das dritte Hauptstück und als Anhang das vierte und fünfte Hauptstück, Dresden [2/3]1908 a

Der Katechismusunterricht, 1. Teil: Das erste Hauptstück, Dresden [3/4]1909

Zum Katechismusunterricht, in: PädSt 1909 a, 21 ff.

Der biblische Geschichtsunterricht der Oberstufe: Das Leben Jesu (3. Ergänzungsband zu den Präparationen), Dresden 1910

Einige Fragen aus dem Leben-Jesu-Unterricht auf der Oberstufe der Volksschule, in: Pädagogische Blätter 39, Gotha 1910 a,410 ff.

Das Alte Testament im Lichte des Neuen Testaments (2. Ergänzungsband zu den „Präparationen"), Dresden [2/3]1912

Das Leben Jesu (Selbstanzeige), in: PädSt 1912 a,49 ff.

Neues Testament: Apostelgeschichte (Präparationen zu den biblischen Geschichten des Alten und Neuen Testaments, Band III),Dresden [8]1913

Das Leben Jesu (Präparationen zu den biblischen Geschichten des Alten und Neuen Testaments, Band II), Dresden [21-23]1914

Der biblische Geschichtsunterricht der Unterstufe (1. Ergänzungsband zu den „Präparationen"), Dresden [5/6]1916

Die Geschichten des Alten Testaments (Präparationen zu den biblischen Geschichten des Alten und Neuen Testaments, Band I), Dresden [21-23]1918

Der biblische Geschichtsunterricht der Oberstufe: Das Leben Jesu (3. Ergänzungsband zu den Präparationen), Dresden [2]1921

Autobiographisches, mit einer Vorbemerkung hrsg. v. C. Höfer, in: Coburger Heimatblätter Band 3 (Heft 9–12), Coburg 1931,121 ff.

4. Diskussionsprotokolle

Erläuterungen zu JVwP 8, hrsg. v. T. Ziller, Langensalza1876
Erläuterungen zu JVwP 9, hrsg. v. T. Ziller, Langensalza 1877
Erläuterungen zu JVwP 10, hrsg. v. T. Ziller, Langensalza 1878
usw. (Herausgeber und Erscheinungsorte wie JVwP)

B. Sonstige Literatur

Adam, G. / R. Lachmann (Hrsg.): Religionspädagogisches Kompendium, Göttingen 1984
Aebli, H.: Grundformen des Lehrens, Stuttgart [12]1981
– Zwölf Grundformen des Lehrens, Stuttgart 1983
– Grundlagen des Lehrens, Stuttgart 1987
Ahlers, B.: Die Unterscheidung von Theologie und Religion, Gütersloh 1980
Albert, W.: Grundlegung des Gesamtunterrichts, Wien/Leipzig/Prag 1928
Anselm, H.:Religionspädagogik im System spekulativer Theologie, München 1982
Asmus, W.: Der menschliche Herbart, Ratingen 1967
– Glaube und Wissen im Denken J. Fr. Herbarts, in: EvErz 20, 1968,329 ff.
Bäumer, G. / Dröscher, L.: Von der Kindesseele, Leipzig 1908
Ballauf, Th. / Schaller, K.: Pädagogik, eine Geschichte der Bildung und Erziehung, Band III, Freiburg/München 1973
Bang, S.: Das Leben Jesu, Leipzig [4]1902
– Zur Reform des Katechismusunterrichts, Leipzig [2]1904
Bartholomäus, W.: Einführung in die Religionspädagogik, Darmstadt 1983
Bastian, J.: Unterricht, darstellender, in: D. Lenzen 1985,640 ff.
Baudler, G.: Korrelationsdidaktik, Paderborn/München/Wien/Zürich 1984
Bauer, G.: Urgeschichte; Mose-, Josua- und Richtergeschichten (Evangelischer Religionsunterricht, hrsg. v. A. Reukauf und E. Heyn, Band IV), Leipzig 1901
Baumgarten, O.: Neue Bahnen, Tübingen [2]1909
Benner, D.: Grundstrukturen pädagogischen Denkens und Handelns, in: D. Lenzen 1983,283 ff.
– Was heißt: Durch Unterricht erziehen?, in: ZP 31, 1985,441 ff.
Berg, H.Ch.: Methoden, genetische, in: D. Lenzen 1985,529 ff.
Berg, H. K.: Lernziel Schülerinteresse, Stuttgart/München 1977
Betz, F. (Hrsg.): Erfahrung vorbereiten, München/Lahr 1976
– Märchen als Schlüssel zur Welt, München/Lahr 1977
Betz, O.: Religiöse Erfahrung, München 1977
– Lernbereich Religion, in: D. Lenzen 1985,221 ff.
Beyer, O. W.: Zur Geschichte des Zillerschen Seminars, Langensalza 1897
Beyhl, J.: Die Befreiung der Volksschullehrer aus der geistlichen Herrschaft, Berlin-Schöneberg [2]1903

Biehl, P.: Erfahrung als hermeneutische, theologische und religionspädagogische Kategorie, in: H. G. Heimbrock 1983,13 ff.

– Zugänge zu christlichen Grunderfahrungen mit Hilfe elementarer Symbole, in: EvErz 35, 1983 a,255 ff.

– Symbol und Metapher, in: JRP 1, 1984,29 ff.

Biemer, G. / D. Knab (Hrsg.): Lehrplanarbeit im Prozeß, Freiburg/Basel/Wien 1982

Bittorf, W.: Methodik des Evangelischen Religionsunterrichts in der Volksschule (Evangelischer Religionsunterricht, hrsg. v. A. Reukauf und E. Heyn, Band II), Leipzig 1904 [2]1908

Bliedner, A.: K. V. Stoy und das pädagogische Universitätsseminar, Leipzig 1886

Bloch, K. H.: Der Streit um die Lehrerfrage im Unterricht in der Pädagogik der Neuzeit, Wuppertal 1969

Bloth, P. C.: Die Bremer Reformpädagogik im Streit um den Religionsunterricht, Dortmund 1961

Bocks, L.: Übernatur und erziehender Religionsunterricht, Hildesheim 1937

Bockwoldt, G.: Richard Kabisch, Berlin 1976

– Religionspädagogik. Eine Problemgeschichte, Stuttgart 1977

Bohne, G.: Grundlagen der Erziehung, Band 1 Hamburg [2]1958, Band 2 Hamburg [2]1960

Bollnow, O. F.: Der Erfahrungsbegriff in der Pädagogik, in: ZP 14, 1968, 221 ff.

Bonus, A.: Vom Kulturwert der deutschen Schule, Berlin 1904

– Wider die Verschulung der christlichen Religion, in: F. M. Schiele 1906,61 f.

Borries, B. v.: Quellenarbeit, in: D. Lenzen 1985,555 ff.

Brezinka, W.: Erziehung als Lebenshilfe, Stuttgart [7]1969

Budde, G.: Geistige Strömungen und Erziehungsfragen im 19. Jahrhundert und in der Gegenwart, Breslau 1921

Burkert, A: Methodik des kirchlichen Unterrichts, München [2]1956

Capesius, J.: Gesamtentwicklung und Einzelentwicklung, in: JVwP 21, 1889, 117 ff.

Carnap, A.: Friedrich Wilhelm Dörpfeld. Aus seinem Leben und Wirken, Gütersloh [2]1903

Caselmann, C.: Der unsystematische Herbart, Heidelberg 1962

Deissmann, D. A. u. a.: Beiträge zur Weiterentwicklung der christlichen Religion, München 1905

Dietering, P.: Herbart und die Modernen, in: JVwP 42, 1910, 265 ff.

Dietrich, G.: Unterrichtspsychologie der Sekundarstufe, Donauwörth 1972

Döll, G.: Geschichten aus dem Leben Jesu (Evangelischer Religionsunterricht, hrsg. v. A. Reukauf und E. Heyn, Band VI), Leipzig 1900

Dörpfeld, F. W.: Gesammelte Schriften, hrsg. v. G. v. Rohden, 12 Bände, Gütersloh 1894–1900

Dreher, B.: Die biblische Unterweisung im katholischen und evangelischen Religionsunterricht (UTS 18), Freiburg 1963

Drehsen, V.: Neuzeitliche Konstitutionsbedingungen der Praktischen Theologie, Gütersloh 1988

Drobisch, M. W.: Grundlehren der Religionsphilosophie, Leipzig 1840

Dürr, O.: Probleme der Gewissens- und Gesinnungsbildung, Heidelberg 1962

Eberhard, O.: Arbeitsschule, Religionsunterricht und Gemeinschaftserziehung. Ein Beitrag zur Tat- und Lebenserziehung, Berlin 1921
– Arbeitsschulmäßiger Religionsunterricht, Stuttgart ³/⁴1925
– Evangelische Religionspädagogik in den letzten 50 Jahren, in: Bildung und Erziehung 9, Stuttgart 1956, 66 ff.
– Evangelischer Unterricht und Reformpädagogik. Ein Beitrag zur Geschichte der Religionspädagogik seit der Jahrhundertwende, München 1961
Eggersdorfer, F. X.: Jugendbildung, München ⁶1956
Erlinghagen, K.: Die Säkularisierung der deutschen Schule, Hannover 1972
Esser, W. G. (Hrsg.): Zum Religionsunterricht morgen, Band 1, München/Wuppertal 1970
– Zum Religionsunterricht morgen, Band 2, München/Wuppertal 1971
Evang.-Luth. Landeskirchenrat München (Hrsg.), Lehrpläne für den kirchlichen Unterricht an den Volks- und Berufsschulen, München 1949
Exeler, A.: Wesen und Aufgabe der Katechese, UTS 21, Freiburg 1966
– Religionsunterricht und Katechese. Unterscheidung und Zusammenhang, in: EvErz 25, 1973, 26 ff.
Feifel, E. / Leuenberger, R. / Stachel, G. / Wegenast, K. (Hrsg.), Handbuch der Religionspädagogik, Band 1–3, Gütersloh / Zürich/Einsiedeln/Köln 1973–1975
Fischer, R.: Religionspädagogik unter den Bedingungen der Aufklärung (PF 54), Heidelberg 1973
Flügel, O.: Das Wunder und die Erkennbarkeit Gottes, Leipzig 1869
– Religionsphilosophie auf geschichtlicher Grundlage, in: JVwP 12, 1880, 48 ff.
– Über voluntaristische und intellektualistische Psychologie, in: JVwP 31, 1899, 33 ff.
– Religionsphilosophie in der Schule Herbarts, PädMag 51, Langensalza 1903
– Monismus und Theologie, Köthen ³1908
– Herbart. Lehren und Leben, Leipzig²1912
Foltz, O.: Darstellender Unterricht, in: EHP² 1, 1903, 982 ff.
– Der darstellende Unterricht, in: PädSt 1907, 305 ff.
Fraas, H. J.: Katechismustradition, Göttingen 1971
– Glaube und Identität, Göttingen 1983
– Identität und die Symbole des Glaubens, in: EvErz 38. 1986, 286 ff.
Franz, G. (Hrsg.), Thüringer Erzieher, Köln/Graz 1966
Freytag, E. R.: Entstehungsgeschichte der Königlich-Sächsischen Lehrerbildungsanstalten, in: Pädagogische Blätter 15, Gotha 1886, 454 ff.
Fritzsch, Th.: Ein neues methodisches Werk von Prof. Dr. E. Thrändorf, in: PädSt 1911. 84 ff.
Fritzsch, Th. u. a.: Zum 75. Geburtstag Max Schillings (FS), Meißen 1927
Fröhlich, G.: Die wissenschaftliche Pädagogik Herbart-Ziller-Stoys, Wien/Leipzig ³1886
Frör, K.: Bibel IV. Im Unterricht, in: RGG³ 1, 1957, 1147 ff.
– Biblische Hermeneutik, München 1961
– Grundriß der Religionspädagogik, Konstanz 1975
Gansberg, F. (Hrsg): Religionsunterricht? 80 Gutachten, Leipzig 1906

Gerner, B. (Hrsg.): Herbart. Interpretation und Kritik, München 1971
- Das exemplarische Prinzip, Darmstadt ⁵1974
Gille, G.: Geschichten von den Königen und Propheten Israels, (Evangelischer Religionsunterricht, hrsg. v. A. Reukauf und E. Heyn, Band V), Leipzig 1901
Gloy, H. (Hrsg.), Evangelischer Religionsunterricht in einer säkularisierten Gesellschaft, Göttingen 1969
Goßmann, K. (Hrsg.): Glaube im Dialog, Gütersloh 1987
Gräßmann, F.: Religionsunterricht zwischen Kirche und Schule. Kritik seiner Praxis, München 1961
Grosch, H.: Religionspädagogik am Scheideweg, Gütersloh 1974
Grunwald, G.: Die Münchner katechetische Methode, J.Fr. Herbart und Fr.W. Foerster, Münster 1910
Haarmann, D.: Grundformen didaktischer Konzentration in Herbarts System des erziehenden Unterrichts, in: ZP 16, 1970,781 ff.
Habermas, J.: Erkenntnis und Interesse, Frankfurt 1968
Halbfas, H.: Fundamentalkatechetik, Sprache und Erfahrung im Religionsunterricht, (Düsseldorf 1968), Evang. Lizenzausgabe Stuttgart ²1969
- Religionsunterricht und Katechese, in: D. Zilleßen (Hrsg.) 1972,9 ff.
- Antwort an K.E. Nipkow, in: Ev Erz 25, 1973, 3 ff.
- Das dritte Auge, Düsseldorf 1982
Hammelsbeck, O.: Glaube, Welt, Erziehung, Mühlheim 1954
Hanselmann, J. / H. Hild / E. Lohse (Hrsg.): Was wird aus der Kirche?, Gütersloh 1984
Harnack, A. v.: Das apostolische Glaubensbekenntnis, 1892
- Das Wesen des Christentums, 1900
Hartmann, B.: Analyse des kindlichen Gedankenkreises, Annaberg ²1890
Hase, K. v.: Kirchengeschichte auf der Grundlage akademischer Vorlesungen, hrsg. v. G. Krüger, 1. Teil, Leipzig 1890
Havers, N.: Der Religionsunterricht – Analyse eines unbeliebten Faches, München 1972
Heilmann, K. (Hrsg.): Handbuch der Pädagogik, Band II, Leipzig ⁵1904
Heimbrock, H.G. (Hrsg.): Erfahrungen in religiösen Lernprozessen, Göttingen 1983
- Spiel-Räume, Kreativität im Horizont christlichen Glaubens, Neukirchen 1983 a
Heinemann, H. / Stachel, G. / Vierzig, S.: Lernziele und Religionsunterricht, Zürich/Einsiedeln/Köln 1970
Helmer, K.: Interesse, in: D.Lenzen 1986,488 ff.
Helmreich, E.C.: Religionsunterricht in Deutschland von den Klosterschulen bis heute, Hamburg/Düsseldorf 1966
Herbart, J.F.: Sämtliche Werke, hrsg. von K. Kehrbach, O. Flügel und Th. Fritzsch, 19 Bände Langensalza 1887–1912
Herms, E.: Erfahrung, in: TRE 10,1982,83 ff.
Heyn, E.: Leitsätze zum Leben Jesu in der Schule, in: DBlEU 24, Langensalza 1897,89 ff.97 ff.
- Geschichte des Alten Bundes (Evangelischer Religionsunterricht, hrsg. v. A. Reukauf und E. Heyn, Band VII), Leipzig 1901

194

- Geschichte Jesu (Evangelischer Religionsunterricht, hrsg. v. A. Reukauf und E. Heyn, Band VIII), Leipzig 1902
- Kirchengeschichte (Evangelischer Religionsunterricht, hrsg. v. A. Reukauf und E. Heyn, Band X), 1. Halbband Leipzig 1906, 2. Halbband Leipzig 1908
- Der systematische Unterricht auf der obersten Stufe höherer Schulen in seinem Verhältnis zum gesamten Religionsunterricht dieser Anstalten, in: JVwP 46, 1914, 98 ff.

Höfer, C.: Richard Staude. Gedenkblatt zum 70. Geburtstag, in: PädSt 1919, 262 ff.

Hofmann, J. / Bittorf, W.: Jesusgeschichten und Erzvätergeschichten (Evangelischer Religionsunterricht, hrsg. v. A. Reukauf und E. Heyn, Band III), Leipzig 1900

Holtzmann, H.: Ein Wort für das Prinzip der „konzentrischen Kreise" im biblischen Geschichtsunterricht, in ZPrTh 7, 1885, 321 ff.

Jacobs, F.: Die religionspädagogische Wende im Herbartianismus (PF 44), Heidelberg 1969

James, W.: Die religiöse Erfahrung, deutsche Ausg. Leipzig 1907

Janning, J. (Hrsg.): Gott im Märchen, Düsseldorf 1982

Jendorff, B.: Kirchengeschichte – wieder gefragt!, München 1982

Josuttis, M.: „Glauben heißt lernen" (Bespr. von H. J. Fraas 1983), in: JRP 1, 1984, 223 ff.

Jüngel, E.: Metaphorische Wahrheit, in: P. Ricoeur / E. Jüngel 1974, 71 ff.

Just, K.: Konzentration oder konzentrische Kreise, in: JVwP 20, 1888, 235 ff.
- Der abschließende Katechismusunterricht, Heft 1 Altenburg 1896, Heft 2 Altenburg 1897
- Mißverständnisse und falscher Gebrauch der Formalstufen, in: JVwP 37, 1905, 252 ff.
- Der darstellende Unterricht, in: JVwP 39, 1907, 163 ff.
- Tuiskon Ziller 1817–1882, in: PädSt 1918, 67 ff.
- Zillers Stellung zur Religion, in: PädSt 1918 a, 119 ff.
- Religionsunterricht in der Schule?, PädMag 711, Langensalza 1919
- Erziehungslehre, Stuttgart 1920

Kabisch, R.: Wie lehren wir Religion?, Göttingen [2]1912

Karstädt, O. (Hrsg.): Methodische Strömungen der Gegenwart, Langensalza [16]1927

Katechetisches Amt der Evang.-Luth. Kirche in Bayern (Hrsg.): Curricularer Lehrplan für den evangelischen Religionsunterricht an der Grundschule in Bayern, Heilsbronn/München 1972

Katechetisches Amt der Evang.-Luth. Kirche in Bayern (Hrsg.): Curricularer Rahmenplan für den evangelischen Religionsunterricht an der Hauptschule in Bayern, Heilsbronn/München 1972 a

(Katzer, E., anonym): Das Judenchristentum in der religiösen Volkserziehung des deutschen Protestantismus, Leipzig 1893

Katzer, E.: Der christliche Religionsunterricht ohne das Alte Testament, in: JVwP 28, 1896, 272 ff.

Klieber, W.: Göttliches Wort und menschlicher Weg, Würzburg 1971

Kling – de Lazzer, M.-L.: Thematisch-problemorientierter Religionsunterricht, Gütersloh 1982

Klostermann, F. / Zerfaß, R. (Hrsg.): Praktische Theologie heute, München/Mainz 1974

Knab, D.: Ergebnisse der Curriculumdiskussion für das Problem der didaktischen Vermittlung auf der Lehrplanebene, in: G. Biemer / D. Knab 1982,55 ff.

Koch, K. (Hrsg.), Hamburger Leitsätze zum Religionsunterricht, Hamburg 1969

König, E.: Theorie der Erziehungswissenschaft, 3 Bände, München 1975–1978

Lachmann, R.: Der Religionsunterricht Christian Gotthilf Salzmanns, Bern/Frankfurt 1974

– Verständnis und Aufgaben religionsunterrichtlicher Fachdidaktik, in: G. Adam / R. Lachmann 1984

Lämmermann, G.: Anmerkungen zu einem kirchengeschichtlichen Unterricht, in: ThPr 21, 1986,327 ff.

Läpple, A.: Kleine Geschichte der Katechese, München 1981

Landmann, H.: Märchenunterricht, in: EHP² 5, 1906,759 ff.

Lange, K. : Der Vorstellungskreis unserer sechsjährigen Kleinen, in: Allg. Schulzeitung 56, Jena 1879, 327 ff.

– Vom Religionsunterricht, der zu Herzen geht, Leipzig 1913

– Über Apperzeption, Leipzig ¹³1921

Langer, W.: Kerygma und Katechese, München 1966

– Praxis des Bibelunterrichts, Stuttgart/München 1975

Lau, F.: Leipzig, Universität, in: RGG³ 4, 1960,306 ff.

Lehmensick, F.: Kernlieder der Kirche in Stimmungsbildern, Dresden 1907

Lenzen, D. (Hrsg.): Enzyklopädie Erziehungswissenschaft, Band 1 Stuttgart 1983, Band 3 Stuttgart 1986, Band 4 Stuttgart 1985

Leupolt, E.: Der Religionskampf im Königreiche Sachsen, in: JVwP 43, 1911,89 ff.

Lietz, H.: Leben-Jesu-Unterricht in der Erziehungsschule, in: EHP 5, 1906,376 ff.

Linde, E.: Persönlichkeitspädagogik, Leipzig ²1905

– Charakter und Persönlichkeit, in: JVwP 45, 1913, 171 ff.

Linke, M.: Religionsunterricht und Exploration von Alltagserfahrungen, Frankfurt/Bern/New York/Paris 1987

Lochner, R.: Deutsche Erziehungswissenschaft, Meisenheim 1963

Lohff, W.: Glaubenslehre und Erziehung, Göttingen 1974

Mager, R. F.: Lernziele und programmierter Unterricht, Weinheim 1965

Maier, H.: Die Geschichte des Vereins für wissenschaftliche Pädagogik, Leipzig 1940

Meiers, K.: Der Religionsunterricht bei J. B. Basedow, Bad Heilbrunn 1971

Meltzer, H.: Das Alte Testament im christlichen Religionsunterricht, Gotha 1897

– Grundlagen für eine Umgestaltung des alttestamentlichen Religionsunterrichts, in: JVwP 30, 1898, 91 ff.

– Neue Bahnen im Religionsunterricht?, in: PädSt 1904, 61 ff. und 127 ff.

– Der Religionsunterricht im Feldpostbriefe, in: PädSt 1915, 65 ff.

– Thrändorf-Bibliographie, in: PädSt 1921, 69 ff.

– Weltliche Schule mit religionsgeschichtlichem Unterricht, in: PädSt 1923,11 ff.33 ff.

– Thrändorf und der „arbeitsschulmäßige" Religionsunterricht, in: PädSt 1926,26 ff.49 ff.

– Charaktergestalten auf den Versammlungen des Vereins für wissenschaftliche Pädagogik, in: Th. Fritzsch u. a. 1927, 12 ff.

- Religion und Kirche im nationalsozialistischen Deutschland, Dresden 1935
Meyer, J.: Tuiskon Zillers Leben und Wirken, in: PädSt 1918,135 ff.
Meyer, L.: Zur Reform des evangelischen Religionsunterrichts in den Volksschulen Bayerns r.d.Rh., München o.J (1903)
Muthesius, K.: Redaktionelle Mitteilungen, in: Pädagogische Blätter 32, Gotha 1903,444
Natorp, P.: Leitsätze zum Religionsunterricht, in: ZPP 12 1905,490 ff.
Neber, H.: Lernen, entdeckendes, in: D. Lenzen 1985,512 ff.
Neubert-Drobisch, W.: Moritz Wilhelm Drobisch, Leipzig 1902
Niebergall, F.: Schulreligions- und Konfirmandenunterricht, Leipzig 1912
- Das Alte Testament im Unterricht, Göttingen 1923
- Der neue Religionsunterricht, 1. Teil: Lehre vom Religionsunterricht, Langensalza [2]1926
Nigg, W.: Geschichte des religiösen Liberalismus, Zürich/Leipzig 1937
Nipkow, K. E.: Problemorientierter Religionsunterricht nach dem „Kontexttypus", in: W. G. Esser 1971,38 ff.
- Zwingende Alternativen?, in: EvErz 25, 1973, 10 ff.
- Antwort auf die Replik von H. Halbfas, in: EvErz 25, 1973 a, 20 ff.
- Grundfragen der Religionspädagogik, Band 1 Gütersloh 1975, Band 2 Gütersloh 1975 a, Band 3 Gütersloh 1982
- Erziehung, in: TRE 10, 1982 a,232 ff.
- Der Beitrag der Kirchen zum Erziehungsauftrag in der gegenwärtigen bildungspolitischen Situation, in: ThPr 21, 1986,98 ff.
- Lernbereich Religion – Ethik, in: D. Lenzen 1986 a,176 ff.
- Religionspädagogik und Religionsdidaktik im Spannungsfeld theologischer und erziehungswissenschaftlicher Entwicklungslinien, In: K. Goßmann 1987,51 ff.
Nohl, H.: Erziehergestalten, Göttingen [4]1958
Otto, G.: Schule – Religionsunterricht – Kirche, Göttingen 1961
Otto, G. (Hrsg.), Praktisch-theologisches Handbuch, Hamburg 1970
Otto, G.: Religionsunterricht, in: G. Otto 1970,402 ff.
- Praktische Theologie als kritische Theorie religiös vermittelter Praxis in der Gesellschaft, in: PThH [2]1975, 9 ff.
- Rezension zu J. V. Sandberger, Pädagogische Theologie, in: ThPr 10, 1975 a,68 ff.
Pannenberg, W.: Wissenschaftstheorie und Theologie, Frankfurt 1973
- Systematische Theologie, Band 1, Göttingen 1988
Paul, M.: Für Herz und Gemüt der Kleinen, Leipzig 1904
Pfister, G.: Religionsunterricht als „indirekte Ökumene", in: KatBl 98, 1973,300 ff.
Pohl, H. E.: Die Pädagogik Wilhelm Reins, Bad Heilbrunn 1972
Potthoff, W.: Die Idee der Schulgemeinde (PF 49), Heidelberg 1972
Prawdzik, W.: Der Religionsunterricht im Urteil der Hauptschüler, Zürich/Einsiedeln/Köln 1973
Rauschenberger, H.: Themen und Probleme der gegenwärtigen Pädagogik, in: KatBl 1987,89 ff.
Reents, Ch.: Die Bibel als Schul- und Hausbuch für Kinder, Göttingen 1984
Rein, W.: Gegen Thrändorf in Bezug auf seine Kritik des „Vierten Schuljahres", in: JVwP 14, 1882,249 ff.

Rein,W. / A. Pickel / E. Scheller: Theorie und Praxis des Volksschulunterrichts nach Herbartischen Grundsätzen: Das dritte Schuljahr, Dresden ²1884

Rein, W.: Die Synthese im biblischen Geschichtsunterricht, in: JVwP 17, 1885, 1 ff.

Rein, W. / A. Pickel / E. Scheller: (Obertitel wie 1884:) Das fünfte Schuljahr, Dresden ²1886

– (Obertitel wie 1884:) Das sechste Schuljahr, Dresden ²1886 a

– (Obertitel wie 1884:) Das achte Schuljahr, Dresden ²1888

Rein, W.: Gesinnungsunterricht und Kulturgeschichte, in: PädSt 1888 a,65 ff.

Rein, W. / A. Pickel / E. Scheller: (Obertitel wie 1884:) Das dritte Schuljahr, Dresden ³1889

Rein, W. (Hrsg.): Enzyklopädisches Handbuch der Pädagogik, 7 Bände Langensalza 1895 ff., 10 Bände Langensalza ²1904 ff.

Rein, W.: Lehrplan, in: EHP Band 4 Langensalza 1897,483 ff.

– Pädagogik in systematischer Darstellung, 2 Bände Langensalza 1902/1906, 3 Bände Langensalza ²1911/1911/1912

Rein, W.(Hrsg.): Stimmen zur Reform des Religionsunterrichts (PädMag 237, 239, 335, 374, 401, 419 und 720), Langensalza 1904–1919

Rein, W.: Zu dem Streit Konfessionsschule oder Simultanschule, in: ZPP 12, 1905 a

– Religion und Schule, in: D. A. Deissmann 1905

– Lehrplan, in: EHP² Band 5 Langensalza 1906,528 ff.

Rein, W. (Hrsg.): Deutsche Schulerziehung, München 1907

Rein, W.: Leitsätze zur Reform des Religionsunterrichts in unseren Schulen, in: Rein, W. (Hrsg.): Stimmen zur Reform des Religionsunterrichts, Heft 3, Langensalza 1908

Rein, W.: Zum Religionsunterricht in der Erziehungsschule,in: W. Rein (Hrsg.), Stimmen zur Reform des Religionsunterrichts, Heft 5, Langensalza 1910

– Der Bund für Reform des Religionsunterrichts, in: JVwP 44, 1912, 188 ff.

– Die nationale Einheitsschule, Osterwieck/Leipzig 1913

– Die nationale Einheitsschule (Leitsätze), in: JVwP46, 1914,129 ff.

– Wilhelm Rein, in: E. Hahn (Hrsg.): Die Pädagogik der Gegenwart in Selbstdarstellungen, Band 1, Leipzig 1926

– Die evangelische Schule (PädMag 1193), Langensalza 1928

Reinstein, A.: Die Frage im Unterricht, Leipzig 1874

Reiser, H.: Identität und religiöse Einstellung, Hamburg 1972

Religionsausschuß des Bezirkslehrervereins Dresden-Land (Bearb.): Christlicher Religionsunterricht aufgrund der Zwickauer Thesen, Leipzig ³1913

Rickers, F.: Religionspädagogik zwischen 1975 und 1985, 1. Teil, in: ThPr 1986,343 ff.

– Religionspädagogik zwischen 1975 und 1985, 2. Teil, in: ThPr 1987,63 ff.

Ricoeur, P. / Jüngel, E. (Hrsg.): Metapher, München 1974

Röhrs, H. (Hrsg.): Erziehungswissenschaft und Erziehungswirklichkeit, Frankfurt 1967

Röhrs, H.: Forschungsmethoden in der Eziehungswissenschaft, Stuttgart 1968

Rößler, D.: Grundriß der Praktischen Theologie, Berlin 1986

Rohden, G. v.: Ein Wort zur Katechismusfrage, Gotha ²1890

Ruhloff, J.: Die geschichtliche Dimension pädagogischer Aufgabenkonzepte, in: D. Lenzen 1986,101 ff.

Rupp, H. F. Religion und ihre Didaktik bei Fr. A. W. Diesterweg, Weinheim 1987

Ruppert, G.: Geschichte ist Gegenwart, Hildesheim 1984

Sallwürk, E. v.: Das Jahrbuch des Vereins für wissenschaftliche Pädagogik für 1889, in: DBlEU 16, 1889,407 ff.415 ff.

– Das Ende der Zillerschen Schule, Frankfurt 1904

Saupe, E.: Religionspädagogische Fragen der Gegenwart, in: O. Karstädt 1927,57 ff.

Schaller, K.: Einführung in die kritische Erziehungswissenschaft, Darmstadt 1974

Scharrelmann, H.: Herzhafter Unterricht, Braunschweig/Hamburg 1902

– Wege zur Kraft, Braunschweig/Hamburg 1905

Scheffler, H.: Zillers Formalstufentheorie, Kastellaun 1977

Scheibe, W.: Die reformpädagogische Bewegung 1900–1932, Weinheim 1969

Schiefele, H.: Interesse – neue Antworten auf ein altes Problem, in: ZP 1986,153 ff.

Schiele, F. M.: Religion und Schule, Tübingen 1906

Schilling, H.: Grundlagen der Religionspädagogik, Düsseldorf 1970

Schlaak, G. (Hrsg.): Der überfachliche Unterricht, Stuttgart 1973

Schmitt, R.: Religiöse Erziehung ohne Erfolg?, Weinheim 1971

Schmitz, J. N.: Herbart-Bibliographie 1842–1963, Weinheim 1964

Scholz, E.: Prof. Dr. W. Rein, Leipzig 1914

Schreiber, H.: Der Kinderglaube, Langensalza 1909

Schwenk, B.: Das Herbartverständnis der Herbartianer, Weinheim 1963

Steudel, F.: Der religiöse Jugendunterricht, Heilbronn 1895

Stoodt, D.: Arbeitsbuch zur Geschichte des evangelischen Religionsunterrichts in Deutschland, Münster 1985

Tillich, P.: Auf der Grenze (1936), in: Ges. Werke Band XII, Stuttgart 1971

Tilmann, K.: Staunen und Erfahren als Wege zu Gott, Zürich/Einsiedeln/Köln 1969

Trögel, R.: Thrändorf-Ehrungen am 6. Januar 1921, in: PädSt 1921,67 ff.

Ufer, C.: Vorschule der Pädagogik Herbarts, Dresden [4]1886

Uplegger, F.: Religionsunterricht – Mißerfolg und Wiederherstellung, Gütersloh 1971

Vierzig, S.: Das Normproblem in der Religionspädagogik, in: IRU 1973, H.1,1 ff.

Vogt, Th.: Die Ursachen der Überbürdung in den deutschen Gymnasien, in: JVwP 12, 1880, 107 ff.

– Zur Formalstufentheorie, in: JVwP 36, 1904,248 ff.

– Die Konzentration des Unterrichts, in: JVwP 37, 1905,282 ff.

Wegenast, K.: Die empirische Wendung in der Religionspädagogik, in: EvErz 20, 1968, 111 ff.

– Alternativen ohne Alternative?, in: EvErz 25, 1973, 32 ff.

– Geschichte der Religionspädagogik – Wozu eigentlich?, in: EvErz 31, 1979,33 ff.

– Geschichte der Religionspädagogik (Buchbericht), in: EvErz 31, 1979a,79 ff.

Wegenast, K. (Hrsg.): Religionspädagogik, Band 1: Der Evangelische Weg, Darmstadt 1981

– Religionspädagogik, Band 2: Der Katholische Weg, Darmstadt 1983

Wegenast, K.: Bibel – ganz anders, in: H. G. Heimbrock 1983a,114 ff.

Wehler, H.-U.: Deutsche Gesellschaftsgeschichte (1) 1700–1815, München 1987

Weidmann, F.: Das Gebet im Religionsunterricht, Zürich/Einsiedeln/Köln 1973

Weinel, H.: Jesus im 19. Jahrhundert, Berlin 1912

Weinel, H. (Hrsg.): Zur Reform des Religionsunterrichts, Dresdner Leitsätze des Bundes für Reform des Religionsunterrichts, Göttingen 1912

Weinrich, M.: Geschichtsproblem und Problemgeschichte in der Religionspädagogik, in: PTh 72, 1983,224 ff.

Weiß, G.: Wilhelm Rein 1847–1929, in: G. Franz 1966

Wiget, Th.: Pestalozzi und Herbart, in: JVwP 23, 1891,196 ff.

– Pestalozzi und Herbart (Forts.), in: JVwP 24, 1892,1 ff.

Willmann, O.: Didaktik als Bildungslehre, Band 2, Braunschweig 1889

Wittenbruch, W.: Die Pädagogik Wilhelm Reins, Ratingen 1972

Witzmann, G.: Die unterrichtliche Behandlung der Gleichnisse Jesu, in: PädSt 1903, 425 ff.

– Die unterrichtliche Behandlung der Gleichnisse Jesu, Dresden 1904

Ziller, O.: Über Tuiskon Zillers Charakter, in: PädSt 1918, 127 ff.

Ziller, T. (Hrsg., danach Th. Vogt und W. Rein): Jahrbuch des Vereins für wissenschaftliche Pädagogik, 49 Bände, Leipzig (danach Langensalza, Leipzig und Dresden), 1868–1917

Ziller, T.: Der Märchenunterricht, in: JVwP 1, 1869,1 ff.

Ziller, T. (Hrsg.), Herbartische Reliquien, Leipzig 1871

Ziller, T.: Das Leipziger Seminarbuch, in: JVwP 6, 1874,1 ff

Ziller, T. (Hrsg., danach Th. Vogt und W. Rein): Erläuterungen zum JVwP (zu Band 8–46), Langensalza (dann Leipzig, dann Dresden) 1876–1914

Ziller, T.: Vorlesungen über allgemeine Pädagogik, Leipzig 1876a

– Zur Kritik von „Herbart und seine Jünger", einer Abhandlung Ackermanns und einer Schrift Staudes, in: JVwP 13, 1881, 113 ff.

– Darstellende Formen von geschichtlichen Stoffen im pädagogischen Sinne, in: JVwP 13, 1881a,272 ff.

– Grundlegung zur Lehre vom erziehenden Unterricht (1864), 2. Aufl. hrsg. v. Th. Vogt, Leipzig [2]1884

– Allgemeine Pädagogik, 2. Aufl. der Vorlesungen über allgemeine Pädagogik (1876), hrsg. v. K. Just, Leipzig [2]1884a

– Materialien zur speziellen Pädagogik, 3. sehr verm. Aufl. des Leipziger Seminarbuchs, hrsg. v. M. Bergner, Dresden [3]1886

– Allgemeine philosophische Ethik (1880), 2. Aufl. hrsg. v. O. Ziller, Langensalza [2]1886a

– Allgemeine Pädagogik, hrsg. v. K. Just, Leipzig [3]1892

Zilleßen, D. (Hrsg.): Religionspädagogisches Werkbuch, Frankfurt 1972

Zilleßen, D.: Symboldidaktik. Herausforderung und Gefährdung gegenwärtiger Religionspädagogik, in: EvErz 36, 1984,626 ff.

Zillig, P.: Der Geschichtsunterricht in der elementaren Erziehungsschule, in: JVwP 14, 1882, 89 ff.

Zscharnack, L.: Berlin, Universität, in: RGG[2] 1, 1927,915 ff.

Zurhellen(-Pfleiderer), E. u. O.: Wie erzählen wir den Kindern die biblischen Geschichten? Tübingen 1906

Register